하나님은 인격적인가

IVP(InterVarsity Press)는
캠퍼스와 세상 속의 하나님 나라 운동을 지향하는
IVF(InterVarsity Christian Fellowship)의 출판부로
생각하는 그리스도인을 위한 문서 운동을 실천합니다.

일러두기

이 책은 『신: 인문학으로 읽는 하나님과 서양문명 이야기』를 개정·증보하고
네 권으로 나눈 분권 가운데 세 번째 책입니다.

차례

추천의 글_이어령 • 07 / 들어가는 글 • 08

하나님은 인격적이다 • 14

01 아테네와 예루살렘이 무슨 관계가 있나

세네카의 '운명' • 23 / 바울의 '예정' • 35 / 칼빈의 '섭리' • 44 / 아테네의 신 • 58 / 눈얼음 계곡 건너가기 • 65 / 예루살렘의 신 • 74

02 하나님의 인격성이란 무엇인가

내가 정녕 너와 함께하리라 • 81 / 기도로 하나님의 마음을 움직일 수 있나 • 87 / 강한 섭리, 약한 섭리 • 98 / 기도는 왜 하는가 • 105 / 키르케고르의 '실존의 3단계' • 111 / 두려움과 떨림 • 128 / 아브라함이여! 인류의 제2의 아버지여! • 138

03 하나님의 인격성과 하나님의 부재

악이 없거나, 하나님이 없거나 • 151 / 인간의 정의와 하나님의 공의 • 163 / 윤리적인 것의 목적론적 정지 • 179 / 침묵할 것인가, 저항할 것인가 • 190 / 나의 하나님, 당신은 어디에 계십니까 • 202

참고문헌 • 243 / 찾아보기 • 250

추천의 글

신이 죽었다고 외치는 시대를 거쳐 이제 인간이 신이 되리라 자처하는 시대에 도달했다. 지금이야말로 우리는 신을 진지하게 생각해야 한다. 지식과 소유와 권력이 누구도 상상하지 못한 정도로 증대하면 과연 우리가 신이 될 수 있다는 말인가? 그렇게 신의 낙원이 도래한다는 것인가?

신이 역사 속에서 어떻게 자신을 드러냈으며 각 시대는 신을 어떻게 이해하고 오독해 왔는지에 관해 서양문명의 뿌리에서부터 근현대까지 통틀어 톺아보는 이 거대한 서사의 여정에서 결국 우리는 인간 자신의 참된 자화상에 도달한다. 칼빈은 하나님을 알아야 인간을 알 수 있다고 말했는데, 이 책은 바로 그 귀한 지혜의 현대판 증언이다.

이 책에 담긴 철학자의 치밀하고 오랜 지적 탐색뿐 아니라 그의 지혜 어린 조언에 귀 기울일 때, 우리는 이 오만과 과잉, 야만과 공포의 시대 곳곳에서 감지되는, 인간 스스로 신이 되고자 하는 뿌리 깊은 욕망을 넘어설 실마리를 발견할 것이다. 그리고 참된 인간의 모습, 곧 신을 닮은 인간의 생명과 아름다움을 다시 이야기로 풀어 나갈 수 있을 것이다.

이어령 한중일비교문화연구소 이사장, 전 문화부 장관

들어가는 글
하나님의 원근법

> "철학자와 학자의 하나님이 아닌,
> 아브라함의 하나님, 이삭의 하나님, 야곱의 하나님."
> ─ 블레즈 파스칼, 『팡세』

2019년 12월 30일, 중국 보건당국은 우한武漢에서 원인 불명의 집단폐렴이 발생했다고 세계보건기구WHO에 보고했습니다. 이듬해 2월 12일에 WHO는 원인 불명의 이 질병에 코로나바이러스감염증-2019COVID-19라고 이름 붙였고, 3월 11일에는 팬데믹Pandemic(세계적 대유행)을 선언했지요. 이때부터 안개같이 흘러 다니는 위험, 유령같이 스며드는 공포가 세계를 떠돌고 있습니다. 2021년 3월까지 전 세계에서 1억 3천만 명에 육박하는 사람들이 감염되었고 300만에 가까운 생명이 목숨을 잃었지요. 그럼에도 팬데믹은 꺾일 줄을 모르고 있습니다. 지금 우리는 마치 끝이 보이지 않는 터널의 입구에 들어선 것처럼 이 위험과 공포가 언제까지 계속될지조차 모릅니다.

그래서 이제 두려움과 떨림 속에서 사는 우리는 "나를 눈동자같이 지키시고 주의 날개 그늘 아래 감추사"(시편 17:8) 역병으로부터 지켜 주시길 기도할 수밖에 없게 되었습니다. 또 천재지변이나 파국적 재앙이 일어날 때마다 그랬듯이 너나 할 것 없이 하나님의 섭리providentia에 대한 생각들이 많아졌습니다. "내가 반드시 너와 함께 있으리라"(출애굽기 3:12)라고 언약하신 그분의 뜻이 어디에 있는지를 알고 싶은 거지요. 다윗이 "그가 나를 푸른 풀밭에 누이시며 쉴 만한 물가로 인도하시는도다"(시편 23:2)라고 찬양한 바로 그분의 뜻을 알고 싶은 겁니다. 그럼으로써 위안도 받고 재앙도 피하고 싶은 거지요. 하지만 우리는 비단 팬데믹 때문에가 아니라, 언제든 어디서든 하나님의 섭리에서 한시라도 관심을 거두어서는 안 됩니다. 마냥 자신의 뜻대로 살다가 시련과 재앙 앞에서만 하나님의 뜻을 물어서는 안 된다는 거지요. 왜냐고요? 이 책은 그 이야기를 하려고 합니다.

이탈리아 피렌체의 산타마리아노벨라 성당에는 르네상스 초기의 거장 마사초Masaccio, 1401-1428가 1427년경에 그린 7.6미터 높이의 거대한 벽화 〈성 삼위일체〉가 그려져 있습니다. 이 그림을 본 당시 사람들은 그것이 지닌 입체감 때문에 깜짝 놀랐다고 합니다. 마사초가 벽을 뚫고 그린 것이 아닌가 의심도 했다지요. 그 벽화가 서양미술사에서 최초로 원근법을 사용해 그린 회화였기 때문입니다. 당신도 알다시피, 원근법은 3차원으로 구성되어 있는 대상을 2차원 평면 위에 구현하기 위해 개발된 기발한 회화기법이지요. 그것의 비밀은 소실점消失點, vanishing point 으로부터 부채꼴 모양으로 일사불란하게 뻗어 나오는 사선斜線에 있습니다. 그림 안의 모든 사물들이 이 사선들에 맞춰져 그려졌을 때 비로소 입체적으로 보이기 때문입니다.

스위스의 탁월한 신학자이자 목회자인 에두아르트 투르나이젠Eduard Thurneysen, 1888-1974은 "지옥으로 추락하는 이들을 위한 신학"이라는 부제가 붙은 저서 『도스토옙스키』에서 하나님을 소실점에 비유해 하나님과 그 피조물과의 관계를 다음과 같이 설명했습니다.

화가들의 작품에는 미술적인 불가능성이 존재한다고 볼 수 있으며, 그 불가능성에 대하여서는 다양한 의견이 있을 수 있다. 하지만 우리는 이것 하나만 기억하려고 한다. 지극히 평범한 그림들이나 널리 인정받는 그림들이나, 그림들 속의 모든 선이 정확하게 하나의 유일한 점, 곧 그림 밖에 존재하는 점과 연결될 때 제대로 된 그림이라 할 수 있다. 우리가 원근법Perspective이라 부르는 것이 바로 그 연결을 가리킨다.[1]

이 얼마나 아름다운 비유인가요! 그렇습니다. 하나님은 세계 밖에 계십니다. 그러나 그분은—마치 "제대로 된 그림"에서 소실점이 그로부터 일사불란하게 뻗어 나가는 사선을 통해 그림 속 사물들의 크기와 위치 그리고 관계를 조정하듯이—세계 안의 모든 피조물들과 그것들에게 일어나는 모든 사건에 항상 관계하고 계시지요. 그럼으로써 '제대로 된 세상'을 만들어 가시는 겁니다. 이것이 우리가 섭리라고 부르는 하나님의 인격적 속성입니다.

섭리攝理는 성서에 나오는 용어는 아닙니다. 하지만 예수께서 "참새 두 마리가 한 앗사리온에 팔리지 않느냐. 그러나 너희 아버지께서 허락하지 아니하시면 그 하나도 땅에 떨어지지 아니하리라. 너희에게는 머리털까지 다 세신 바 되었나니 두려워하지 말라"(마태복음 10:29-31)라고 가르치신 것이 바로 하나님의 섭리를 증거하기 위함이었습니다. 사도 바울이 "모든 것이 합력하여 선을 이루느니라"(로마서 8:28)라고 교훈한 것도 그래서이며, 종교개혁자 칼빈이 하나님을 "키를 잡은 배의 선장과 같은 분"[2]에 비유한 것도 그래서지요. 때문에 우리는 하나님의 섭리에 대해, 곧 그분의 일하시는 방식에 대해 반드시 알아야 합니다. 이 책은 바로 그 이야기를 하려고 합니다.

이 책의 목표는 우선 기독교 신학에서 말하는 하나님의 섭리에 대한 바르고 심층적인 이해를 갖는 것입니다. 다시 말해 섭리에 대한 피상적 이해에서 벗어나, 하나님의 언약 수행방식에 대한 깨달음을 갖자는 것이지요. 그분의 세계초월성뿐 아니라 세계내재성immanence에 대한 통찰을 얻자는 것입니다. 그럼으로써 "오로지 하나님 안에만 있는 궁극적인 점, 모든 인생의 소실점, 인생의 경계선 밖에 있는 그 점을 애써 외면하면서, 제힘으로 인생을 설계하고 구축하려는"[3] 모든 그릇된 욕망을 우리 자신의 내면에서 그리고 우리 사회 전반에서 극복하자는 것입니다. "나의 원대로 마시옵고 아버지의 원대로 하옵소서"(마태복음 26:39)라는 말씀으로 가르치신 그리스도 특유의 사유방식과 삶의 방식을 배우고 따르자는 거지요.

목표에 도달하기 위해, 우리는 1장에서 먼저 세네카가 교훈한 운명fatum, 바울이 가르친 예정praedestinatio, 칼빈이 설파한 섭리Providentia

가 각각 무엇을 의미하는가를 살펴볼 것입니다. 그럼으로써 아테네의 신이 정한 운명과 예루살렘의 신이 정한 예정 또는 섭리가 작동하는 법이 각각 어떻게 다른지, 또 그 사이 놓인 "황폐지대"와 "눈얼음 계곡"이 얼마나 넓고 깊은지를 밝히려고 합니다. 2장에서는 쇠렌 키르케고르Søren Kierkegaard, 1813-1855가 『공포와 전율』에서 전개한 아브라함의 '이삭 사건'을 통해 하나님의 섭리를 우리가 어떻게 받아들여야 하는지를 조명해 볼 것입니다. 이어지는 3장에서는 파국적 재앙을 맞은 욥의 처신을 통해 하나님의 공의와 인간의 정의가 어떻게 다른지, 우리가 코로나-19 팬데믹과 같은 재앙 속에서 아브라함처럼 침묵해야 하는지, 아니면 욥처럼 울부짖고 저항해야 하는지에 대해서도 알아보려고 합니다.

그 도중에 우리는 하나님의 섭리가 이끄는 소중한 가치들에 대해서, 그리고 그 가치들을 열정과 신앙으로 지켜 온 사람들, 특히 아브라함과 욥의 신앙과 삶의 공통점과 차이점에 대해서도 살펴볼 것입니다. 기도는 왜 해야 하며, 어떻게 해야 하는지, 기도로서 움직일 수 있는 것이 무엇인지, 키르케고르가 설파한 '실존의 3단계'가 무엇을 의미하며 교훈하는지, 우리에게 절망, 뉘우침, 죄의식이 왜 필요한지, 다시 말해 "무한한 자기체념"이 왜 종교적 단계에 이르는 마지막 단계인지에 대해서 이야기를 나눌 것입니다. 그럼으로써 이성이 하는 일이 무엇이고, 신앙이 하는 일이 무엇인지, 이성과 신앙의 관계가 어떠해야 하는지도 살펴볼 것입니다.

이어서 아테네의 신을 믿는 이성적 사람들이 결국에는 도달하는

'황량한 종착역'과 예루살렘의 신을 믿는 사람들이 마침내 도달하는 '젖과 꿀이 흐르는 땅'에 대해서도 이야기할 것입니다. 그리고 그 땅을 아브라함이 왜 '여호와 이레'Jehovah-Jireh라고 이름 지었는지에 대해서 살펴볼 것입니다. 또한 섭리와 자연신학natural theology 그리고 섭리와 해방신학theology of liberation이 어떤 관계를 갖고 있는지도 조명해 볼 것입니다.

이 책의 끝에서 결국 당신은 하나님의 섭리 안에 우리의 삶이 있고, 우리의 삶 안에 하나님의 섭리가 있다는 것, 섭리가 우리를―마치 소실점으로부터 일사불란하게 뻗어 나오는 사선처럼, 키를 잡은 배의 선장과 같이, 모든 것이 합력하여 선을 이루게끔―인도하여 마침내 구원으로 이끌 것이라는 사실을 깨닫게 될 것입니다. 나는 이 모든 이야기들을 서양문명이 낳은 시, 소설, 회화, 조각, 역사, 과학, 철학을 통해 또 그것들과 함께 풀어 나갈 것입니다. 부제에 '인문학으로 읽는'이라는 문구가 들어간 것이 그래서지요. 어떤가요? 무척 흥미롭겠지요?

이 책은 2018년에 IVP에서 출간된 『신: 인문학으로 읽는 하나님과 서양문명 이야기』를 독자들의 요구에 따라 편의를 위해 네 권으로 나누어 쓴 개정판 가운데 셋째 권입니다. 분권 출간을 기획하고 진행해 준 IVP의 정모세 대표와 편집진의 세심한 배려와 노고에 깊이 감사드립니다. 그리고 이제부터 함께 길을 떠날 당신을 두 팔로 반깁니다. 가슴 뛰게 할 여정이 우리를 기다리고 있습니다. 자, 이제 떠날까요!

2021년 5월, 청파동에서
김용규

하나님은 인격적이다

"가장 비참한 비극은 하나님의 섭리에 대해
아무것도 모르는 것이요. 가장 큰 축복은
이 하나님의 섭리를 인식하는 것이다."
- 요한 칼빈, 『기독교 강요』

64년 6월 19일 새벽녘 로마의 시르쿠스 막시무스Circus Maximus 근처 가게에서 원인 모를 불이 났습니다. 때마침 아프리카에서 불어온 뜨겁고 강한 바람 시로코를 타고 불은 순식간에 에스퀼린Esquiline과 팔라틴Palatine 언덕으로 번졌지요. 언덕에는 황제 일가의 저택들과 명문 귀족들의 집이 밀집해 있었고, 계곡 밑으로는 서민층 주거지가 밀집해 있었습니다. 불은 빈부귀천을 가리지 않고 닥치는 대로 덮쳐 9일 동안이나 제국의 수도를 불태웠지요. 불길이 겨우 잡힌 때는 로마의 열네 개 주요 구역 가운데 열 개가 이미 폐허로 변한 다음이었습니다.

네로Nero, 54-68 재위 황제는 그때 로마에서 남쪽으로 50킬로미터 떨어진 여름 별장에 머물고 있었지요. 소식을 들은 그는 두 마리의 말이 이끄는 마차를 몰고 서둘러 로마로 돌아왔습니다. 그가 확인한 상황은 참담했지요. 자신의 황궁까지 완전히 불타고 없었습니다. 네로는 곧바로 잿더미로 변한 팔라틴 언덕에 황금집Golden House이라는 새로운 궁을 짓기로 작정했지요. 또한 황궁 앞 저지대엔 거대한 인공호수도 만들 계획을 세웠습니다. 곧이어 그 일을 위해 약 500평방킬로미터의 개인 소유지를 수용하겠다고 발표했습니다.

그러자 '이득을 보는 사람이 바로 범인'이라는 흉흉한 소문이 시정에 들끓기 시작했습니다. 황제가 땅을 싼값에 수용하기 위해 고의로 불을 질렀다는 뜻이었지요. 예상치 못한 사태에 위협을 느낀 네로는 소문을 막기 위해 일석이조의 비상한 수단을 강구해 냈습니다.

평소에 골칫거리로 여기고 있었던 그리스도인들을 방화범으로 모는 것이었지요. 당시 어린 소년이었던 로마의 역사가 타키투스Tacitus, ?55-117는 『연대기』에 이 같은 정황을 다음과 같이 기록했습니다.

소문을 잠재우기 위해 네로 황제는 희생양을 만들어 대규모의 계획적이고도 철저한 처벌을 감행했다. 그 대상은 평소 꺼림칙한 행위로 로마시민들의 증오를 샀던 '그리스도 신봉자'라고 불리는 자들이었다. 이 무리들의 명칭이 유래한 그리스도라는 자는 티베리우스 황제의 신하였던 폰티우스 필라투스Pontius Pilatus에 의해 처형되었다.…이들의 죽음은 놀림감이 되었다. 네로 황제는 그들에게 들짐승들의 모피를 뒤집어 씌우고 개에게 물려 갈기갈기 찢겨 죽게 했다. 어떤 때는 십자가에 매달아 놓고 혹은 불에 타기 쉽게 만들어 놓고 어두워진 후에 등불 대신 불태우기도 했다. 네로는 구경꾼을 위해 자신의 정원을 제공하고 이러한 장면들을 전차경기처럼 보여 주었다. 그는 전차를 모는 전사처럼 차려입고 군중들 사이를 돌아다니거나 전차 위에 서 있었다.[1]

네로는 왜 전투복을 차려입었을까요? 그는 자신이 무엇과 전투를 벌이고 있다고 생각했을까요? 기독교와 싸우고 있다고 생각하지는 않았을 게 분명합니다. 그가 그리스도인들을 가능한 한 잔혹한 방법으로 살해한 것은 단지 로마시민들의 관심을 화재가 아닌 다른 데로 돌리기 위해 벌인 자작극이었기 때문이지요. 그런데 그는 왜 하필 전사처럼 차려입고 전차 위에 서 있었을까요? 자신이 꾸민 연극을 실감 나게 감상하기 위해서였을까요? 모를 일입니다. 그러나 짐작할 수는 있지요. 네로는 모든 향락주의자들이 필히 가질 수밖에 없는 자신의 불안과—결국 패배할 수밖에 없는—힘든 전투를 벌이고 있었던 게 아닐까요?

바로 그 무렵 로마로부터 육로로 2,000킬로미터가량 떨어진 밀레도라는 그리스 항구도시의 한적한 바닷가에서, 믿기 어려울 정도로 야만적인 이 소식을 듣고 눈물로 기도하며 하나님의 뜻을 묻는 한 노인이 있었습니다. 그는 성서에 "팔일 만에 할례를 받고, 이스라엘 족속이요 베냐민 지파요 히브리인 중의 히브리인이요 율법으로는 바리새인이요"(빌립보서 3:5)라고 스스로를 소개한 사도 바울[Paul, ?4-67]이지요.

바울은 본디 예루살렘에 살던 로마시민권자로, 어려서부터 그리스 문화와 유대교 랍비 교육을 받았고 율법[torah]에 심취하여 그리스도인들을 박해하던 '사울'[Saul]이라는 사람이었습니다(갈라디아서 1:13-14). 하지만 서른 살이 되었을 때 다소[Tarsus]로 가는 도중 다마스쿠스 부근에서 부활한 예수님을 만났지요. 누가복음의 기자이기도 한 사도 누가[Luke]는 사도행전에 그때 일어난 일을 세 번이나 반복해서 썼습니다(사도행전 9:4; 22:7; 26:14). 하늘에서 "사울아, 사울아, 네가 어찌하여 나를 박해하느냐"라는 소리가 들리더니 갑자기 그의 눈이 멀었다가 사흘 후 다시 뜨여, 그가 극적으로 회심하고 그리스도인이 되었다는 내용이지요.

그러나 기이하게도 정작 바울은 자신에게 일어난 이 '유명한' 회심 사건에 대해 "내가 그리스도 예수께 잡힌 바 [되었다]"(빌립보서 3:12)라고 단 한 줄만 기록했을 뿐입니다. 왜 그랬을까요? 자신의 과거가 부끄러워 감추고 싶어서였을까요? 어쩌면 그럴지도 모르겠습니다. 어쨌든 바울은 회심 이후 이름을 바꾸고 30여 년간 수많은 위험과 고통을 감내하며, 때로는 옥고를 치르기도 하면서, 도보나 배편으로 세 차례에 걸친 전도 여행을 감행했지요. 가는 곳마다 교회를 세워 교인들을 가르쳤고, 서신을 통해 자신의 의견을 제시하고 질문에 답했으며, 때로는 책망하고 때로는 격려하면서 기독교를 전파했습니다.

바울은 기독교를 "이방인과 임금들과 이스라엘 자손들에게 전하기 위하여" 하나님이 택한 도구였습니다(사도행전 9:15). 그가 눈이 멀었을 때 안수기도로 눈을 뜨게 해 준 아나니아에게 하나님이 그렇게 말했습니다. 사실 처음에 아나니아는 바울이 예전에 그리스도인들을 탄압하는 자였다는 이유로 그를 위해 안수기도 하기를 거부합니다. 그러자 하나님은 아나니아에게 이 말을 덧붙입니다. "그가 내 이름을 위하여 얼마나 고난을 받아야 할 것을 내가 그에게 보이리라"(사도행전 9:16).

그래서였을까요? 바울의 삶은 고난의 연속이었습니다. 3차 전도 여행을 마쳤을 때는 예루살렘에서 체포되어 가이사랴에서 2년간 구금되었지요. 그 와중에도 그는 유대 왕 아그립바에게 전도를 한 후 바다를 통해 로마로 이송되었습니다(사도행전 27:1-44). 그곳에서 다시 2년간 어느 가정집에 구금되었지요. 물론 바울은 그곳에서도 "하나

니콜라스 레피시(Nicolas B. Lepicie), <바울의 회심>, 18세기.

님의 나라를 전파하며 예수 그리스도에 관한 모든 것을 담대하게 거침없이" 가르쳤습니다(사도행전 28:31).*

아마도 62년이거나 그 이듬해쯤 바울은 자유의 몸이 되었습니다. 그는 곧바로 스페인 선교에 나섰지만 실패하고 돌아왔습니다.** 그 후 일루리곤을 거쳐 64년에는 에베소에 머물렀지요. 당시 에베소 교회는 바울의 제자이자 동역자인 디모데의 나태로 '말다툼하는 교회'가 되어 심히 앓고 있었습니다(디모데후서 2:14-18). 바울은 힘을 다해 에베소 교회를 도우려 했지만, 교인들의 반발로 분란이 더욱 고조되었지요. 하는 수 없이 바울은 그곳에서 80킬로미터 정도 떨어진 항구도시 밀레도로 일단 철수해 있었습니다. 그런 와중에 로마로부터 끔찍한 소식이 날아온 것이지요.

바울은 로마 교회를 살리려면 자신이 그곳으로 가서 복음을 선포함으로써 교인들을 일깨우고 격려해야 한다고 생각했습니다. 성도들이 극심한 공포와 참을 수 없는 고통 속에서 서서히 죽어 가는 것을 봐야 하는 로마 교인들이 무력해질 것이 당연했기 때문이었지요. 하지만 그것은 제 발로 호랑이 굴에 들어가는 일과 같았습니다.

---

* 여기서 사도행전은 끝나고 바울의 이후 생애는 다른 자료들에 의해 구성된다[참고. 브루스(F. F. Bruce)의 『신약성경사』(*New Testament History*), 1969; 머피-오코너(J. Murphy-O'connor)의 『바울 이야기』(*Paul His Story*), 2004 등].
** 바울의 스페인 선교는 「클레멘스1서」, 「무라토리 정경」, 외경인 「베드로행전」 등에 기록되었으나 이를 인정하지 않는 학자도 많다. 예컨대 귄터 보른캄(Günter Bornkamm)은 "「클레멘스1서」의 보도는 사실 로마서 15:24-25, 28로부터 추리된 것"이라면서 바울의 스페인 선교를 부인했다[귄터 보른캄, 『바울』(*Paulus*), 1969].

두렵지 않았을까요? 아니면 이미 순교를 각오했을까요? 역시 알 수 없습니다. 하지만 바울은 몇 년 전 자신이 로마 교인들에게 보낸 그 '유명한' 편지 가운데 한 구절만은 분명히 떠올렸을 겁니다. "우리가 알거니와 하나님을 사랑하는 자, 곧 그의 뜻대로 부르심을 입은 자들에게는 모든 것이 합력하여 선을 이루느니라"(로마서 8:28). 짐작건대, 그는 젊어서 잠시 눈먼 사람이 되었을 때처럼 앞이 깜깜해질 때마다 그때까지 자신을 인도해 온 하나님의 섭리만을 굳게 믿었을 겁니다.

바울은 출발을 서둘렀습니다. 로마의 상황이 더 악화되는 것을 하루라도 빨리 막아야 했기 때문입니다. 그러려면 바닷길이 열려 있을 때 에게해와 지중해를 얼른 건너야 했지요. 겨울이 더 깊어져 항해철이 지나 버리고 나면, 에그나시아 가도街道를 통해 마케도니아를 지나 밀라노에서 로마까지 이어진 2,000킬로미터나 되는 기나긴 육로를 걸어서 가야 했기 때문입니다. 젊은이가 바삐 걸어도 두 달은 족히 걸리는 거리지요. 그래서 바울은 재빨리 두 개의 바다를 건너 이탈리아에 도착했습니다.

바울이 로마에 도착했을 때는 피바람을 몰고 왔던 폭풍은 일단 지나간 다음이었지요. 네로 황제의 관용 때문은 아니었습니다. 때마침 황제를 암살하려던 음모가 발각되었기 때문이지요. 65년 4월이었습니다. 주동자 가이우스 칼푸르니우스 피소 Gaius Calfurnius Piso의 이름을 따서 '피소의 음모 사건'이라고 명명된 이 반역은 가담자 가운데 한 사람인 원로원 의원 플라비우스 스카이비누스 Flavius Scaevinus의 사소한 불찰로 탄로가 났습니다. 큰 방죽도 개미구멍에 무너지는 법이지요.

결행 전날 스카이비누스는 신임하는 해방노예 밀리쿠스에게 아무도 몰래 단도를 갈도록 했습니다. 밤이 되자 전에 없이 호화로운 연회를 열어 노예들 가운데 충직한 자들을 해방시켜 주었지요. 그러자 연회는 마치 마지막을 준비하는 사람의 만찬 같은 분위기를 풍겼습니다. 묘한 생각이 든 밀리쿠스는 네로의 해방노예인 자기 친구를 찾아가 황제 암살 음모가 계획되고 있음을 알리고, 날이 선 단도를 증거물로 넘겼지요. 반역자 일당은 즉각 체포되었습니다. 그리고 아름답게 흐드러진 로마의 봄꽃들을 다 보지도 못하고 모두들 눈을 감았지요.[2]

'피소의 음모 사건'이 터지자 그리스도인들에 대한 핍박이 일단 수그러들었습니다. 네로와 시민들의 관심이 온통 음모 사건으로 옮겨 갔기 때문이지요. 바로 이때 바울이 로마에 도착했습니다. 겨우 한숨 돌렸으니 당분간은 조용하기를 바라던 로마의 그리스도인들은 바울의 등장이 달갑지 않았지요. 다시 파란이 일어날까 두려웠기 때문입니다. 그러나 바울은 소명대로 그리고 성품대로 아무 두려움 없이 복음을 선포했지요. 그러자 로마의 성도들은 화가 났습니다. 그들이 얼마나 성이 났는지는 바울이 체포되었을 때 그를 위해 기도하고 응원한 사람이 하나도 없었다는 사실이 여실히 증명합니다(디모데후서 4:16).

아테네와 예루살렘이 무슨 관계가 있나

세네카의 '운명'

바로 그때였습니다. 로마 시대 최고 문학가 가운데 한 사람이자 후기 스토아 철학의 대가였던 세네카^{L. A. Seneca, 기원전 ?4-기원후 65}의 교외 별장으로 백부장이 병졸들을 이끌고 밀어닥친 때가! 65년 어느 화창한 봄날이었지요. 백부장이 가져온 황제의 친서에는 피소의 음모에 가담한 세네카는 즉시 스스로 목숨을 끊어야 한다고 적혀 있었습니다. 그가 음모에 직접 가담했는지는 분명치 않습니다. 그러나 그가 적어도—공화정 말기에 일어난 카이사르 암살 사건 때 키케로가 그랬던 것처럼—음모자들의 정신적 횃불이었던 것은 분명하지요.

타키투스의 『연대기』에 의하면, 한때 자신의 제자이던 황제의 명령이 전해졌을 때 세네카는 조금도 동요하지 않고 오히려 태연했다고 합니다. 이미 각오하고 있었겠지요. 자객을 보내 어머니를 살해하고, 간통으로 몰아서 아내를 죽인 황제이니, 반역 혐의를 씌워 스승인들 죽이지 못할 까닭이 없다고 생각했을 겁니다. 타키투스가 적기를, 네로의 어머니 아그리피나^Agrippina 황후는 살해당할 때 "배를 찔러라! 네로를 낳은 여기를!"이라고 자객에게 외쳤다지요.[1]

황제의 명령을 받은 세네카는 눈물을 흘리며 슬퍼하는 친구들을 오히려 이렇게 꾸짖었답니다. "그대들의 철학은 다 어디로 갔는가? 눈앞에 닥치는 불행과 맞서겠다던 그 결심은 또 어디로 갔는가? 그토록 오랜 세월 함께 닦아 온 철학과 결심들이 사라졌단 말인가?"[2] 평소 그는 친구들에게 인간의 삶을 연회宴會에 비유해서 가르쳤습니다. 연회에 초대된 사람은 너무 일찍 자리를 떠나 주인을 섭섭하게 해서도 안 되지만, 너무 늦게 떠나 주인에게 폐가 되어서도 안 된다는 것이었지요. 그는 이제 자기가 연회를 떠날 때가 되었다고 생각했던 겁니다.

영국의 시인 월터 새비지 랜더^Walter Savage Lander, 1775-1864의 시 가운데 세네카의 죽음을 노래한 작품이 있습니다. "죽음을 앞둔 어느 늙은 철학자의 말"이라는 시지요.

나는 누구와도 싸우지 않았노라,
싸울 만한 가치가 있는 상대가 없었기에.
자연을 사랑했고, 다음으로는 예술을 사랑했다.
나는 삶의 모닥불 앞에서 두 손을 쬐었다.
이제 그 불길이 가라앉으니 나 떠날 준비가 되었노라.

세네카에게 죽음은 로고스^{logos}를 따르는 것이었습니다. 스토아 철학에 의하면 로고스는 우주만물을 창조하고 지배하는 신의 섭리 providentia지요. 이 섭리는 세계에는 그것을 창조하고 움직이는 '자연법칙'으로, 인간에게는 마땅히 따라야 할 '도덕법칙'으로 작용합니다. 따라서 모든 인간은 스토아 철학자들이 '자연법'$^{lex\ naturalis}$이라고도 불렀던 이 도덕법칙에—마치 자연이 자연법칙에 대해 그러하듯이—순응함으로써만 덕스럽게 될 수 있지요.˙

신의 법인 '자연법'이 인간들의 '실정법'보다 우선되는 것은 서구에 내려오는 오랜 전통입니다. 오늘날 우리가 '자연법 사상'이라고 부르는 이 전통은 "인간의 모든 법은 신의 법에 의해서 명맥을 유지한다"[3]라는 헤라클레이토스의 말에서 그 기원을 찾을 수 있습니다. 그리고 우리가 1권 『하나님은 존재하는가』의 2부 "하나님은 존재다"에서 살펴보았듯이, 플라톤이 분여 이론을 통해 이 사상의 이론적 기반을 다졌는데,˙˙ 그의 뛰어난 제자 아리스토텔레스가 그 전통을 이

• 초기 스토아 철학자들은 그리스인이었으나 나중에는 마르쿠스 아우렐리우스(Marcus Aurelius) 같은 로마 황제들도 스토아주의자가 되었다. 이처럼 로마인들은 로고스 개념을 정치적 상황에도 이용해서 자연법에 근거한 법률들을 만들어 냈는데, 이렇게 만들어진 로마법은 중세 법률보다 훨씬 뛰어난 것으로 인정된다. 자연법은 금욕적이며 검소한 생활을 주장했기에 초기 기독교 신학자들은 이것을 기독교 윤리의 기초가 될 수 있다고 여겼다(참고. J. Stelzenberger, *Die Beziehungen der früchristlichen Sittenlehre zur Ethik der Stoa*, M. Hueber, Munich, 1933; Marcel Simon, *Die alte Stoa und ihr Naturbegriff*, Aufbau Verlag, Berlin, 1956, pp. 53-73, 85-93).

•• 플라톤은 자연법 사상의 근간이 된 분여 이론과는 별도로 신의 법(자연법)과 국가법(실정법)이 형제이며 동등하다고 주장하기도 했다(참고. 플라톤, 『크리톤』, 54c). 이 같은 주장은 『법률』 793a-b에도 나오는데, 여기에는 플라톤이 말하는 '철인왕'이 다스리는

었습니다. 아리스토텔레스는 그의 『수사학』에서 그리스의 비극 작가 소포클레스Sophocles, 기원전 ?496-406의 『안티고네』에 나오는 대사를 인용해서 자연법의 절대성을 주장했습니다.⁴

이 작품을 보면, 비운의 왕 오이디푸스의 딸 안티고네가 오빠 폴뤼네이케스의 장례식을 금한 테베 왕 크레온에게 저항하는 내용이 나옵니다. 안티고네는 자연법이 왕의 명령보다 우월하다는 것을 내세워 왕이 금한 오빠의 장례를 치르지요. 그리고 왕에게 자신의 행위가 정당함을 호소합니다.* 안티고네의 말은 다음과 같았습니다.

…글자로 기록된 것은 아니지만, 확고한 하늘의 법(자연법)을
사람으로 태어난 몸이 넘을 수 없는 만큼, 왕의 법이라도 이것을 어길
　수는 없을 거예요.
하늘의 법은 어제오늘 생긴 것이 아니라 항상 살아 있으며,
아무도 이것이 언제부터 시작되었는지 알지 못하지요.⁵

스토아 철학자들이 말하는 로고스가 바로, "항상 살아 있어서 왕의 법령이라도" 감히 어길 수 없는 하늘의 법, 곧 자연법입니다.

　이상국가라는 전제가 놓여 있다고 볼 수 있다. 플라톤이 설계한 이상국가에서는 신의 법(자연법)과 국가법(실정법)이 충돌하지 않고 서로를 지탱해 준다.
• 소포클레스의 『안티고네』는 『오이디푸스왕』의 뒷이야기다. 오이디푸스의 두 아들이 왕위 계승 문제로 다투다가 모두 죽자, 새로운 왕이 된 오이디푸스의 처남 크레온은 두 사람 가운데 하나인 폴뤼네이케스의 장례를 금한다. 그러자 오이디푸스의 맏딸 안티고네가 왕명을 거스르고 오빠를 매장했다가 죽임을 당한다는 내용이다.

로고스와 자연법이 동일하다는 신념은 스토아 철학자들의 확고한 교조 가운데 하나였습니다. 스토아학파의 창시자 키프로스의 제논Zenon ho Kupros, 기원전 ?335-?263 자신이 "자연법은 신법이며 올바른 것과 올바르지 못한 것을 규정하는 힘을 갖고 있다"[6]라고 처음부터 못을 박았기 때문입니다.

세네카보다 두 세대 정도 앞서 산 로마의 철학자 키케로는 "모든 사람의 전면적 동의는 자연법으로 인정되어야 한다"[7]라고 말하며 '보편적 법칙'과 자연법을 동등한 것으로 보았지요. 이후 로마의 법학자들도 자연법과 만민법jus gentium을 동일시했습니다. 젊었을 때 키케로의 저작 『호르텐시우스』를 통해 스토아 철학의 자연법 사상에 영향을 받은 아우구스티누스도 같은 이유로 자연법을 '영원법'lex divina positiva이라 부르며 다음과 같이 교훈했지요.

최고의 이성이라고 불리는 저 법률 말이다. 그 법에는 반드시 복종해야 하고, 바로 그 법에 의거하여 악인들이 비참을 당하고 선인들이 복된 삶을 상으로 받게 되며, 마지막으로 우리가 현세적 법률이라고 말한 법률이 올바로 개정된다는 것은 어디까지나 그 법을 기준으로 해서다.[8]

토마스 아퀴나스도 같은 내용을 『신학대전』에 다음과 같이 썼습니다.

그러므로 사물들의 실제적 주권자인 하나님 안에 존재하는 통치 개념이 자연법$^{\text{lex naturalis}}$이다. 그렇다면 하나님의 정신은 시간 안에서는 생각할 수 없기 때문에 영원의 개념을 지니며, 그 법칙은 영원법$^{\text{lex divina positiva}}$이라고 불려야 한다.…현재 인간 이성이 도달한 구체적 결과들은 그것이 이미 진술한 자연법의 조건을 만족시키는 경우에 '인정법'$^{\text{lex humana positiva}}$이라고 불린다.[9]

어디 그뿐인가요. 근대 민주주의의 기반을 닦은 계몽주의자 몽테스키외$^{\text{Montesquieu, 1689-1755}}$도 실명失明을 하면서까지 쓴 『법의 정신』에서 자연법에 대해 이렇게 말하지요. "자연법이란 가장 일반적 의미에서 사물의 본성에서 도출되는 필연적 관계를 말한다. 개개의 이성적 존재는 그들이 만든 실정법을 갖고 있을 테지만, 그들이 만들지 않은 자연법도 갖고 있다.…[따라서] 실정법이 명령하고 금지하는 일 이외에는 공정하다거나 불공정한 것이 하나도 없었다고 말하는 것은 마치 누군가가 원을 그리기 전에는 원의 모든 반지름이 똑같지 않다고 주장하는 것과 같다."[10]

이처럼 서양문명에서 로고스는 신의 섭리로서 '영원법'이자 인간이 따라야 할 모든 실정법과 도덕의 근거인 '자연법'으로 인식되어 왔습니다. 요컨대 서양인들은 자연법은 '정당하기 때문에 법'$^{\text{jus quia iustum}}$이고, 실정법은 '명령되었기 때문에 법'$^{\text{jus quia iussum}}$이라고 인식해 왔지요.

로고스는 또한 인간의 이성^{ratio}이기도 합니다. 인간은 로고스를 자기 정신 안에 지니고 있기 때문에 자연과 사회 안에 있는 로고스, 곧 자연법칙과 도덕법칙을 인식하고 따를 수 있다는 것이 스토아 철학자들의 생각이었지요. "나면서부터 로고스를 나누어 가진 자에게는 올바른 이성도 법칙도 주어져 있다"[11]라는 것이 그들이 입에 달고 살던 구호였습니다.

그렇지만 그 이성에 의해 파악되어 우리에게 주어지는 신의 법칙인 섭리는 인간이 부단히 따라가야 할 복종의 길일 뿐, 인간의 삶에 깔려 있는 희망과 절망 그리고 기쁨과 고통과는 무관한 것이었습니다. 섭리는 순전히 일방적이고 완전히 강제적인 것인데요, 세네카는 『섭리에 대하여』에서 그것이 가진 이 같은 강제성에 대해 다음과 같이 설명했습니다.

> 선한 사람이 할 일이 무엇이겠소? 자신을 운명에 맡기는 것이오. 우리가 우주와 함께 휩쓸려 간다는 것은 그나마 큰 위안이오. 우리더러 그렇게 살라고, 그렇게 죽으라고 명령한 것이 무엇이든 간에 그것은 똑같은 필연성으로 신들도 옭아매고 있소. 신도 인간과 마찬가지로 돌이킬 수 없는 길로 나아가기 때문이오. 만물의 창시자이자, 조종자, 운명의 법을 만들어 정하신 그분도 그것을 따르고 있소. 그분은 단 한 번 명령하고는 늘 복종하지요.[12]

세네카는 이처럼 신마저도 옭아맬 정도로 강압적인 섭리를 따르는 것이 인간에게 결코 쉬운 일이 아니며, 때로는 불행과 고통이 될 수 있다는 것을 잘 알고 있었습니다. 그래서 그는 섭리를 따르는 일이 때때로 "슬프고 무섭고 견디기 힘든 일"이지만 용기를 내서 참고 견뎌야 한다고 가르쳤지요. 그 이유를 그는 다음과 같이 밝혔습니다.

운명이 우리를 인도하며 각자의 수명은 태어나는 순간 결정되오. 또 모든 것이 인과관계로 서로 연결되어 있으며, 사물의 영속적 질서가 개체와 전체를 모두 지배한다오. 만사는 우리 생각처럼 우연히 발생하는 것이 아니라 필연적으로 일어나기 때문에 용감하게 참고 견뎌야 하오. 무엇이 그대를 기쁘게 하고 무엇이 그대를 울게 할지가 이미 오래전에 정해졌으며, 개개인의 인생이 서로 아주 달라 보여도 결과는 마찬가지라오. 우리가 받은 것은 무엇이든 사라질 것이며 우리 자신도 사라진다는 것이오. 그런데 왜 우리가 분개하며 무엇 때문에 불평해야 하는 거요?[13]

세네카는 이렇듯 신의 섭리를 필연적인 것, 즉 운명fatum으로 생각했는데요, 이는 스토아 철학의 전통이기도 했습니다. 스토아 철학자들에게 섭리는 사람이 태어나는 순간부터 이미 결정되어 있어서 설령 그것이 가혹하다 해도 분개하거나 불평할 수 있는 것이 아니라 참고 견뎌야 하는 신의 뜻이지요. 독일의 문화철학자 오스발트 슈펭글러Oswald Spengler, 1880-1936가 『서구의 몰락』 마지막 부분에서 인용한, "네가 동의하면 운명은 너를 인도하고 네가 동의하지 않으면 운명은 너를 강제한다"¹⁴라는 세네카의 말이 그래서 나온 겁니다.

고대철학의 중요한 임무 중 하나는 인간의 삶과 죽음에 도사린 두려움을 제거하는 것이었습니다. 스토아 철학도 마찬가지였는데, 그들의 비법은 섭리를 따르는 것이었지요. 이에 대해 세네카는 시적 운율에 맞춰 다음과 같이 교훈했습니다.

가난을 무시해라.
태어날 때만큼 가난한 사람은 아무도 없다.
고통을 무시해라.
고통은 사라지거나 너희와 함께 끝날 것이다.
죽음을 무시해라.
죽음은 너희의 고통을 끝내 주거나 다른 곳으로 데려갈 것이다.¹⁵

어때요? 공감이 가나요? 신마저 복종하는 운명에 인간이 따르지 않을 수 없을 바에야 오직 이러한 무시와 체념과 초연함만이 유일한 대책일 겁니다. 그래야만 '마음의 평정'apatheia을 얻을 수 있을 테니까요. 하지만 스토아 철학자들이 운명으로 주어진 신의 섭리를 따라야 한다고 주장한 이유는 이게 전부가 아닙니다. 사실 그들은 엉뚱한 속내를 품고 있었습니다. 알고 보면 바로 그것이 스토아 철학의 심장으로 통하는 비밀스러운 문인데, 다음과 같습니다.

스토아 철학자들이 신의 섭리에 복종할 것을 권할 때, 그들은 인간이 이성을 통해 "슬프고 무섭고 견디기 힘든" 운명을 제 스스로 따름으로써 우주의 섭리인 로고스와 합일하는 '존재론적 승화'가 이루어진다고 생각했지요. 그래서 결국에는 신들보다도 더 위대하게 된다고 믿었던 겁니다. 이건 또 무슨 말이냐고요? 설명하자면 이렇습니다.

세네카는 『섭리에 대하여』에서 자신의 본성상 고통을 아예 모르는 신은 고통의 '저쪽'beyond에 있다고 했습니다. 하지만 인간으로서 고통 속에서 태어나 이성과 용기로 고통을 극복한 스토아 철학자들은 고통의 '위쪽'above에 있다고 했지요. 자, 주목하세요! '저쪽'과 '위쪽'이라는 구별에 가치판단이 들어 있습니다. 요컨대 스토아 철학자들은 스스로 고통을 극복했기 때문에 고통을 아예 모르는 신보다 더 우월하다는 뜻이지요. 바로 이런 논리에서 세네카는 참된 스토아 철학자는 '신들 위의 신'God above gods이라고도 주장했습니다.[16]

이 얼마나 담대한 발상인가요! 스토아 철학자들은 이런 사유를 근거로 그들 자신이 신이 되거나 또는 그보다 더 우월한 존재가 될 수 있다고 믿은 겁니다. 지금 우리의 입장에서 보면 참 엉뚱한 생각이지요? 하지만 바로 이것을 이해해야만―예컨대 로마 황제 마르쿠스 아우렐리우스Marcus Aurelius, 161-180 재위와 같은 스토아 철학자들이 보여 준―놀라운 절제와 용기의 원천인 스토아 철학의 심장을 들여다볼 수 있습니다. 세네카가 죽음 앞에서 그렇게 당당할 수 있었던 것도 사실은 바로 이 같은 생각 때문이었지요.

당신도 아마 1773년에 프랑스 화가 자크 루이 다비드Jacques-Louis David가 그린 〈세네카의 죽음〉을 보았을 겁니다. 이 뛰어난 그림에는 세네카가 태연한 모습으로 시종에게 다리 혈관을 자르게 하는 모습

자크 루이 다비드, <세네카의 죽음>, 1773.

과 그것을 보고 경악하는 그의 아내 파우리나의 모습이 잘 묘사되어 있습니다. 타키투스의 기록에 따르면, 세네카는 놀라 쓰러지려는 아내 파우리나를 부드럽게 포옹하면서 남편이 스토아 철학자로서 훌륭한 삶을 살았다는 데서 위안을 삼으라고 당부했다지요. 심지어 파우리나가 함께 죽게 해 달라고 간청하자 그것을 거절하지도 않았다고 합니다. 죽음이 육체라는 감옥에 갇힌 영혼을 해방시켜 신이 되게 해 준다고 믿어 의심치 않았기 때문이지요.

파울 틸리히는 『존재에의 용기』에서 스토아 철학자들이 이러한 사유와 용기를 갖고 있었기 때문에 오직 스토아 철학적 정신만이 구원의 종교인 기독교 정신과 오랫동안 당당하게 대립할 수 있었다고 주장했습니다. 그리고 이렇게 덧붙였지요.

> 로마 제국도 기독교의 적수는 아니었다. 여기서 놀라운 것은 기독교에 중대한 위기를 초래한 것이 네로처럼 제멋대로인 폭군도, 줄리안 Julian 같은 광신적 반동주의자도 아닌, 도리어 마르쿠스 아우렐리우스 M. Aurelius 같은 점잖은 스토아주의자였다는 사실이다.[17]

이 말은 '인간의 이성(또는 도덕)에 의한 인간 구원'이 '하나님의 은총에 의한 인간 구원'을—다시 말해 스토아 철학이 기독교를—적어도 19세기까지 부단히 위협했다는 뜻입니다. 종교적으로나 신학적으로나 매우 심각한 문제인데, 정말일까요? 만약 그것이 정말이라면 기독교는 스토아 철학을 언제, 또 어떻게 극복할 수 있었을까요? 이에 대해서 우리는 뒤의 2장 가운데 '키르케고르의 실존의 3단계'에 대해 고찰하며 자세히 살펴볼 것입니다.

세네카는 평소 친구들에게 "죽음이라는, 이른바 영혼이 육신에서 떨어져 나가는 시간 자체가 너무 짧아서 그 과정을 느낄 수 없다"[18]라고 가르쳤습니다. 그러나 그의 죽음은 예상과는 달리 그리 짧은 시간에 와 주지 않았습니다. 처음에 그는 팔 정맥을 끊었습니다. 하지만 나이 탓인지 피가 빨리 흘러나오지 않아서 발목과 무릎의 혈관도 잘랐지요. 그래도 바라던 죽음이 오지 않자 소크라테스가 그랬듯

독약을 마시고 증기탕에 들어가 서서히 죽어 갔다고 합니다. 그의 나이 일흔하나였지요. 하지만 그의 아내 파우리나는 정맥을 자르고 기절한 사이 옆에 있던 병사가 노예를 시켜 그녀의 팔에 붕대를 단단히 감아 주어 남편을 따라가지 못했습니다.[19]

바울의 '예정'

전해 오는 말에 따르면, 바울과 세네카는 아는 사이였고 서로 편지도 주고받았다고 합니다.* 사실일까요? 남아 있는 서신이나 확인된 증거는 없지만, 그런 이야기가 나온 근거는 있습니다. 4세기에 만들어진 『세네카와 바울의 편지』라는 '날조된' 편지 모음집이 그것입니다. 이 편지 모음집은 후에 누군가가 바울과 세네카의 저작에 나오는 어구들을 빌려 와 만든 위작임이 밝혀졌습니다. 그럼에도 이 책 안에는 두 사람이 얼마나 같은 생각을 했는지를 확인할 수 있는 부분들이 많이 들어 있습니다.[20]

바울은 실제로 자신의 서신들에 스토아 철학에서 쓰는 용어나 문구를 자주 사용했습니다. 신학자들은 예컨대 로마서 1장 20절에 나타나는 "영원하신"이나 "신성"이라는 단어와 1장 26절의 "순리대로" 또는 1장 28절의 "합당하지"와 같은 용어들은 바울이 스토아 철학

• 이런 이야기는 2세기 말 테르툴리아누스가 처음 내놓았고(*De anima* 20) 5세기에는 히에로니무스가 주장했다(*De vir. ill.* 12).

으로부터 받아들인 특징적 개념으로 간주합니다.[21] 당시 기독교 공동체에서는 그런 용어를 사용하지 않았기 때문입니다. 또한 "내게 능력 주시는 자 안에서 내가 모든 것을 할 수 있느니라"(빌립보서 4:13)나 "모든 것이 합력하여 선을 이루느니라"(로마서 8:28), 특히 "만물이 주에게서 나오고 주로 말미암고 주에게로 돌아감이라"(로마서 11:36) 같은 구절들 역시 그렇습니다. 이와 유사한 뜻을 가진 문구들이 세네카는 물론이고 제논과 에픽테토스 같은 스토아 철학자들의 저술에 자주 등장하기 때문입니다.[22]

젊은 시절 바울이 스토아 철학을 공부했으리라는 짐작은 전혀 무리가 아닙니다. 바울은 다소에서 태어났지요(사도행전 21:39). 그곳은 지중해에서 멀지 않은 타우루스산맥 기슭에 자리하고 있는데, 로마 지배하에 있던 길리기아 Cilicia의 수도였습니다. 높은 고갯길을 지나 소아시아 지방에서 수리아 지방으로 통하는 교역로의 주변이기도 했습니다. 당시에는 무척 번화했던 헬레니즘적 도시이자 무엇보다도 에피쿠로스학파와 스토아학파 같은 그리스 철학이 융성했던 교육도시였지요. 그래서 당시 저명한 지리학자였던 스트라본 Strabon, 기원전 64-23은 때때로 이 도시를 '아테네'라고 부르기를 주저하지 않았다고 합니다.[23]

따라서 바울이 그의 소년 시절에—설사 그리스 철학학교의 교육 전통 아래서 교육받지는 않았을지라도—디아스포라 Diaspora(팔레스타인 바깥의 다른 지방에 살고 있는 유대인들) 회당의 설교와 신학을 통해 그리스 철학을 접했으리라는 데는 의심의 여지가 없습니다. 바울과

거의 동시대에 살면서 구약성서에 그리스 철학(특히 스토아 철학)을 접목한 알렉산드리아의 필론Philon ho Alexandria, 기원전 25-기원후 50이 증명하듯이, 당시 유대교 회당의 설교와 신학에는 그리스 철학적 개념과 사상—예컨대 이성, 자연, 자유, 양심, 절제, 덕, 의무 등—이 이미 깊숙이 스며들어 있었기 때문입니다.[24]

바울이 예수님이 사용한 언어인 아람어Aramaic가 아니라 그리스어로 생각하고 기록했다는 사실로도 같은 추측을 할 수 있는데요, 무엇보다 성서 기록들이 좋은 증거가 됩니다. 예컨대 사도행전 17장 18절에 보면 "어떤 에피쿠로스와 스토아 철학자"와 논쟁한 기록이 있습니다. 이것은 바울이 두 그리스 철학에 대해 이미 어느 정도, 곧 서로 논쟁을 할 정도로 알고 있었다는 의미입니다. 또한 사도행전 17장 24-28절에서 창조에 대해 언급할 때 바울이 인용한 "너희 시인 중 어떤 사람들의 말과 같이 우리가 그의 소생이라 하니"(사도행전 17:28)라는 말에서 '너희'는 스토아 철학자들을 가리키는 말이라는 것이 학자들의 공통된 생각입니다.[25] 여기까지만 추적해 보아도, 어쨌든 세네카와 바울은 같은 시대에 살았고, 비슷한 나이에, 비슷한 생각을 갖고 있었던 것만은 분명하지요. 그 가운데 우리가 지금부터 주목하려는 것은 하나님의 섭리에 관한 부분입니다.

바울이 쓴 로마서를 볼까요? 9장에는 히브리인들의 조상인 아브라함의 며느리이자 이삭의 아내인 리브가가 낳은 쌍둥이 형제에 대한 이야기가 나옵니다. 여기서 바울은 리브가가 아직 임신 중이어서

"그 자식들이 아직 나지도 아니하고 무슨 선이나 악을 행하지 아니한 때에" 하나님이 리브가에게 "큰 자가 어린 자를 섬기리라 하셨나니 기록된 바 내가 야곱은 사랑하고 에서는 미워하였다"라고 예정했다는 말을 먼저 하지요(로마서 9:10-13). 그리고 그것은 나중에 동생인 야곱이 형인 에서를 제치고 가문의 전통을 잇게 되는 것이 태어나기도 전에 미리 예정되어 있었다는 뜻으로 해석됩니다.

이어서 바울은 우리에게 묻지요. "혹 네가 내게 말하기를, 그러면 하나님이 어찌하여 허물하시느냐 누가 그 뜻을 대적하느냐 하리니, 이 사람아 네가 누구이기에 감히 하나님께 반문하느냐, 지음을 받은 물건이 지은 자에게 어찌 나를 이같이 만들었느냐 말하겠느냐. 토기장이가 진흙 한 덩이로 하나는 귀히 쓸 그릇을, 하나는 천히 쓸 그릇을 만들 권한이 없느냐"(로마서 9:19-21). 바울은 이처럼 인간의 모든 일은 오직 하나님의 섭리에 의해 태어나기 전부터 예정되어 있으며, 이에 대해 누구도 불평하거나 불만을 가질 수 없다고 가르친 것입니다.

다시 말해 바울에게도 하나님은 "모든 일을 그의 뜻의 결정대로 일하시는 이"(에베소서 1:11)이자 "그 기쁘신 뜻대로"(에베소서 1:5) 우리를 예정하신 분이기 때문에 "하나님의 뜻"(로마서 2:18; 12:2)을 분간하는 것이 가장 중요합니다. 설령 그 결과가 가혹하더라도 말입니다. 한마디로 바울에게 하나님의 예정은 하나님의 자유롭고 기쁜 뜻에 근거한 것이므로 '주권적'이고 '무조건적'이며(로마서 9:16; 에베소서 1:5, 9, 11), '영원불변적'이고(에베소서 1:4; 디모데후서 1:9; 2:19; 로마서 11:29), '불가항력적'입니다(빌립보서 1:6; 2:13).

어때요? 앞에서 본 세네카의 교훈과 흡사하지 않은가요? 그렇습니다. 세네카와 바울의 가르침은 매우 닮았습니다. 둘 사이에 존재하는 이러한 유사성은 스토아 철학의 로고스 이론이 초기 기독교 교의학教義學과 윤리학에 막대한 영향을 끼쳤다는 사실과도 무관하지 않습니다. 그래서 많은 사람들이 바울을 기독교에 그리스 철학을 끌어들인 원흉이자 시조로 규정하며 비난하기도 했습니다. 예를 들자면 미국의 3대 대통령이자 이신론자인 토머스 제퍼슨Thomas Jefferson, 1743-1826은 친구에게 보낸 편지에서 바울이야말로 "예수의 가르침을 최초로 오염시킨 자"라고 공격했지요. 또 영국의 극작가 버나드 쇼도 "예수의 정신에 바울의 정신적 결점이 덧씌워진 것보다 더 꼴사나운 덧씌우기는 여태껏 저질러진 적이 없다"고 비난했습니다.[26] 이때 이들이 '오염' 내지 '덧씌우기'라고 말한 것이 바로 바울의 가르침 안에 들어 있는 그리스 철학적 요소입니다.

사실상 바울은 살아 있는 역사적 예수님을 만난 적이 없고, 예수님의 가르침을 읽거나 전해 들은 적이 거의 없습니다. 예수님이 살아 있는 동안 바울은 같은 나라(유대) 안에 있었던 적이 전혀 없는 데다, 우리가 아는 4복음서는 바울의 서신들보다 적어도 20년 내지 50년쯤 뒤에 쓰였기 때문입니다.* 또한 바울은 예수님의 제자들과도 종

---

* 바울의 서신들은 대개 예수님의 사후 20년쯤 쓰여 1세기 중엽에는 벌써 개인들과 교회에 소장되었으며 1세기 말에는 '바울 전집'(Pauline corpus)이 모양을 갖추었다. 그러나 예수님의 말씀에 대한 기록은 예수님의 죽음 직후에는 그리 시급한 문제가 아니었다가 세월이 지나 사도들이 하나둘 세상을 떠남으로 직접적 목격담이 점점 희미해짐에 따라 그 필요성이 대두되었다. 이에 로마 그리스도인들이 베드로의 동역자이자 통역자였

종 의견이 달라 갈등을 겪기도 했으며, 그 때문에 열두 제자의 우두머리인 베드로를 '위선자'라고 비난하고(갈라디아서 2:13-14), 예수님의 친동생인 야고보까지 힐난하기도 했습니다(갈라디아서 2:12). 이런 사실들은 그가 예수님으로부터 그의 제자들로 이어진 '팔레스타인 전승의 영향'을 거의 받지 않았다는 것을 말해 줍니다. 그래서 독일의 저명한 현대신학자 루돌프 불트만Rudolf Bultmann, 1884-1976은 "바울에게는 역사적 예수의 가르침은 별다른 역할을 하지 않거나 실질적으로 아무 역할을 하지 않는다"[27]라고 단정 지었습니다.

이처럼 바울이 자기 사상으로 예수님의 복음을 윤색해서 기독교를 일구었다는 게 바울에 대해 부정적 시각을 가진 비평가들의 한결같은 주장입니다. 물론 그런 주장들이 나올 수 있는 여지가 없는 것은 아닙니다. 그럼에도 불구하고 우리의 이야기는 바울의 가르침이 그리스 철학의 영향을 받았다고 하더라도, 어디까지나 용어와 수사학적 표현 형식에서 그랬을 뿐이며* 내용에서는 구약성서와 예수님

던 마가(Mark)에게 부탁하여 예수님 사후 40년경인 1세기 후반에 처음으로 마가복음(Gospel according to Mark)이 쓰였고, 얼마 후 바울의 동역자였던 누가가 '2부의 역사서'로 기록한 누가복음(Gospel according to Luke)과 사도행전(Acts of the Apostles)이 쓰였다. 또한 시리아 지방의 그리스도인들이 보전한, 이방인 설교에 중점을 둔 마태복음(Gospel according to Matthew)이 나타났다. 그리고 1세기 말엽에야 "예수께서 사랑하셨던 제자에 의해서 쓰인 것", 곧 우리가 요한복음이라 부르는 기록이 에베소에서 나타났다.

* 바울은 고대 수사학의 기교뿐 아니라 그 당시의 전형적이고 대중적인 교수법을 능숙하게 구사했다. 그는 특히 독자나 청중을 대화의 상대로 가담케 하여, 그 가상의 대화 상대에게 질문을 던지고 반응을 이끌어 내서 논박하는 '디아트리베'(Diatribe)를 즐겨 사용했다. 일례를 들면 이렇다. "혹 네가 내게 말하기를, 그러면 하나님이 어찌하여 허물하

이 전한 복음의 핵심에 닿아 있고, 그것이 오늘날 우리가 알고 있는 기독교의 초석이 되었다는 입장을 견지하고자 합니다. 왜냐하면 두말할 것도 없이 기독교는 예수님이 전한 복음에서 시작하여 그것에서 끝나는 종교지만, 예수님의 복음만으로 만들어진 종교는 아니기 때문입니다.

2,000년의 장구한 역사를 지닌 기독교는 4복음서 외에도 구약성서, 바울을 비롯한 사도들의 기록, 그리고 수많은 교부와 신학자들의 연구가 누적되어 형성된 종교지요. 이 과정에서 사도들이 전한 복음과 그에 대한 해석—보통 '사도적 전승'Apostolic Tradition이라고 하지요—이 '규범하는 규범'norma normans이 되어 그 밖의 모든 '규범된 규범'norma normata들을 제한한 것입니다. 2세기부터 4세기까지 진행된 '신약성서의 정경화'가 그 좋은 예지요.

신약성서의 정경화는 당시 기독교 사회를 떠돌던 다양한 문서 가운데 사도적 전승에 합당하면 정경으로 인정하고 그렇지 않으면 제외하는 식으로 이루어졌습니다.* 그래서 야고보서, 유다서, 베드로후

시느냐 누가 그 뜻을 대적하느냐 하리니, 이 사람아 네가 누구이기에 감히 하나님께 반문하느냐, 지음을 받은 물건이 지은 자에게 어찌 나를 이같이 만들었느냐 말하겠느냐. 토기장이가 진흙 한 덩이로 하나는 귀히 쓸 그릇을, 하나는 천히 쓸 그릇을 만들 권한이 없느냐"(로마서 9:19-21). 가상의 독자를 상대로 대화 형식으로 서술하는 이 책도 디아트리베라는 고대의 수사법을 사용하고 있는 셈이다.

* 오늘날 사용하는 신약성서 27권이 정경으로 인정된 것은 알렉산드리아의 아타나시우스와 서방의 히에로니무스 그리고 아우구스티누스의 기록에서 찾아볼 수 있으나, 그 기본적 틀은 2세기 전반의 기록들에서 이미 찾아볼 수 있다. 이들은 마르키온의 모범을 따라 '복음서'(the Gospel)와 '사도서'(the Apostel)를 구분했지만, 누가복음과 바울 서신 열 개만을 인정하는 마르키온주의에 맞서기 위해, 누가복음을 제외한 세 복음서와 사

서, 요한1서, 요한3서 등은 뒤늦게야 정경에 포함되었고, 「바나바서」, 「목자」, 「디다케」 등은 한때 정경에 포함되었다가 후에 제외되었지요. '정경'canon이라는 개념 자체가 어떤 것은 인정하고 어떤 것은 인정하지 않음으로써 외부 이교도와 내부 이단의 도전에 대처하자는 노력에서 비롯되었기 때문입니다.

내가 말하려는 요점은 이겁니다. 3세기에야 인정된, 몇몇 서신을 제외한 바울의 서신들은 4복음서들과 함께 2세기에 이미 첫 번째로 정경에 포함되었다는 사실입니다. 이것은 바울이 전한 신앙의 열매들이 비록 그리스 철학적 용어와 표현 형식이라는 그릇에 담겼다 해도, 예수님이 전하고자 하는 바로 그 내용과 일치했다는 것을 뜻하지요. 이 같은 사실은 또한 세네카와 바울이 설령 같은 말을 했더라도 그 의미가 똑같지는 않았다는 것을 의미하기도 합니다. 신의 섭리에 대한 가르침 역시 마찬가지입니다. 앞에서 보았듯이, 세네카와 바울의 섭리 사상은 외관상 매우 유사합니다. 하지만 그 내용을 보면 그 둘이 결코 같은 연원을 가진 것도, 같은 의미를 지닌 것도 아닙니다.

도행전을 추가해 '모든 사도들의 행전'(The Acts of all the Apostles)이라 칭했다. 그러나 디모데전·후서, 디도서, 빌레몬서 등 세 개의 목회 서신들은 비교적 나중에야 바울 서신으로 인정되어 정경에 들어갔으며, 3세기에 빌레몬서를 비롯한 히브리서, 베드로후서, 요한1서, 요한3서, 야고보서, 유다서 등과 「바나바서」(the Epistle of Barnabas), 「목자」(Shepherd), 「디다케」(Didache) 등도 알렉산드리아의 오리게네스에 의해 정경에 포함되었다. 그러나 그중 상당수는 후일 정경성을 인정받지 못해 다시 빠졌는데, 4세기 초에는 모든 교회에서 오늘날 우리가 보는 신약성서 중 야고보서, 유다서, 베드로후서, 요한1서, 요한3서 다섯 개를 제외한 모두를 정경으로 받아들였다.

우선, 세네카 섭리 사상의 근원은 플라톤 철학입니다. 2권 『하나님은 창조주인가』에서 살펴보았듯이, 플라톤은 중기의 대화편 『국가』에서 만물의 궁극적 근거인 '일자'一者를 '이데아 중의 이데아'인 '선의 이데아'로 규정했습니다.[28] 그럼으로써 선한 섭리가 현세와 내세의 모든 과정을 지배한다는 낙관적 신념을 서구사회에 심었지요. 이 때문에 플라톤은 자연신학theologia naturalis의 창시자로 여겨지기도 하는데,[29] 이 사상을 제자 아리스토텔레스가 '부동의 원동자'라는 개념으로 계승해 다시 세네카에게 전해진 겁니다. 따라서 세네카가 말하는 섭리는 앞에서 언급한 대로 마치 자연법칙처럼 우리가 복종할 수밖에 없는 법칙일 뿐, 우리의 희망과 절망 그리고 소원과는 아무런 상관이 없습니다.

이와 달리 바울이 말하는 섭리의 근원은 당연히 구약성서의 계시입니다. 바울은 지상 생애를 살던 예수님을 직접 만나지 못했기 때문에(고린도후서 5:16) "참새 두 마리가 한 앗사리온에 팔리지 않느냐. 그러나 너희 아버지께서 허락하지 아니하시면 그 하나도 땅에 떨어지지 아니하리라"(마태복음 10:29)라는 예수님의 섭리 사상에 대해서는 전혀 몰랐을 수 있습니다. 하지만 그가 개종 이전에는 신실한 바리새인이었기 때문에, 구약성서에 기록된 "내 형질이 이루어지기 전에 주의 눈이 보셨으며, 나를 위하여 정한 날이 하루도 되기 전에 주의 책에 다 기록이 되었나이다"(시편 139:16)라는 시편 기자의 말은 가슴속에 항상 새겼겠지요.

주목할 것은 세네카의 섭리와 바울의 섭리 사이에 존재하는, 도저히 건널 수 없는 간격은 각각의 섭리를 주관하는 신이 인격적이냐 아니냐 하는 차이에서 나온다는 점입니다. 세네카의 신은 비인격적이고 바울의 하나님은 인격적이라는 말이지요. 우리는 뒤에서 세네카의 신과 바울의 하나님을 각각 '아테네의 신'과 '예루살렘의 신'으로 이름 붙여, 그에 대해 자세히 살펴볼 것입니다. 그 과정에서 하나님의 인격성이 과연 무엇을 말하는가에 대해 비로소 올바로 이해하게 될 것입니다. 그런데 사전에 여기서 당신에게 소개하고 싶은 사람이 하나 더 있습니다. 그가 섭리에 관한 또 하나의 위대한 신학자이기 때문인데요, 바로 종교개혁자 칼빈입니다.

칼빈의 '섭리'

요한 칼빈은 바울을 따라 섭리와 은총을 자신의 신학 기반으로 삼았습니다. 그는 개신교 신학의 규범이라 할 수 있는 『기독교 강요』 최종판[1559]에서 섭리를 창조와 특별히 연관해 다음과 같이 썼습니다.

> 창조주 하나님을 단 한 번의 사역으로 모든 창조를 완성한 일시적 신으로 생각하는 것은 부당하고 불충분한 일이다. 그리고 무엇보다도 이 점에서는 우리가 모든 이단, 위선자와 달라야 한다. 우리에 대한 하나님의 힘은 시작 때와 마찬가지로 지금도 우주의 영원한 상태 속에서 온 누리에 영원히 빛나고 있다.⋯우리가 하나님의 섭리를 논할 때, 이 말이 하나님께서 천국에 안일하게 앉아서 땅 위에서 일

어나는 일을 방관하신다는 뜻이 아님을 알아야 한다. 오히려 모든 사건에 대처하려고 키를 잡은 배의 선장과 같은 분이다.[30]

우리가 여기서 우선 주목하려는 것은 이 내용이 『기독교 강요』 초판[1536]에는 없었다는 사실입니다. 칼빈이 초판에는 없던 섭리론을 23년 후에 출간한 최종판에 추가한 까닭은 무엇일까요? 신학자들의 공통된 의견은 그사이 칼빈이 루터, 츠빙글리, 부처 같은 다른 종교 개혁자들의 영향을 받았으리라는 겁니다. 특히 루터의 「대요리문답」Large Catechism으로부터 직접적 영향을 받았다고 생각하지요. 정황상 근거가 있는 주장입니다. 그렇지만 칼빈의 삶을 곰곰이 살펴보면, 섭리에 대한 그의 관심은 그 같은 외적 영향 때문이라기보다 그가 자신의 삶에서 겪은―결코 순탄하지 않은―숱한 경험을 통해 서서히 자라난 것임을 알 수 있습니다.

칼빈은 1509년 프랑스 파리 인근 노용이라는 마을에서 태어났습니다. 그의 성은 본래 프랑스어로는 코뱅Cauvin인데 우리는 보통 그것을 라틴어화한 이름인 칼빈Calvin으로 부르지요. 아버지 제라르 코뱅Gerard Cauvin은 노용시의 회계사였는데, 어머니 잔느 르프랑Jeanne Le France은 칼빈이 아주 어렸을 때 세상을 떠났습니다. 청년기에 칼빈은 아버지의 뜻을 따라 처음에는 몽테귀 대학Collége de Montaigu에서 신학을 공부했지요. 그런데 1528년경 갑자기 학교를 옮겨 오를레앙과 부르주에서 법학을 전공하게 됩니다. 그의 지적 형성기에 일어난 매우 의미 있는 이 사건에 대해 칼빈은 그로부터 거의 30년이 지난 1557년에 쓴 『시편 주석』 서문에서 다음과 같이 회상합니다.

> 어릴 적부터 아버지는 내게 신학 공부를 시키려 했으나, 법학을 공부한 사람들이 대부분 부유해진다는 것을 알고 갑자기 마음이 바뀌셨다. 그것이 내가 철학 공부를 그만두고 법학 공부를 하게 된 동기다. 아버지의 뜻에 순종하여, 나 자신도 열심히 법학에 몰두하고자 노력했다. 그러나 하나님께서는 은밀하신 섭리 가운데 결국 나를 다른 길로 돌이키셨다.[31]

신학이든 법학이든 자신의 뜻이 아니라 아버지의 뜻에 따라 공부했다는 말이지요. 그럼에도 이때 공부한 신학과 법학은 각각 그가 훗날 훌륭한 라틴어 사용자가 될 어학적 기량과 논쟁에서 많은 적을 물리칠 만한 수사학적 기반을 닦는 데 큰 도움이 되었습니다. 그뿐 아니라 법철학 공부는 판단력과 인간 본성에 대한 지식을 길러 주었고, 훗날 교회를 조직하고 관할하는 데 필요한 능력도 키워 주었지요. 그 외에도, 이 시절 칼빈은 아우구스티누스 같은 라틴 교부들의 저서를 탐독했고, 라블레Rabelais, 1494-1553와 에라스무스Erasmus, 1466-1536의 저서를 통해 당시 유행하던 인문주의를 접했으며, 마르틴 루터Martin Luther, 1483-1546의 종교개혁에도 상당한 흥미를 가졌습니다.

1531년 봄 아버지가 세상을 뜨자, 칼빈은 후에 프랑스 대학Collége de France으로 명명되는 새로운 대학으로 옮겼지요. 전공도 자신이 좋아하는 고전학으로 바꾸었습니다. 이 대학은 당대의 인문주의자인 에라스무스를 총장으로 데려오려고 시도했을 정도로 자유롭고 진보적이었습니다. 선망하던 대학에서 하고 싶던 학문을 하는 것에 젊은 칼빈이 얼마나 매료되었을지 짐작하기란 어렵지 않습니다. 그런 만큼 괄목할 만한 지적 성과가 당연히 뒤따랐지요.

칼빈은 그곳에서 그리스어와 히브리어를 익히며 고대와 중세의 위대한 고전들을 섭렵했는데, 이 시기가 훗날까지 그에게 강하게 남아 있는 인문주의 성향의 바탕을 만들어 주었습니다. 나중에 칼빈은 16세기의 가장 뛰어난 라틴어 문장가 중 한 사람이 되었으며, 프랑스어 저술에서도 파스칼이나 보쉬에 J. B. Bossuet에 견줄 만한 우아한 문체를 보여 준다는 평가를 받았습니다. 회심 이후 그는 평생 동안 "오직 성서로"sola scriptura라는 구호를 따른 엄격한 성서주의자로 살았지만, 동시에 뛰어난 인문주의자이기도 했던 겁니다.

16세기 당시 서구는 그리스·로마 문화의 부흥을 외치는 르네상스와 부패한 가톨릭교회에 저항하는 종교개혁 열기에 휩싸여 있었습니다. 당연히 인문주의자들은 대부분 신플라톤주의나 에피쿠로스주의 같은 고대 그리스 철학에 몰두했지요. 그들은 "거룩한 플라톤"이라는 말을 거리낌 없이 사용했고, 야훼를 그리스 신화에 나오는 제우스의 라틴어명인 '유피테르'Jupiter라고 불렀습니다. 1권 『하나님은 존재하는가』의 1부 가운데 '미켈란젤로가 그린 노인은 누구인가'에서 자세히 살펴보았듯이, 성서 이야기와 그리스 신화를 혼합하는 경향은 단테를 뒤따랐던 15세기 이탈리아 인문주의자들과 예술가들에 의해 크게 유행했는데, 16세기 서구 인문주의자들은 '버렸어야 할' 그 유산까지 고스란히 이어받은 것이지요.

그런데 흥미로운 것은 다른 인문주의자들과는 달리 당시 '기독교 인문주의자'들은 너나없이 신플라톤주의가 아니라 '스토아 철학'에 특별한 관심을 가졌다는 사실입니다. 왜냐고요? 그럴 만한 이유가 있었습니다. 신플라톤주의가 고대로부터 1,000년 이상 가톨릭 신학에 막대한 영향을 끼쳤다는 사실 때문이었습니다. 그것이 이미 세속적으로 타락한 가톨릭에 대항해서 종교개혁을 외치던 16세기 기독교 인문주의자들의 마음에 우선 걸렸던 것입니다. 게다가 스토아 철학은 기독교를 포기하지 않고도 받아들일 수 있는 종교적·윤리적 이상을 견지했지요. 물론 상대적이었지만 어쨌든 신플라톤주의에 비해서는 가톨릭과 조금 거리를 두고 있다고 생각했던 겁니다. 이러한 이유로 그들은 "거룩한 플라톤" 대신 "거룩한 세네카"라는 말을 입에 올리며 스토아 철학에 몰두했지요.

특히 가톨릭 사제들과 교황을 풍자한 『우신예찬』을 쓴 네덜란드 인문주의자 에라스무스와 스위스의 종교개혁자 울리히 츠빙글리 Ulrich Zwingli, 1484-1531는 세네카에게 푹 빠져 있었습니다. 에라스무스는 세네카에 관한 책을 두 권이나 썼고, 츠빙글리는 종교개혁에 뛰어든 후에도 기회가 있을 때마다 이 철학자를 좋아한다는 말을 공공연히 하고 다녔지요. 그래선지 그의 「섭리에 관한 설교」를 살펴보면, 세네카의 『섭리에 대하여』의 기독교판처럼 보일 정도로 내용이 유사합니다.

칼빈 역시 이러한 시대적 분위기에 편승해 1532년 4월 4일 불과 스물셋의 나이로 첫 번째 장편 저술인 『세네카의 관용론 해석』을 자기 돈自費으로 출간했습니다. 그는 이 책을 함께 공부한 성 엘로이 수도원장 앙제Claude de Hangest에게 헌정한 다음, 에라스무스에게도 한 권 보냈지요. 당시 칼빈은 에라스무스를 "학문 세계의 영광이자 기쁨"이라고 높여 불렀습니다.

눈에 띄는 것은 이 책에서 칼빈이 에라스무스가 텍스트를 해석하는 방식을 사용해 원전을 해석했다는 것과, 기욤 부데Guillaume Budé, 1467-1540가 유스티니아누스 법전을 해설하며 사용한 인문주의적 저술 방법을 그대로 사용했다는 사실입니다. 지금까지도 서구 인문학적 글쓰기의 전형으로 내려오는 이 방법은 1) 비교적 긴 문헌학적 설명으로 글을 시작하고, 2) 문법과 논리에 호소하며, 3) 수사학적 표현을 집어넣고, 4) 고대 작가들의 고전적 지식들을 끌어다 활용하는 수법이지요. 칼빈은 그의 첫 번째 저술에서 전형적인 인문주의 글쓰기 방법을 채택한 것입니다.

온갖 정성을 다해 썼지만, 세간의 냉대로 결국 큰 상처가 된 이 작품에서 칼빈은 스토아 철학과 기독교 사상의 유사성을 강조했습니다. 우리의 이야기와 연관해서 중요한 것은 그가 스토아 철학자들과 그리스도인들이 세상과 인간을 지배하는 초자연적 섭리의 존재를 인정한다는 점에서 일치한다고 확신했다는 점이지요.[32] 이는 칼빈이 회심하기 전부터 이미 세네카를 통해 신의 섭리에 관심을 두었으며, 또한 그의 섭리론이 다른 종교개혁자는 물론 세네카로부터도 상당한 영향을 받았음을 알려 줍니다. 과연 그런지, 조금 더 구체적으로 살펴볼까요?

1545년 발표한 「자유사상가들에 대한 논박」이라는 논문에서 칼빈은 하나님의 섭리를 세 가지 측면으로 분류했습니다. 첫째는 '일반섭리'providentia universalis인 자연의 질서인데, 하나님은 모든 행위의 가장 우선적·직접적 목적을 남겨 둔 채 자신이 창조할 때 부과한 법칙들에 스스로를 일치시키면서 역사한다는 내용이지요. 우리는 2권 『하나님은 창조주인가』에서 바로 이것이 진화론을 창조론 안에 수용할 수 있게 하는 원리임을 확인했습니다. 둘째는 '특별섭리'providentia specialis로, 하나님은 자신의 종을 돕고 악인을 응징하며 신실한 성도의 인내를 시험하거나 벌을 내려 공의의 심판을 실현한다는 것입니다. 그리고 셋째는 '성령의 내적 작용'으로, 하나님은 성령을 통해 그가 선택한 자들을 감화시키고 다스려서 거듭나게 한다는 것이지요.

이 가운데 둘째와 셋째는 스토아 철학과 무관합니다. 거듭 말하지만, 스토아 철학적 섭리는 우리가 마땅히 따라야 할 도덕법칙으로 작용할 뿐, 우리를 돕고 응징하며 인도하고 심판하며 감화시키고 다스려서 구원하는 일은 하지 않기 때문입니다. 그러나 첫째, 곧 하나님은 자신이 부과한 자연법칙들에 스스로를 일치시키면서 역사한다는 칼빈의 일반섭리에 대한 주장은 세네카의 영향이 분명히 느껴질 만큼 스토아 철학적입니다. 세네카가 '운명'fatum이라고도 부른 스토아 철학적 섭리야말로 우주적 보편성을 갖고 있어서, 어떤 것이든 그 직접적 인과관계에서 벗어날 수 없는 질서이기 때문입니다.

인문주의에서 섭리주의로

칼빈은 다른 무엇보다도 자신의 회심을 하나님의 섭리로 받아들였습니다. 1533년에서 1534년 사이, 즉 그의 나이가 스물넷 혹은 스물다섯이었을 때 일어났으리라 추정되는 칼빈의 회심은, 지금 봐도 그리스도인들의 가벼운 관심거리는 될 수 있어도 화젯거리는 못 됩니다. 바울이나 아우구스티누스, 또는 루터의 회심처럼 극적으로 일어나지 않았기 때문이지요. 게다가 그는 이교도나 무신론자였다가 갑자기 그리스도인으로 돌아선 것도 아니었습니다.

칼빈은 어려서부터 가톨릭 신자였고, 소년기에는 여러 신부의 보좌사제였으며, 청년기에는 한때나마 대학에서 가톨릭 신학을 전공했습니다. 결국 여기서 그의 회심이란 가톨릭에서 개신교로 개종한 것을 뜻하는데, 그마저도 오랜 기간 서서히 준비되었고 점진적으로 이뤄졌습니다. 그래서 별다른 주목을 받지 못하는 것인데요, 흥미로운 것은 칼빈이 회심과 연관해서 자신을 다윗과 비교했다는 점입니다. 『시편 주석』의 서문에서 그는 다음과 같이 썼습니다.

> 나의 경우는 다윗의 경우와 비교할 때 의심의 여지가 없이 훨씬 열등하다. 그러므로 내가 다윗과 비교하려는 것은 참으로 불필요한 일이다. 그러나 다윗이 양치기로부터 택함을 받아 최고 권위의 자리까지 올라간 것같이, 나도 원래는 어둡고 미천한 출신이지만 하나님의 택

하심을 입어 복음의 전도사와 목회자라는 영광스러운 직분을 통해 가치 있는 사람으로 인정되었다.[33]

아우구스티누스 이후 바울 신학의 위대한 계승자로 불리는 칼빈이, 사도 바울이 아니라 다윗을 자신의 신앙 모델로 삼은 이유는 무엇일까요? 그것은 자신의 회심이 바울처럼 극적으로 일어난 것이 아니라 다윗처럼 점진적으로 일어났음을 표현한 것이라는 게 신학자들의 생각입니다.[34] 그럼으로써 칼빈은 회심이 하나님의 섭리에 따라 여러 모양으로 나타나고, 순간적일 뿐 아니라 점진적일 수도 있으며, 외적 의식을 통해서가 아니라 내적 변화를 통해 일어난다는 것을 자신의 개종을 통해 보여 주려 했다는 것이지요.

아우구스티누스의 『고백록』이 그렇듯이 자기 삶을 회상하는 글에는 언제나 삶을 바라보는 그 사람의 고유한 관점이나 사상이 담겨 있게 마련입니다. 칼빈의 글도 마찬가지지요. 그는 『시편 주석』의 서문에서 자기 삶이 표면적으로는 제 자신이나 아버지의 뜻대로 진행된 것 같지만 실상은 오직 하나님의 섭리에 의해 인도된 것임을 누차 강조했습니다. 그의 말을 또 들어 볼까요?

내가 신학을 공부한 지 채 1년도 되기 전, 나는 아직 초심자에 불과했지만 더 순수한 교리를 찾는 마음을 가진 많은 사람이 내게 배우려 다가오고 있음을 알고 너무 놀랐다. 나는 세련되지 못했고, 수줍어하는 성품 탓에 늘 구석진 곳에 혼자 있는 걸 좋아해 공개적으로 알려진 곳을 벗어나 한적한 장소를 찾아 다녔다. 그러나 그럴 적마다 내가 바라는 목표가 이뤄지기는커녕 내가 감추려던 모든 것이 마치 학교에서처럼 공개적으로 알려지곤 했다. 다시 말해 내가 나의 큰 목적을 아직 알지 못한 채 은거하며 홀로 살려고 하면, 하나님은 여러 가지 전환과 변화를 통해 나를 거기서 벗어나도록 인도하셨다. 그리고 하나님은 나의 타고난 성품에도 불구하고 내가 공공연하게 사람들에게 알려질 때까지 내가 어떤 장소에 은둔하도록 결코 허락하지 않으셨다.[35]

칼빈은 자신이 종교개혁에 뛰어든 것 역시 하나님의 섭리로 받아들였습니다. 1533년 파리 대학 학장으로 선출된 니콜라스 콥[Nicolas Cop]이 취임연설에서 가톨릭교회의 쇄신을 역설하자, 교회는 콥을 비롯한 개혁파와 그 동조자들을 체포하기 시작했습니다. 콥의 동조자였던 칼빈도 재빨리 스위스 바젤로 피신해야 했지요. 하지만 칼빈은 그때까지도 종교개혁에 적극 참여하려는 생각은 전혀 없었습니다.

1535년 당시 26세의 나이로 『기독교 강요』 초판의 저술을 마친 칼빈은 파리에 사는 동생 앙투안[Antoine]과 누이 마리[Marie]와 함께 독일과의 국경 지방인 스트라스부르로 가서 학자로서 조용히 살기를 원했지요. 그런데 프랑스 국왕 프랑수아 1세와 독일의 황제 카를 5세 사이에 재개된 전쟁 때문에 스트라스부르로 곧장 가지 못하고 제네바를 경유하는 우회로를 택하게 됩니다. 그는 "하룻밤 이상은 머무르지 않고 조용히 지나가려던" 그곳에서 당시 종교개혁에 열광해 있던 기욤 파렐[Guillaum Parel]을 만나지요. 그리고 그의 남은 인생에 획기적

전환기가 되는 결정을 하게 되는데, 그 결정도 거의 강제적으로 이루어집니다. 칼빈은 그때의 일을 이렇게 회상했지요.

> 제네바시의 혼란은 아직 가라앉지 않았고 시민들은 분열되었는데, 그 가운데는 아주 위험한 무리도 끼어 있었다. 그런데 지금은 비열하게 교황주의자로 전향해 버린 어떤 사람[뒤 틸레]이 나를 발견해 다른 사람들에게 알려 주고 말았다. 이 소식을 듣고 복음을 드러내기 위해 열정을 불태우던 파렐이 즉시, 하던 일을 접어 두고 나를 머물게 하려고 온갖 애를 썼다. 그러나 나는 몇 가지 특별한 연구를 위해 자유를 얻기 원한다는 사실을 그에게 전했다. 그러자 자신의 간청이 내게는 아무 소용이 없음을 깨달은 파렐은, 그가 이렇게 도움을 절실히 필요로 할 때 내가 돕기를 거절한다면 하나님께서 나의 휴양과 평안을 저주하실 것이라는 저주의 말까지 서슴지 않았다. 이 말에 너무나 놀라고 두려움에 사로잡힌 나는 계속하던 여행을 결국 포기하고 말았다.[36]

이어서 칼빈은 하나님이 "수줍음과 소심함을 느끼도록 하는 그 방법을 통해서" 그에게 맡겨진 종교개혁이라는 소명을 내던지지 않도록 결심하게 했다고 썼습니다. 결국 칼빈은 '제네바 교회의 성서봉독자'라는, 성서를 가르치는 일종의 교원 직책을 얻어 개혁자 생애를 시작했지요. 그러나 그는 곧 설교자가 되었는데, 그래도 여전히 기회 있을 때마다 공직에서 물러나 은거하기를 원했습니다. 칼빈은 스스로가 공적 생활에 적합하지 않은 자라고 확신했으며 자신에게 연구 생활보다 더 적합한 일은 없다고 생각했기 때문이지요.[37] 하지만 그의 소망은 매번 다음과 같은 식으로 좌절되었습니다.

> 나는 어떤 공직도 맡지 않고 조용히 살기로 결심했다. 그런데 그리스도의 탁월한 종 마르틴 부처Martin Bucer가 이전에 파렐이 했던 것과 유사한 권고와 단언으로 나를 다른 직책으로 다시 불러냈다. 그가 내 앞에서 요나의 예를 제시했을 때 나는 다시 가르치는 짐을 질 수밖에 없었다.[38]

자, 지금까지 우리가 살펴본 칼빈의 삶을 보면 뭔가 주목할 만한 점이 있지 않나요? 네, 그렇습니다. 칼빈에게 중요한 일들은 정작 자신의 의지와는 별로 관계없이 일어났다는 것이지요. 객관적으로 보면 그건 칼빈의 소심하고 나약한 성격 때문이라고 할 수 있습니다. 칼빈 자신도 그것을 인정했고요. 그러나 중요한 것은 칼빈 자신이 그 모든 일을 수치스럽거나 불만스럽게 생각하지 않았다는 것입니다. 그는 저항하지 않고 하나님의 섭리로서 받아들이며 그 이유를 다음과 같이 밝혔지요.

> 그것[섭리]은 측량할 수 없는 하나님의 위대함이다. 그는 한번 천지를 창조하셨을 뿐 아니라 모든 것을 그의 뜻대로 지배하신다. 그러므로 하나님을 세계의 창조자로 고백하면서, 하나님은 세계에 대해 관심을

윌리엄 와일먼(William Wileman),
〈추방될 것을 예상하며 고별 설교를 하는 칼빈〉, 1900년경.

가지시지 않고 하늘에서 한가히 지내신다는 생각을 갖는 사람은 요망스럽게도 하나님에게서 그의 능력을 앗아 가는 사람이다.[39]

칼빈은 자신을 강제하는 하나님의 손을 '요망스럽게도' 뿌리치지 않고 오히려 자신의 모든 것을 하나님의 손에 맡긴 것입니다. 그것이 그를 위대한 종교개혁자로 남게 했습니다.

정리할까요? 우리는 지금까지 세네카와 바울 그리고 칼빈을 통해 도저히 저항할 수 없을 만큼 '강력하게' 인간의 삶에 참여하고, 출생부터 죽음까지 '끊임없이' 인도하는 하나님의 어떤 속성에 대해 이야기했습니다. 또한 하나님의 그 속성이 궁극적으로는 우리를 선으로 이끈다는 것도 살펴보았지요. 그들이 '운명'이라 했든 '예정'이라 했든 아니면 '섭리'라고 했든, 기독교 신학에서는 이러한 하나님의 속성을 하나님의 '세계내재성' 또는 '인격성'이라고 부릅니다.

하나님의 인격성은 종교로서 기독교를 이루는 근간이자 원천입니다. 왜냐하면 기독교 교리에 의하면 우리는 하나님의 인격적 속성을 통해서만 하나님을 실제로 만날 수 있는데―1권 『하나님은 존재하는가』의 2부 2장 가운데 '하나님의 존재를 경험적으로 검증할 수 있나'에서 살펴보았듯이―하나님에 관한 직접적 경험 없이는, 하나님을 철학적으로 사유할 수 있을지는 몰라도 종교적으로 신앙할 수는 없기 때문입니다. 바로 이것이 철학자의 신과 종교인의 신, 또는 아테네의 신과 예루살렘의 하나님이 판이하게 갈라서는 분기점이지요.

그래서 이제 우리는 아테네의 신과 예루살렘의 하나님에 대해 자세히 알아보고자 합니다. 그 둘이 어떻게 다르며, 서로 어떤 관계가 있는지를 살펴보려는 것이지요. 그럼으로써 하나님의 인격성에 대한 올바른 이해를 얻고자 합니다. 아테네의 신에서부터 시작할까요?

아테네의 신

그리스 철학에서도 신神이라는 말은 부단히 나오지만 그 개념은 확정적인 것도 아니었고, 그것이 차지하는 위치가 그리 중요하지도 않았습니다. 그리스인들은 철학의 천재들이었지 종교의 천재들은 아니었지요. 따라서 히브리인들이 그들의 하나님을 최고의 존재로 파악하고 그로부터 세계와 인간 삶에 관한 모든 지혜를 계시로 받고 있을 때, 그리스인들은 자신들의 사변적 세계 안에서 신들에게 어떤 위치를 부여할 것인가를 이성으로 사고하고 있었습니다.

예를 들어 플라톤은 『국가』에서[40] 오늘날 우리가 보통 신학神學으로 번역하는 '테올로기아'theologia라는 말을 우리가 아는 한 처음으로 사용했고,* 그의 철학 중심이 지극히 높은 수준의 종교성에 이르고 있어 후일 기독교 사상에 커다란 영향을 끼쳤지요.[41] 그럼에도 신에 대한 플라톤의 관념은 일관되지 않았고, 적어도 그의 후기 철학에 이

---

* 플라톤은 'theologia'라는 낱말을 여기서 단 한 번 사용했는데, 후일 아리스토텔레스가 『형이상학』 제6권 1장과 11권 7장에서 신학을 오늘날 우리가 형이상학이라 부르는 제일 철학(prote philosophia)의 일부로 언급했다.

르기까지는 호메로스와 탈레스를 크게 벗어나지도 못했습니다.

플라톤은 자신의 전기 저술과 후기 저술 사이에서 인간과 창조주 사이를 오가며 다양하게 신을 배치했습니다. 즉 신화에서 아직 벗어나지 못한 당시 그리스인들이 대개 그랬듯이 신을 불변·동일·완전한 존재로 서술하기도 하고,[42] 영혼들,[43] 영웅, 철학자,[44] 또는 '지배자'[45]로 파악하기도 했지요. 그러다가 후기 저술인 『티마이오스』에 와서야 비로소 '창조주'Dēmiurgos[46]로 표현했습니다. 이처럼 플라톤에게 신이라는 개념은 매우 다양했기에, 그의 세계도 호메로스와 탈레스의 세계만큼이나 신과 신적인 것들로 가득 차 있었습니다. 이 같은 정황을 에티엔 질송은 "모든 사물이 신들로 가득 차 있다는 말은 탈레스 이후에는 플라톤이 유달리 거듭했다"[47]라고 표현했지요.

게다가 『티마이오스』를 제외하면, 플라톤이 배정한 신들의 위치는 그리 높은 것이 아니었습니다. 예컨대 『법률』 7장에서는 "당신은 인류를 너무 저속하게 생각하고 있습니다. 나그네여!"라는 메길루스의 말에 대해 "천만에, 메길루스여! 놀라지 말고 용서해 다오. 나는 그들을 신과 비교하고 있었노라"라고 대답하지요. 신과 인간을 근원에 있어서는 동등하게 본다는 뜻이지요. 그리스인들이 일반적으로 가졌던 이런 성향을 우리는 1권 『하나님은 존재하는가』의 1부 가운데 '미켈란젤로가 그린 노인은 누구인가'에서 소개한 그리스 시인 핀다로스의 축송시 "올림픽 경기 찬가" 가운데 "같은 종족이어서 인간과 신들은 하나라네" 같은 구절을 통해 이미 확인했습니다.

이와 달리 아리스토텔레스는 다분히 신화적 요소를 갖고 있던 그 당시 유무형의 신들을 떠나서 신을 '부동의 원동자'로 규정했습니다. 그가 말하는 '부동의 원동자'는 언제나 있었고 또 언제나 있을, 영원히 세계에 작용하는 '원리'로서, 자기 자신과 세계를 구별할 줄도 모르며 세계 안에 있는 존재물들을 돌보지도 않지요. 아리스토텔레스의 영향을 받은 쾌락주의자 에피쿠로스가 계승하고 설파한 이른바 "걱정 없는 신"이라는 개념이 바로 여기서 나왔습니다.

에피쿠로스는 신이라는 이름으로 이야기되는 모든 악마적 두려움에 떠는 당대 사람들에게, 마치 플라톤이 그랬던 것처럼—하지만 그 자신의 특유의 방법으로—다음과 같은 '위로의 복음'을 전했지요.

만일 신들이 존재한다면 저 무한한 우주 어딘가에서 지복한 생활을 하고 있다. 신들은 인간을 괴롭히지도 않으며, 신들은 인간이 괴로워하는 것을 바라지도 않는다. 그리고 만일 신들이 존재한다면, 우리들 지상의 피조물보다는 행복한 삶을 산다는 점에서 신들인 것이다. 신들은 쾌락 속에서 살며 더할 나위 없는 지복 속에서 쉬고 있고 다른 신이나 인간들 일에는 간섭하지 않는다.[48]

16세기에 프랑수아 1세의 셋째 아들로 태어나 프랑스의 르네상스를 이끈 피에르 드 롱사르$^{Pierre\ de\ Ronsard}$의 "영원한 찬가"에는 아리스토텔레스와 에피쿠로스가 설파한 '걱정 없는 신'에 딱 어울리는 다음과 같은 구절이 있습니다.

> 신들 가운데 제일의 신이여! 아무 근심도 없이
> 우리들을 괴롭히는 인간적 노력에서 멀리 떨어져
> 혼자 만족하고 혼자 행복해서
> 당신은 모든 것에서 풍요로워서 불사신으로 지배하도다.[49]

이런 이유로 아리스토텔레스 철학에서는 세계를 돌보는 일이 전적으로 인간의 책임으로 주어졌지요.[50] 그래서일까요? 아리스토텔레스는 위대한 스승 플라톤이 한 권도 쓰지 않은 윤리학 책을 세 권이나 썼습니다.* '인간 이성에 의한 인간 구원'의 길을 닦기 시작한 것이지요. 질송은 이 정황을 적절하고도 날카롭게 평가했습니다. "아리스토텔레스와 더불어, 그리스인들은 다툴 여지도 없이 이성적理性的 신학을 획득했던 것이다. 그러나 그들은 그들의 종교를 상실해 버렸다."[51]

질송이 말한 '이성적 신학'을 학자들은 보통 자연신론naturalism이라고 합니다. 자연신론에서 신은 기독교의 하나님처럼 창조주이며 세계를 초월하지요. 그러나 그는 하나님과는 달리 자신이 창조한 세계와 인간에 직접적으로 관여하지는 않습니다. 초월성만 갖고 있을 뿐 내재성 내지 인격성은 없다는 뜻이지요. 자연신론에서 세계는 오직 신이 만든 자연법칙과 도덕법칙에 의해 자동으로 운행될 뿐입니다.

---

* 아리스토텔레스의 윤리학 저서로는 『니코마코스 윤리학』, 『에우데모스 윤리학』, 『대윤리학』이 전해 온다.

그래서 자연신론자들은 자연법칙과 도덕법칙을 매우 중요시합니다. 17-18세기 영미 자연신학자들과 프랑스·독일의 계몽주의자들이 주장한 이신론^{Deism}이 그 대표적 예입니다.

자연신론은 중세 1,000년간 기독교에 억눌려 지하에서 잠잘 수밖에 없었습니다. 그러나 근대가 시작되면서 인간 이성과 함께 화려하게 부활했지요. 현대의 많은 과학자나 과학주의 철학자가 그렇듯이 17세기에는 로크, 볼테르, 뉴턴 같은 당대 최고의 지식인들이 이러한 신관을 지니고 있었습니다. 그래서 흔히 '철학자의 신'이라고도 부르는 이 신에 대해 독일의 철학자 라이프니츠는 다음과 같이 간명하게 설명했지요. "신은 실체들을 창조하고 필요한 법칙을 부여한다. 그리고 그다음에는 그 법칙을 그들 자체에 맡기고 그들 자체에 대한 작용 가운데서 유지되게 하는 일 외에는 아무 일도 하지 않는다."[52]

마치 시계공이 완벽하게 설계해서 만든 시계가 일단 작동하면 그것을 만든 시계공의 개입 없이도 정해진 법칙에 따라 질서정연하게 움직이는 것처럼, 자연신론자들의 세계는 신의 참여 없이도 충분히 조화롭게 작동합니다. 따라서 신의 개입에 의한 기적 같은 것은 불가능할 뿐만 아니라 불필요하기도 하지요. 예컨대 바다를 가른다든지, 해와 달을 멈추게 한다든지, 까마귀가 음식을 나르게 한다든지, 사자의 입을 봉하는 일을 신은 할 필요도 없고 하지도 않습니다. 동정녀가 아이를 낳게 한다든지, 죽은 자를 살린다든지 하는 짓궂은 일들은 더 말할 나위가 없겠지요.

그래서 미국의 3대 대통령이 된 이신론자 토머스 제퍼슨은 복음서에서 기적을 묘사한 구절은 모두 오려 낸 『제퍼슨 성경』을 출간하기도 했습니다. 새롭고 이성적인 이 성경은, "거기에 그들은 예수를 뉘였으며, 무덤의 문에 커다란 돌을 굴려서 입구를 막고 떠났다"라고 끝맺습니다. 예수님의 부활과 그에 의한 구원 기록들을 삭제한 것이지요. 그럼으로써 질송의 표현을 빌리자면, 엄숙한 도덕을 획득하고 거룩한 종교를 상실해 버린 겁니다.

"가지 않은 길"을 써서 미국의 '국민시인'으로 불렸던 로버트 프로스트Robert Frost, 1874-1963를 아시지요? 그가 쓴 또 다른 시 "아무도 없었다"에는 자연신을 숭배하는 사람들이 마땅히 느꼈으리라고 짐작되는 상실감이 다음과 같이 묘사되어 있습니다.

> 세상의 절망에 대하여
> 나는 신에게 말하려고 했다.
> 그러나 허망하게도
> 나는 신이 없음을 알았다.
>
> 신은 내게 말하려고 했다.
> (아무도 웃지 말지어다)
> 신은 내가 없음을 알았다…
> 적어도 반 이상은 없음을.[53]

세네카가 말하는 섭리도 마찬가지입니다. 기독교의 섭리에 비하면 그것은 내용과 활동에 있어 "적어도 반 이상은" 없습니다!

세네카도 초기에는 헤라클레이토스를 따라 세계내재적인 로고스 이론을 펼친 초기 스토아 학자들처럼 유물론적 범신론^{pantheism}을 계승했습니다. 그러나 후기에는 플라톤과 아리스토텔레스의 영향을 더 강하게 받아 로고스를 초월적 원리로 간주하는 경향*이 짙어졌지요.[54] 그래서 세네카가 말하는 섭리는 모든 자연과 인간에게 '강력하고 끊임없이' 관계하지만, 자연신론적 신처럼 단지 원리와 법칙으로 작용할 뿐 그것들과 직접 관계하지는 않습니다. 게다가 그가 '운명'^{fatum}이라고도 부르는 이 섭리로부터는―앞에서 보았듯이―신마저 자유롭지 못하지요.

그렇습니다. 세네카가 인간은 신의 섭리를 따라야 한다고 주장할 때 거기에는 신의 보살핌을 믿거나 그에게 의지한다는 뜻이 전혀 담겨 있지 않습니다. "적어도 반 이상은" 없는 것이지요. 인간은 오직 자기 정신 안에 들어와 있는 로고스인 이성을 믿고 도덕법칙에 의지해야 하지요. 그에게는 그것이 신에게로 다가가는 유일한 '구원의 길'이기도 합니다. 바로 이 지점에서 스토아학파의 섭리와 기독교의 섭리가―둘 사이에 존재하는 많은 유사성에도 불구하고―여지없이 갈라섭니다.

---

* 세네카의 섭리 이론은 초기 스토아학파와는 달리 세계내재성을 갖는 범신론(pantheism)이 아니라 오히려 세계초월성을 갖는 자연신론(naturalism)에 가깝다.

눈얼음 계곡 건너가기

기독교 교리에서 인간이 자기 이성에 의지해서 하나님에게 다가갈 길은 '원칙적으로' 없습니다. 일찍이 초기 기독교 신학자 테르툴리아누스가 "아테네와 예루살렘이 무슨 관계가 있는가? 아카데미와 교회 사이에 무슨 일치가 있는가?"[55]라는 칼날 같은 말로 그 길을 단호하게 잘랐기 때문이지요. 그 이후 지금까지 인간의 이성과 하나님의 섭리 사이에는 '원칙적으로' 칼 바르트가 표현한 "눈얼음 계곡", "황폐지대"가 놓여 있습니다.

물론 바르트도 후기에는 생각이 많이 달라졌듯이,* 이 같은 표현에는 분명 과장된 면이 있습니다. 우리가 1권 『하나님은 존재하는가』의 2부 1장 가운데 '자연의 사다리에서 존재의 사다리로'에서 살펴본 대로, 토마스 아퀴나스 같은 중세 교부들이 '자연의 사다리'라는 아리스토텔레스의 개념을 빌려다가 이 눈얼음 계곡과 황폐지대를 건너 땅에서 하늘에까지 올라가는 튼튼한 '존재의 사다리'를 놓았으니까요. 기억나지요? 그래도 잠시 상기할까요?

---

* 칼 바르트는 초기에 '유한은 무한을 파악할 수 없다'(finitum non est capax infiniti)라는 명제에 충실하며 "교의학은 덜 그리스도 중심적이라야 하며, 오히려 신학의 주제[즉 하나님]에 보다 충실해야 한다"라는 입장을 취했다. 그러나 1939년 「나의 마음이 어떻게 변했는가」라는 글에서 바르트는 교회의 가르침은 전적으로 예수 그리스도의 교리에 근거해야 한다는, 이른바 "기독론적 집중"을 선포했다. 이로써 그의 후기 신학에서는 하나님과 인간의 사이를 차단하는 "눈얼음 계곡", "황폐지대" 대신 그 둘 사이의 화해의 상징인 '성육신'과 '십자가'가 강조되었다.

플라톤의 분여 이론 methexis 이 뜻하는 것처럼, 신은 만물을 창조할 때 완전성의 정도가 높은 것부터 낮은 것까지 계층적으로 자신의 존재를 부여했습니다. 아리스토텔레스는 그것을 '자연의 사다리'라고 이름 붙였는데, 플로티노스가 그 사다리를 형이상학으로 끌어들였지요. 그 결과 존재의 세계에는 신과 유사한 높은 존재들부터 덜 유사한 낮은 존재들까지 계층적으로 구성된 '히에라르키아' hierarchia 라는 피라미드형 사다리가 형성되었습니다. 따라서 인간은 이성을 통해 피조물들에 각인된 이 사다리를 인식함으로써—마치 '야곱의 사다리'를 올라가듯이—존재의 사다리를 올라가 궁극적으로는 신에게 도달할 수 있었지요.

중세신학자들이 "피조물의 사다리를 통한 정신의 하나님을 향한 상승" De ascensione mentis in Deum per scalas creaturarum * 이라는 구호로 요약했고, 밀턴 『실낙원』에서 예찬한 ** 이 이론을 가톨릭 신학자들은 '존재 유비' analogia entis *** 라는 멋진 이름으로 부릅니다. 하나님과 그의 피조물이 분여에 의해 양적으로만 다를 뿐 질적으로는 같다는 전제에서 나온 매우 유서 깊고 흥미로운 생각이지요. 그런데 문제는 존재

---

* 이 문구는 이탈리아의 벨라르미노 추기경이 자신의 논문 제목으로 사용한 것인데, 존재의 계층구조(hierarchia)를 상징하는 말로 유명하다.
** "자연의 사다리를 놓으셨으니 이로써/ [우리는] 창조된 사물들을 관조하면서/ 한 단 한 단씩 하나님에게로 올라갈 수 있겠나이다"(밀턴, 『실낙원』, 5, 508-510).
*** 아우구스티누스는 존재의 계층적 질서를 플라톤의 분여 이론에 근거해서만 이해했다. 하지만 토마스 아퀴나스는 '분여'(participatio)뿐 아니라 아리스토텔레스의 '유사'(similitudo) 개념까지 접목, 확장해서 이해했다. 요컨대 분여된 것들은 적든 많든 어쨌든 원형과 유사하다는 것이다. 여기서 그의 '존재 유비'(analogia entis) 이론이 나왔다.

유비 교리를 따르면 구원이 그리스도를 통한 하나님의 은총에 '전적으로' 맡겨진 것이 아니라 '적어도 부분적으로는' 인간 이성에 달린 것이 된다는 점입니다.

우리는 그 흔적을 밀턴의 『실낙원』에서도 얼마든지 확인할 수 있습니다. 천사 라파엘이 아담에게, 만물은 하나님이 계층적으로 창조한 질서를 통해 하나님에게로 다가갈 수 있다는 것을 다음과 같이 알려 주지요.

> 아, 아담, 유일한 전능자로부터
> 만물이 생성되고, 그것이 선에서 타락하지 않는다면
> 다시 그에게로 돌아간다. 만물은 이토록
> 완전하게 창조되었으니, 만물의 원질은 하나지만
> 갖가지 형태와, 갖가지 등급의 본질이 있고
> 살아 있는 것에는 각 계층의 생명이 부여되어 있다.
> 그러나 각기 주어진 활동의 세계에서
> 그 위치와 뜻하는 것이 하나님에게 가까이 갈수록
> 더욱 정화淨化되고, 영화靈化되고, 순화純化되어
> 마침내는 각 종류마다 그에 알맞은 한계 안에서
> 육체가 영으로 승화한다.[56]

"하나님에게 가까이 갈수록 더욱 정화淨化되고, 영화靈化되고, 순화純化되어 마침내는 각 종류마다 그에 알맞은 한계 안에서 육체가 영으로 승화한다"라는 말은 분명 신플라톤주의적이거나 자연신론적 발상이지요. 이러한 구원의 메커니즘에서는 그리스도의 구원 사역이 끼어들 틈이 아주 좁아지거나 아예 없어질 수도 있습니다. 중세 이후 가톨릭 신학의 근간이 된 '존재 유비'라는 교리에는 이 같은 자연신학적 위험이 크든 작든 언제나 도사리고 있지요.

이런 점이 중세신학자들 사이에서도 종종 문제가 되었는데, 18세기에는 과학혁명 이후 발달한 당시 자연과학에 힘입은 과학자와 문인 그리고 일반인 사이에서도 '존재의 사다리'에 대한 공격이 일어났습니다. 프랑스의 지성 볼테르, 영국의 석학 존슨 박사, 독일의 동물학자 블루멘바흐가 대표적 인물이지요. 볼테르$^{Voltaire,\ 1694-1778}$는 1764년 출간된 『철학사전』의 "피조물의 연쇄" 항목에 이렇게 썼습니다.

플라톤을 처음 읽고, 가장 가벼운 원자로부터 〈최고의 존재〉에 이르는 존재의 점진적 이행에 대해 알게 되었을 때 나는 경탄했다. 그러나 이것을 자세히 살펴보았을 때 이 모든 위대한 망상은 새벽닭 울음소리에 모든 유령이 사라지듯 사라져 버렸다. 처음에는 무생물로부터 생물로, 식물로부터 식충류로, 그로부터 다시 동물로, 그로부터 정령으로, 정령으로부터 육체를 갖지 않은 존재로, 눈에 보이지 않게 이행하여 마지막에는 천사에 이르며, 여러 종류의 천사를 거쳐 아름다움과 완성도의 정점인 신에 이르게 됨은 상상하기에는 매우 유쾌한 일이다. 마찬가지로 위계질서는 그 속에 교황과 추기경들, 그 뒤를 대주교들과 주교들이 따르고, 그 뒤에는 사제, 부사제, 조제, 부조제 등이 따르며,

그 뒤로 수도사들이 나타나고 그 행렬은 탁발수도사Capuchins들에서 끝나는 장면을 상상하는 선량한 사람들을 즐겁게 한다.[57]

마찬가지로 그 당시 활동했던 풍자시인 알렉산더 포프Alexander Pope 의 시에도 다음과 같은 조롱조의 구절이 들어 있습니다.

가라, 플라톤과 함께 최고의 하늘로 솟아올라라.
최고의 선으로, 최고의 완성으로, 최고의 미로,
아니면 그의 추종자들이 밟은 미로를 따라서
감각을 잃는 것을 하나님의 모방imitatio dei이라고 부르라.
동방의 성직자들이 어지럽게 원을 돌며,
태양을 모방하고자 머리를 돌리듯.[58]

하나님을 모방하는 일이나 자연의 사다리를 올라가는 일은 인간의 몫이 아니라는 말입니다. 그런데 20세기 초반 이 문제가 다시 불거져 나왔습니다. 흥미롭게도 이번에는 가톨릭이 아니라 개신교에서 두 저명한 신학자가 이 문제를 두고 맞붙었지요.

아니요! 에밀 브루너에 대한 대답

1934년 스위스 출신 개신교 신학자 에밀 브루너Emil Brunner의 『자연과 은총』은 출간되자마자 논쟁거리가 되었습니다. 브루너의 주장은 마치 개혁 신학과 가톨릭 신학을 중재하려는 듯 보였지요. 세계가 하나님에 의해 창조되었다면, 창조주의 영은 피조물의 세계에 각인되어 있기 때문에 창조도 일종의 계시이며, 또한 이 세계는 하나님과 의사소통을 나누는 장소가 된다는 것이 그 내용이었습니다. 이 말을 브루너는 이렇게 선포했지요.

> 하나님은 그가 행하는 곳에서 그가 행하는 것에 자기 본질의 도장을 찍으신다. 따라서 세계의 창조는 동시에 하나님의 계시요, 자기표현이다. 이 문장은 이방적이 아니고 기독교적 근본 문장이다.[59]

물론 이런 생각이 개혁 신학에서도 전혀 생소한 것은 아니었습니다. 칼빈도 자연을 "하나님의 영광을 위한 무대"이자 "하나님을 발견하는 장소"로 이해했고, "가장 아름다운 무대에서 열리는 명백하게 드러난 하나님의 작품에 대해 경건한 기쁨을 가지는 것을 부끄러워하지 맙시다"[60]라고 교훈했지요. 그래서 브루너는 칼빈을 탁월한 자연신학자로 해석했습니다. 그러나 브루너와는 달리 칼빈은 자연에 나타나 있는 하나님의 계시를 구원의 은총과 연결되는 '접촉점'으로 파악하지는 않았습니다.

브루너도 '창조의 계시'Schöpfungsoffenbarung가 구원을 가져올 만큼 충분한 것은 아니라고 주장했습니다. 그럼에도 '자연에 나타나 있는 하나님의 계시'Offenbarung in der Gott에 대한 인간의 이성적 지식이 율법의 근거이며 인간은 자연 안에서 하나님에 대한 인식에 도달할 수 있기 때문에, 그리스도에 의해 나타난 역사적 계시에만 매달려 창조

안에 있는 자연 계시를 피할 필요는 없다고 거듭 강조했지요.[61] 또한 그래야만 구원에서 인간의 책임성을 물을 수 있다며 그 정당성을 피력했습니다. 브루너의 이 주장은 "오직 그리스도 안의 계시"만을 주장하는 칼 바르트를 겨냥한 것이기도 했습니다.

그러자 바르트가 불같이 일어났지요! 그는 곧바로 「아니요! 에밀 브루너에 대한 대답」이라는 글로 맞섰습니다. 바르트는 브루너를 향해, 창조와 자연 속에 일반 계시나 보존 계시는 존재하지 않는다고 잘라 말했습니다. 그러면서 브루너가 가는 자연신학의 길은 "크나큰 유혹이요, 오류의 원천"이라고 되받았지요.[62] 나아가 가톨릭 신학에서 인정하는 '존재 유비'는 하나님의 계시에 도전하는 "적그리스도적 고안물"[63]이라는 악담까지 쏟아부었습니다.

이같이 단호한 바르트의 태도는 당시 독일 고백교회*의 신학적 무기가 되었습니다. 그가 주도해 1934년 5월 29일 프랑크푸르트의 바슬러 호프Basler Hof 호텔에서 발표한 「바르멘 선언」의 첫 조항은 다음과 같습니다.**

---

* 독일 고백교회는 마르틴 니묄러(Martin Niemöller)가 조직한 '목사비상동맹'과 자유고백 종교회의들 같은 움직임에서 생성되었다. 이 교회는 히틀러가 이끄는 독일제국교회의 신학에 반대하고, 1933년 11월 27일 제국교회 감독으로 선출된 루트비히 뮐러(Ludwig Müller)의 나치 지원을 받는 교회에 반대하기 위하여 조성되었다. 이 교회의 신학적 입장은 1934년 5월 29-30일에 열린 바르멘 회의에서 발표된 「바르멘 선언」에 천명되어 있다.

** 바르멘 선언은 다음과 같은 서두 밑에 여섯 개 조항의 선언문으로 구성되어 있다. "오늘은 5월 29일입니다. 1934년 오늘 독일 개신교 지도자들은 바르멘(Barmen)에 모여 바르멘 노회를 가졌습니다. 그곳에서 나치즘(National Socialism, Nazism)에 항거하는 개신교 단체를 조직했습니다. 이렇게 하여 독일 고백교회(German Confessing Church)

예수 그리스도는 성서에서 증명하는 바와 같이 우리가 들어야만 하고 삶과 죽음 속에서도 신뢰하고 복종해야만 하는 하나님의 말씀이다. 우리는 교회가 복음 전파의 근원으로서 하나님의 이 말씀 외에도 다른 사건, 권세, 형상, 진리 들을 하나님의 계시로 인정할 수 있고 인정해야 한다는 거짓 가르침을 배격한다.

우리는 여기서 자연신학과 브루너에 대한 바르트의 입장을 다시 한번 확인할 수 있는데, 당시 보수적 개신교 성직자들과 신학자들 대부분은 바르트 편에 섰지요. 이로써 적어도 개신교 안에서는 이성을 통해 하나님과 인간 사이에 놓인 눈얼음 계곡을 건너가려는 존재의 사다리가 다시 한번 '허망하게' 잘려 나갔습니다.

거의 비슷한 시기에 이와 유사한 논쟁이 가톨릭에서도 있었지요. 프랑스 예수회 소속 신학자인 앙리 드 뤼박Henri de Lubac과 교황 피우스 12세1939-1958 재위 사이에서 일어난 논쟁입니다. 드 뤼박은 계시를 통한 하나님 인식과 자연을 통한 하나님 인식을 모두 인정한 제1차

를 발전시키는 데 중요한 모임이 되었습니다. 대표들은 루터란, 개혁파, 연합교회들에서 구성되었습니다. 또 이들은 이곳에서 여섯 개 항목으로 구성된 '바르멘 선언'(Barmen Declaration) 또는 '바르멘 신학적 선언'(Theological Declaration of Barmen)을 채택했습니다. 나치즘의 이상주의와 실행들을 반대하는 기독교 단체였습니다. 신학적 입장은 칼 바르트의 견해를 따랐습니다. 기독교를 나치즘에 부속시키려는 자들의 이단성을 정죄하고 성경적 가르침을 확언하며 확고한 신앙을 천명하는 데 있었습니다. 다음은 그들의 여섯 개 항목의 내용입니다."

바티칸 공의회의 교설에 반대해, 피조물인 인간 정신은 은총에 의해서만 하나님을 인식할 수 있다고 주장했지요. 이에 대한 당시 교황 피우스 12세의 대응은 매우 냉담했습니다. 그 후 자연을 통한 하나님 인식을 인정하는 전통적 해석이 더욱 강화되었고, 드 뤼박과 그의 동료들*은 대부분 강단을 떠나야 했습니다. 그러나 제2차 바티칸 공의회에서 인류를 위한 하나님의 구원은 오직 예수 그리스도의 계시에만 의거한다는 결정이 내려지면서 가톨릭 신학이 가진 자연신학적 위험이 약화되었지요.

이제 정리할까요? 신교와 구교를 막론하고 기독교 신학은 마르틴 루터가 한마디로 정리해 선언했듯이 "인간은 신앙을 통해 하나님에게 다가간다"fide homo fit Deus[64]는 것을 원칙으로 삼습니다. 그러니까 이성을 통해서가 아니라는 말입니다. 왜냐고요? 일찍이 히포의 감독 아우구스티누스가 선포한 것처럼 "믿지 않는다면 이해할 수도 없다"Nisi credidero, non intelligam[65]는 원칙이 적용되기 때문입니다. 한마디로 요약하건대, 세네카가 로마 광장에서 '인간의 이성과 도덕에 의한 구원의 길'을 가르치고 있을 때, 바울은 아테네 거리에서 '하나님의 섭리와 은총에 의한 구원의 길'을 선포했습니다. 두 사람 사이에 놓인 도저히 건널 수 없는 "눈얼음 계곡"과 "황폐지대"가 바로 여기에 있는 겁니다.

---

* 제1차 바티칸 공의회의 교설에 반대해 드 뤼박이 프랑스에서 일으킨 '새로운 신학 운동'(Nouvelle théologie)에 참가한 사람들은 요셉 마르셀, 부이야, 쉐뉘, 그리고 스위스 출신 폰 발타자르와 독일 출신 칼 라너 등이다.

예루살렘의 신

그리스인들이 철저히 철학적인 데 비해 히브리인들은 지극히 종교적이었습니다. 그리스 철학자들이 '자연이란 무엇인가?' 혹은 '세계는 어떤 근원물질arche로 만들어졌는가?' 하는 철학적 물음에 열중할 때, 히브리 선지자들은 '하나님은 누구인가?' 또는 '우리는 누구에 의해 만들어지고 지배되는가?' 하는 종교적 물음에 골몰했습니다. 그리스 철학자들이 이성으로 그 답을 찾았을 때 그들은 신의 침묵을 경험했지만, 히브리인들이 신앙으로 그 답을 찾았을 때 그들은 하나님이 말을 걸어오는 것을 체험했습니다. 그것이 바로 신구약성서에 기록된 계시지요.

구약성서에 의하면, 하나님은 인간을 창조한 후 곧바로 그들과 대화하고 그들의 삶에 부단히 참여하기 시작했습니다. 또한 숱한 기적들을 통해 이스라엘 백성을 이집트에서 해방시켰지요. 그뿐만 아니라 예수님을 통해 모든 인간을 죄로부터 구원합니다. 이러한 하나님의 참여와 인도를 근거로 인간도 하나님과 사귀고 하나님의 역사에 참여할 수 있고, 비로소 하나님과 인간 사이에 인격적 관계가 맺어지지요. 시편 기자가 "주여, 내 소리를 들으시며 나의 부르짖는 소리에 귀를 기울이소서"(시편 130:2)라고 기원할 수 있었던 것도 먼저 인간에 대한 하나님의 참여와 인도가 있기에 가능한 것이었습니다. 인간 스스로 하나님에게 나아갈 길을 연 것이 아니라 하나님이 먼저 인간에게 다가와 말을 걸고 우리를 인도했다는 말입니다.[66]

우리가 하나님이라 부르는 야훼는 아리스토텔레스나 18세기 자연신학자들의 신처럼 인간과 세계를 초월하는 3인칭의 신이 아닙니다. 그는 세계를 향해 끊임없이 자신을 드러내고 인간의 삶과 역사에 부단히 참여하여 관계를 맺는 2인칭의 신, 즉 '신적인 너'the divine Thou 입니다. 그래서 히브리인들은 하나님과 인간의 관계를 언제나 '나와 그것'I-It이 아니라 '나와 너'I-You라는 인격적 입장에서 파악했지요. 그리고 이러한 전통이 하나님을 '아버지'라고 부른 예수님에 의해 극대화되어 그리스도인들에게 전해졌습니다. 그 결과 자신의 시선을 누구보다도 예수님에게 집중하는 그리스도인들에게는 당연히 하나님의 초월성보다 인격성이 더 부각되었고 하나님과의 사귐이 더 친밀해졌지요. 하나님을 부르는 호칭에서도 이런 점을 확인할 수 있습니다.

히브리인들은 원래 하나님의 이름인 '야훼'를 입에 올리기를 대대로 두려워하고 꺼렸습니다. 특히 바빌론의 유배* 이후의 후기 공동체에서는 대제사장이 대속죄일에 단 한 번 부르는 것 외에는 금지되었지요. 대신 '나의 주님'을 뜻하는 '아도나이'Adonai라는 말로 '야훼'를 대신했습니다. 그것도 성서를 읽을 때만 사용했을 뿐 평소에는 그조

---

* 바빌론의 유배는 고대 유대 왕국이 신바빌로니아에 정복되었을 때 많은 주민이 바빌론으로 강제 이주된 사건을 말한다. 기원전 587년 신바빌로니아의 왕 네부카드네자르 2세는 유대 왕국을 정복하고 수천 명의 귀족과 성직자, 중산층 주민들을 바빌론으로 데려갔다. 그 후 유대 사람들은 신바빌로니아를 멸망시킨 페르시아의 왕 키루스 2세(성서에서는 고레스, 기원전 559-529 재위)가 반포한 '민족해방령'으로 가나안에 귀환하게 되는 기원전 538년까지 약 50년간 바빌론에서 민족적 수난을 당했다.

차 송구스러워 'Adonai'의 어간에 이름을 뜻하는 어미 'shem'을 붙여 '아도솀'Adoshem, 즉 '나의 주님의 이름'이라 불렀습니다.[67]

우리가 사용하는 '여호와'라는 하나님의 이름은 사실 이런 관습과 연관됩니다. 히브리인들이 야훼YHWH라고 부르기를 두려워한 나머지 오랫동안 사용하지 않던 이 단어를, 6세기경부터 맛소라 사본Masoretic text의 학자들이 'YHWH'에 아도솀의 모음인 'e, o, a'를 혼합한 YeHoWaH(예호와흐)로 모습을 바꿔 조심스레 사용했지요. 그런데 1518년 교황 레오 10세의 고해신부이던 페트루스 갈라티누스Petrus Galatinus, 1460-1540가 이 철자의 라틴어식 발음 표기를 'Jehovah'(예호바)로 하자고 제안했습니다. 이 'Jehovah'의 영어식 발음이 '지호버'이고 한글식 발음이 '여호와'인 것이지요.[68]

이렇듯 히브리인들은 한편으로는 하나님을 '나와 너'라는 인격적 입장에서 파악했지만 다른 한편으로는 한없이 두렵고 어려운 상대로 인식했습니다. 이러한 전통은 오늘날까지 이어져, 심지어 영어로 하나님을 표기할 경우에도 'God'이라 하지 않고 철자에서 'o'를 빼서 'Gd'라고만 쓸 정도입니다. 20세기에 활동한 히브리인 랍비이자 철학자인 마르틴 부버Martin Buber는 그의 유명한 『나와 너』에서 하나님을 "〈나〉의 〈나〉보다 더 나에게 가까이 있는" 완전한 자기das ganz Selbe라고 표현하면서도, 동시에 "완전한 타자"das ganz Andere이며 "나타나고 압도하는 두려운 신비"mysterium tremendum라고 고백했는데, 여기에도 이 같은 전통이 강하게 배어 있습니다.[69]

그런데 그리스도인들은 히브리인들과는 애초부터 전혀 달랐습니다. 그리스도인들은 히브리어 '아도나이'에 해당하는 그리스어 '퀴리오스'kyrios를 사용해 하나님을 '주님'이라고도 부르지만, 이에 못지않게 '파테르'pater, 곧 '아버지'라고 불렀지요(마태복음 5:16; 에베소서 3:15; 히브리서 12:9; 야고보서 1:18; 요한복음 17장 등). 물론 구약성서에도 하나님을 '아버지'라고 부른 곳이 있지만(신명기 32:6; 이사야 63:16; 64:8; 예레미야 3:4, 19; 31:9; 말라기 1:6; 2:10 등), 이는 신약시대 그리스도인들이 가진 개념과는 전혀 다른 의미였습니다. 구약시대의 히브리인들은 하나님을 이스라엘 민족을 이끌고 보살피는 '이스라엘의 아버지'로만 파악했습니다. 그러나 그리스도인들은 처음부터 하나님을 각각의 개개인을 이끌고 보살피는 '우리 아버지' 또는 '나의 아버지'로 인식했습니다.

무엇보다도 예수님이 그렇게 가르쳤기 때문입니다. 그는 하나님을 '아바'abba라고 불렀는데, 아람어인 이 말은 '아빠' 또는 '아버지'를 뜻합니다. 당시 사람들이 보통 자신의 친아버지를 부르거나 칭할 때 사용하던 용어지요. 예수님이 이 호칭을 거침없이 하나님에게 사용한 겁니다. 그뿐 아니라 "너희 중에 누가 아들이 떡을 달라 하는데 돌을 주며 생선을 달라 하는데 뱀을 줄 사람이 있겠느냐"(마태복음 7:9-10)에서와 같이 하나님과 우리의 관계를 아버지와 아들의 관계로 비유해서 교훈했지요. 또 주기도문에서도 그렇게 가르쳤습니다. 토마스 아퀴나스는 이에 관해 다음과 같이 주장했습니다.

로마서 8장 15절의 말*처럼 우리가 받아들인 영적 입양을 통하여 우리는 "아빠, 아버지"Abba, Pater 하고 외친다. 따라서 주님은 우리가 이 같은 소망으로 기도해야 한다는 것을 보여 주기 위하여, '아버지'라고 부르는 것으로 기도를 시작하셨다.[70]

그렇지요! 주기도문은 "하늘에 계신 우리 아버지"(마태복음 6:9)라고 부르면서 시작합니다. 다윗이 시편에서 "하늘에 계신 이", "내 의의 하나님이여", "여호와 우리 주여"라고 부른 것과 비교해 보세요. 얼마나 다른가요! 예수님의 이런 가르침과 모범을 통해 하나님의 인격적 속성이 극대화되었고, 하나님과 인간의 인격적 관계 역시 부모와 자식의 관계로 최대한 강화되었습니다. 칼빈의 말대로 하나님은 오직 아들을 통해서만 아버지라 불릴 수 있기 때문이지요.[71] 물론 이를 통해 자식으로서 인간의 의무도 역시 그만큼 강화되었습니다. 토마스 아퀴나스의 말을 들어 보지요.

그래서 하나님을 아버지라고 부르는 이는 하나님과 닮지 않게 되는 것을 피하고, 우리를 하나님과 비슷하게 만드는 일에 열중함으로써, 하나님과 닮은 이로 존재하도록 애써야만 한다.…"그러므로 만일 당신이 세상의 일들에 눈길을 향하거나, 인간적 영광이나 고통을 줄 수 있

---

* "너희는 다시 무서워하는 종의 영을 받지 아니하고 양자의 영을 받았으므로 우리가 아빠 아버지라고 부르짖느니라"(로마서 8:15).

는 세속적 욕망을 찾아다닌다면, 어떻게 타락한 삶을 사는 그대가 파멸될 수 없는 것의 창시자를 아버지라 부르겠습니까?"라는 니사의 그레고리우스의 말처럼 말이다.[72]

이처럼 예수님을 통해 하나님의 인격성이 강화된 것입니다. 그런데 한 가지 흥미로운 것은 예수님 자신이 '우리 아버지'와 '나의 아버지'라는 표현을 모두 사용했고 제자들에게도 그리하라고 가르쳤지만, 고대 기독교 사회에서는 '나의 아버지'라는 표현을 피하고 주로 '우리 아버지'라는 표현을 썼다는 사실입니다. 그것은 기독교 교회가 성립되는 과정에서 '공동체성의 강조'가 무엇보다도 중요시되었기 때문인데, 그리하여 그것이 점차 가톨릭교회의 전통이 되었습니다.

예컨대 4세기의 위대한 교부 암브로시우스Ambrosius, 340-397는 "어떤 것을 당신의 것이라고 특별히 주장하지 마십시오. 그분은 오직 그리스도에게만 특별하게 아버지이시고, 우리 모두에게는 공통적으로 아버지이십니다. 그분은 그리스도만을 낳으셨고, 우리들은 창조하셨기 때문입니다"*[73]라고 교훈했지요. 토마스 아퀴나스도 이를 따라 하나님은 '우리 아버지'라고 불러야지 '나의 아버지'라고 불러서는 안 된다고 강조했습니다.[74]

물론 그렇다고 해도, 이들이 말하는 '우리 아버지'가 유대교에서

---

* 토마스 아퀴나스의 『신학요강』에는 이 말이 아우구스티누스의 주장이라고 적혀 있다(『신학요강』, 2, 5). 그러나 우리는 이 말을 암브로시우스의 『성사론』에서 찾을 수 있다.

말하는 '이스라엘의 아버지'와 같은 의미는 아니었습니다. 그리고 종교개혁 이후 만인사제주의를 주장한 개신교 교회에서는 설사 관용적으로 '우리 아버지'라는 말을 사용하더라도 대부분 '나의 아버지'라는 의미로 쓰였지요. 머리털까지도 다 세시는 하나님의 인격성이 그만큼 더 강조된 것입니다. 기독교에서는 하나님의 인격성이 그만큼 중요하다는 뜻이지요. 그래서 이제 우리는 하나님의 인격성에 대해 더 자세히 알아보려고 합니다. 즉, 기독교에서 말하는 하나님의 인격성이 정확히 무엇이고 그것이 우리의 삶과 죽음과 구원에 어떻게 관여하는가를 살피는 것이 관건입니다.

하나님의 인격성이란 무엇인가

내가 정녕 너와 함께하리라

하나님이 인격적 속성을 가졌다는 것은 신구약성서에서 일관되게 나타납니다. 그런데 이 말은 곧잘 오해되곤 합니다. 하나님이 외형적으로 인간과 같은 모습을 하고 있다든지 내면적으로 인간과 같은 감정이나 그것의 완전한 형태를 갖고 있다는 말로 이해되는 경우가 흔하다는 말이지요. 하지만—1권 『하나님은 존재하는가』의 1부인 "하나님은 누구인가"에서 이미 강조했듯이—신인동형설과 신인동감설은 모두 기독교적이지 않습니다. 외형적으로나 내면적으로 인간과 같은 속성을 완전한 형태로 갖고 있는 것은 예컨대 그리스 신화에 나오는 신들처럼 '이상화된 인간'일 뿐, 기독교에서 말하는 하나님은 아닙니다.

아마 당신은 내게 다음과 같이 반문하고 싶을 것입니다. "알겠다! 하지만 그렇다면 왜 구약성서에 등장하는 선지자들은 하나님을 신인동형적 내지 신인동감적으로 표현했나? 선지자라면 하나님의 뜻을 선포하는 게 업인 사람들인데, 그들이 그런 표현을 사용했을 때는 다 그럴 만한 이유가 있지 않겠는가?" 그렇지요? 네, 맞는 말입니다! 그들은 분명 하나님을 신인동형적으로, 그리고 하나님의 행위를 신인동감적으로 표현했지요.

구약의 선지자들은 하나님의 모습을 손, 눈, 귀, 얼굴 같은 인간의 신체부위를 사용해 묘사했습니다(사무엘상 5:11; 시편 8:4; 이사야 52:10; 열왕기하 19:16; 민수기 11:1; 창세기 3:8; 32:31 등). 그뿐인가요? 성서 속의 하나님은 웃고 냄새 맡고 휘파람을 불며(시편 2:4; 37:13; 창세기 8:21; 이사야 7:18 등), 후회도 하고(창세기 6:6이하; 출애굽기 32:14; 사무엘상 15:11, 35; 아모스 7:3 등) 탄식도 합니다(예레미야 8:5; 12:7-13; 15:5-9; 18:13-17 등). 기뻐하고 진노하거나 분노하며 증오하고 복수심을 느끼는 것으로도 묘사되지요(신명기 16:22; 30:9; 32:35; 이사야 61:18; 62:5; 출애굽기 22:24; 창세기 6:6; 9:5 등). 심지어 제2이사야*는 하나님이 출산할 때의 여인처럼

---

* 기원전 562년 느부갓네살이 죽으면서 신바빌로니아 제국이 쇠퇴했다. 그러자 엘람 왕 고레스(키루스 2세, 기원전 559-529 재위)가 일어나 미디안 제국(기원전 550)과 신바빌로니아 제국(기원전 538)을 차례로 꺾고, 페르시아 제국의 우두머리가 되었다. 이 역사적 소용돌이 속에 한 무명의 예언자가 나타나 이 모든 사건들의 의미를 하나님의 구원사로 해석하여 교훈했다. 그는 야훼가 그의 뜻을 실현하라는 소명과 힘을 고레스에게 주어(이사야 41:5-7; 45:1-2) 바빌론에 붙잡혀 있는 이스라엘 백성이 시온으로 돌아가게 할 것이라고 외쳤다. 이 무명의 예언자를 흔히 '제2이사야'라고 부르는데, 우리는 그의 말을 이사야서의 뒷부분(40-55장)에서 읽을 수 있다.

비명을 지르며 헐떡인다고도 했고(이사야 42:14), 호세아˙는 좀처럼 갉아먹고 사자처럼 먹이를 갈취한다고도 표현했습니다(호세아 5:12, 14).

그렇지만 그것들은 모두 하나님에 대한 직접적인 묘사가 아니고, 선지자들이 자신들의 '놀랍고도 신비로운 체험'을 이스라엘 백성에게 선포하면서 사용한 비유일 뿐이라고 신학자들은 해석합니다. 예컨대 토마스 아퀴나스는 『신학대전』에서 "성서에서 하나님에게 신체적 부분들을 귀속시키는 것은 그런 유사성에 의해 하나님의 작용을 나타내기 위해서"¹라고 설명했지요. 그렇게 하는 것이 '살아 있는 하나님', 곧 생성·작용하는 하나님에 대한 이해를 돕고, 나아가 불가시적인 하나님과의 직접적 사귐을 강화하는 데 적합했기 때문이라는 것입니다. 또한 칼빈은 1555년 6월 17일에 행한 신명기 5장 8절 설교에서 다음과 같이 교훈했습니다.

그러므로 이제 우리들이 하나님에 대해서 생각할 때는, 그분에게도 우리가 이리저리 분주히 허둥대는 사람들에게서 찾아보는 것과 같은 인간적 성정(性情)이 있다고 생각해서는 안 된다는 것이 올바른 사

- '하나님이 구원하신다'라는 뜻의 이름을 가진 호세아(Hoshea)는 기원전 8세기경 이스라엘 북왕국의 쇠퇴와 멸망을 예언한 선지자이다. 결혼하여 세 아이를 두었고 농사일에도 능숙했던 그는 신약시대에 주로 나타나는 하나님의 자애, 곧 하나님이 자기의 백성을 사랑한다는 것을 진정으로 이해하고 선포한 최초의 사람이었다. 그에게 있어 하나님은 자기 백성의 배반과 부정까지도 용서할 준비가 되어 있었다. 결혼생활에서 깊은 환멸을 느낀 것으로 보이는 호세아는 간음 또는 매춘을 한 여자나 배다른 아이들까지도 기꺼이 받아 주는 연인처럼 이스라엘의 하나님은 자애롭고 충실하다고 가르쳤다.

고의 자세입니다. 하나님에게는 진노라는 것이 전혀 존재하지 않습니다. 그러나 우리들이 참으로 하나님이 어떠한 분이신지를 이해할 수 없기 때문에, 그분으로서는 스스로를 우리의 무지함에 맞추셔야만 했던 것입니다.²

우리의 부족한 이해를 돕기 위해서라는 말이지요. 같은 내용을 독일의 구약성서학자 발터 아이히로트 Walther Eichrodt 는 이렇게 표현했습니다. "하나님이, 자신이 영적이기도 하다는 사실을, 말하자면 베일에 감춰 둔 채 주로 인격적 존재로 스스로를 드러냈고 사람들이 그렇게 이해하도록 했다는 것은, 하나님 편에서는 지혜로운 절제 self-limitation 로 볼 수 있을 것이다."³ 요컨대 성서에 나타난 하나님에 대한 신인동형적 내지 신인동감적 표현들은 모두 우리에게 초자연적인 자신을 보다 친숙하게 계시 또는 선포하려는 하나님의 지혜에서 나왔을 뿐, 하나님이 인간처럼 생기거나 인간처럼 느끼는 것은 아니라는 말입니다. 그렇다면 하나님의 인격성이란 대체 무엇을 말하는 것일까요?

하나님의 속성에 관한 모든 고찰에서 그렇듯이, 하나님의 인격성이 무엇을 의미하는지 알아보는 데도 존재론적 사고가 큰 도움을 줍니다. 이미 여러 번 밝혀 당신도 알고 있겠지만, 하나님은 야훼라는 자신의 이름을 통해 스스로 계시했듯이 존재이기 때문이지요.

존재론적 관점에서 보면, 기독교 신학이 말하는 하나님의 인격성이란 단순히 하나님이 피조물들에게 '참여와 인도'라는 원리로 작용한다는 뜻입니다. 우리가 1권 『하나님은 존재하는가』의 2부인 "하나님은 존재다"에서 살펴본 대로, 하나님이 존재인 한, 하나님은 존재하는 모든 존재물의 존재에 '이미 그리고 언제나' 참여하고 있습니다. 또한 하나님이 생성·작용하는 한, 하나님은 피조물들의 모든 변화를 '이미 그리고 언제나' 이끌고 있지요. 그럼으로써 하나님은 자신이 창조한 피조물들의 존재를 궁극적으로 온전하게 합니다.

이 말을 캔터베리의 대주교 안셀무스는 다음과 같이 표현했습니다. "최고의 본질[하나님]은 어디에나 존재하고 모든 것을 통해 모든 것 안에 존재한다.…그렇기 때문에 바로 그 최고의 본질이 다른 모든 것을 유지하며 초월하고 관통하며 포괄하는 분임이 명백하다."[4] 그리고 토마스 아퀴나스는 "하나님은 모든 것 안에 존재하고 그 섭리는 모든 것에 미친다"Quod Deus est in omnibus et prouidentia eius se extendit ad omnia[5]라고 반복했지요. 이처럼 "모든 것을 통해 모든 것 안에 존재"하면서 "유지하며 초월하고 포괄하며 관통하는" 존재론적 원리를, 구약성서에서 하나님은 "내가 반드시 너와 함께 있으리라"(출애굽기 3:12)라는 약속으로 계시했습니다.• '너와 함께 있으리라'가 바로 참여와 인도라는 하나님의 인격성을 나타내는 탁월한 성서적 그리고 존재론적 표현이지요.

바로 이런 이유에서 『히브리적 사유와 그리스적 사유의 비교』의

• '내가 너와 함께 있으리라'라는 하나님의 약속은 족장 시대부터 이미 부단히 나타나고(창세기 26:3, 24-28; 28:15; 31:3; 39:2, 3, 21, 31 등), 다윗에게도 나타난다(사무엘하 7장).

저자인 토를라이프 보만Thorleif Boman은 하나님을 "인격-존재"Person-Sein 라는 특별한 용어로 표현했습니다.* 보만의 용어인 '인격-존재'는 이 존재가 생성·작용하는 본성에 의해 모든 인간의 삶과 세계에 참여하고 인도하는 내적 운동과 활동을 끊임없이 한다는 뜻입니다. 따지고 보면, 신구약성서에 나타난 모든 계시는 바로 이 같은 하나님의 참여와 인도에 대한 약속이자 기록이지요. 그렇기 때문에 성서에서는 어떤 사건이나 사물도 우연적인 것이 아닌, 개별적으로나 전체적으로나 하나님의 영원한 목적과 계획에 따라 작정된 것임을 나타내는 내용으로 가득합니다(이사야 14:26, 27; 다니엘 4:35; 시편 33:11; 잠언 19:21; 욥기 14:15; 요한복음 21:19; 사도행전 2:23; 4:28; 17:26; 에베소서 1:11; 3:10, 11; 고린도전서 2:7; 요한계시록 5:1 등).

이에 대한 신학적 표현으로는 예컨대 칼빈의 다음과 같은 말을 떠올릴 수 있습니다.

하나님의 심판은 사악한 자를 벌하시며, 신앙인에게 인내를 가지도록 교육하시며, 그들의 육체를 억제하시고, 세상의 죄를 없게 하시며, 많은 사람들을 나태에서 일깨우시며, 불경건한 자의 자만을 꺾으시고, 지혜 있는 자의 간교를 경멸하시며, 악한 책략을 파괴하심으로써 하

---

* "구약성서가 말하는 완전한 의미에서의 존재는 먼저 '인격-존재'(Person-Sein)다. 그러면 인격이라 함은 무엇을 뜻하는가?…인격 역시 존재, 생성, 작용을 모두 포괄하는 내적 운동과 활동성에 있다"(T. 보만, 허혁 역, 『히브리적 사유와 그리스적 사유의 비교』, 분도출판사, 1975, p. 55).

나님의 힘을 놀랍게 나타내신다. 또한 고난받는 이를 도우시고 무죄한 자를 보호하시며, 모든 것이 없어지는 것처럼 보일 때도 도움을 베푸시는 일을 통해 하나님의 비길 데 없는 자비로움을 나타내신다.[6]

이어서 칼빈은 "삶과 죽음 같은 인간 개인의 경우와 마찬가지로, 국가와 민족의 흥망 그리고 (사람들이) 항상 운명으로 돌리는 모든 일도 하늘의 섭리에 의존하는 것이다"[7]라고 주장했습니다. 요컨대 하나님은 인간의 모든 것을, 나아가 사회, 국가, 민족의 모든 것까지 손수 보살핀다는 말입니다.

그런데 아마 이쯤 해서 당신은 내게 이렇게 묻고 싶을 것입니다. "그런데 그게 사실인가? 정말로 하나님이 우리의 삶과 사회에 그토록 치밀하게 관여한다는 말인가? 그것은 기독교 성직자들이나 신학자들이 지어낸 교설이 아니겠는가? 기도를 예로 들어 보자. 만일 하나님이 존재하고, 그가 인격적이어서 우리의 매사에 참여한다면 최소한 기도는 들어줘야 하지 않겠는가? 그런데 과연 그런가?" 그렇지요. 맞습니다! 당신뿐 아니라 사실은 내게도 이런 불만 섞인 의문이 항상 따라다닙니다. 그러니 이 기회에 한번 그것에 대해 자세히 알아볼까요?

기도로 하나님의 마음을 움직일 수 있나

하나님의 인격성에 대한 인간의 인격적 대응이 곧 기도입니다. 그리스도인들에게 기도란 참여와 인도라는 하나님의 인격성을 경험하고 그에 응하는 가장 보편적이고 적극적인 방법이지요. 다시 말해 하나님과 만나고 하나님의 사역에 동참하는 가장 일반적이고 대표적인 방법입니다. 이런 의미에서 칼빈은 기도를 "하나님과 인간의 대담"으로 규정했습니다.

물론 고대의 자연신론자들이 그랬듯 근대의 이신론자들 가운데도 신에게 기도하는 사람이 있었습니다. 하지만 그들이 자신들의 기도에 어떤 요구를 포함시키는 것은 무의미한 일이었지요. 그들의 신은 "세계에 대한 어떤 관심도 없이 하늘에서 한가히"[8] 지내기 때문입니다. 만일 히브리인들이나 그리스도인들의 하나님도 이렇게 세계초월적 속성만을 지녔다면, 그들도 삶의 희망과 두려움, 기쁨과 고통, 축복과 저주, 승전과 패전에 관한 모든 기원을 '주의 이름으로' 또는 '아버지의 이름으로' 하지 않았을 것이고, 또 할 필요도 없었을 테지요.'

그럼 여기서 우리의 의구심에 부응하기 위해 이야기의 초점을 간구기도petitionary prayer와 중보기도intercessory prayer에 맞춰 볼까요? 자신의 소원을 비는 간구기도와 다른 사람을 위해 비는 중보기도는 감사기도나 경배기도와는 성격이 다릅니다. 하나님에게 무언가를 요구하는 기도이기 때문이지요. 그리스도인들은 자신들의 간구 또는 중보의 기도에 당연히 하나님이 응답해 준다고 믿습니다. 그 누구보다 예

* 야훼는 자신의 이름을 부르면 자신이 임재할 것이라고 선언했고(출애굽기 33:19; 34:5), 자신의 이름을 부를 장소를 가리킴으로써 자신의 예배 장소를 선별했다(출애굽기 20:24).

수님이 그렇게 가르쳤기 때문이지요. "구하라 그리하면 너희에게 주실 것이요 찾으라 그리하면 찾아낼 것이요 문을 두드리라 그리하면 너희에게 열릴 것이니"(마태복음 7:7)나 "너희가 기도할 때 무엇이든지 믿고 구하는 것은 다 받으리라"(마태복음 21:22), 또 "내 이름으로 아버지께 무엇을 구하든지 다 받게 하려 함이라"(요한복음 15:16) 같은 교훈이 특히 그렇지요.

하지만 과연 그런가요? 애달프게도 우리의 경험은 그렇지가 못하지요. 그렇다면 왜 그런 걸까요? 예수님이 우릴 속인 것일까요? 이런 우매한 질문에 대한 기독교적 답은 당신도 이미 알고 있을 겁니다. 하나님은 자신의 섭리에 합당한 기도에만 응답하고 그렇지 않은 기도에는 응답하지 않는다는 것이 기독교에서 제시하는 답이지요. 그래야만 그 어떤 것에도 구속받지 않는 하나님의 절대적 독립성이 보존되기 때문입니다. 만일 그렇지 않다면 인간이 기도를 통해 하나님을 조종할 수 있다는 뜻이 되므로 하나님의 절대성과 독립성이 손상되지요.

바로 여기서 풀기 어려운 문제가 발생합니다. 우선 하나님이 인간을 오직 자신의 섭리에 따라서 '강제적으로' 이끈다면 하나님과 인간의 관계가 어떻게 인격적이라고 할 수 있느냐 하는 것이지요. 또 어차피 자신의 목적에 맞게 강제하려면 무엇 때문에 인간에게 기도를 하라고 했는지도 의문입니다. 이처럼 하나님의 인격성과 섭리는 '기도'와 관련해서 적어도 이 두 가지 문제로 서로 부딪칩니다.

섭리와 기도

먼저, 하나님의 섭리가 하나님의 인격성과 부딪치는 문제를 살펴볼까요? 이 문제를 풀려면 인격적 관계가 어떤 것인지를 먼저 규명해야 하는데, 사실 인격적 관계를 정의하기는 쉽지 않습니다. 얼핏 생각하면 서로의 자유를 존중하고 강제하지 않는 관계를 말하는 것 같지요. 상대의 자유를 무시하고 강제로 억압하면서 인격적으로 대한다고 할 수는 없으니까요. 그렇지 않나요? 하지만 다시 곰곰이 생각해 보면 꼭 그렇지만도 않습니다. 예외가 있다는 말입니다.

예를 들어 시각장애인과 비장애인이 함께 길을 가고 있다고 가정해 봅시다. 이때 앞에서 뭔가 위험이 다가오고 있어서 비장애인이 시각장애인을 강제로 가로막거나 다른 길로 이끌었다면 어떤가요? 두 사람의 관계가 인격적이지 않다고 말할 수 있을까요? 어린아이와 어른의 경우도 마찬가지입니다. 어린아이가 위험에 빠지지 않게 하려고 어른이 큰길로 달려 나가는 아이를 강제로 막아 세울 수 있잖아요. 그렇다고 해서 그 어른의 행동을 비인격적이라고 비난할 수 있을까요?

이런 사례는 강제성과 인격성이 논리적으로 양립 불가능하다는 우리의 막연한 가정을 쉽게 무너뜨립니다. 나아가 선한 목적과 의도에서 나온 강제는 오히려 그 인격성을 강화해 줄 수도 있음을 보여 주지요. 하나님의 섭리와 인격성의 관계가 바로 그렇다는 것이 기독교의 입장입니다. 다시 말해 하나님의 섭리에 의한 강제는 선한 목적과 의도에 따른 것이어서 하나님의 인격성을 더 잘 드러낸다는 뜻이지요.[9]

'섭리'providentia는 '삼위일체'trinitas처럼 성서에는 나오지 않는 말입니다. 하지만 둘 다 기독교 교리들을 떠받치는 튼튼한 기둥이지요. 섭리의 어의는 '미리 보는 것'pro-videre인데, 기독교에서는 이 말을 하나님이 인간과 교회 그리고 세계를 미리 정한 목적에 따라 이끄는 의지로 해석합니다. 이 점에서 하나님이 모든 일의 결과를 미리 정해 놓았다는 '예정'과 하나님이 세상 모든 것을 자신의 의지대로 이끌고 간다는 '섭리'의 구별이 쉽지 않은데요, 사실상 모든 섭리는 예정적이고 모든 예정은 섭리적입니다. 즉 "모든 일을 그의 뜻의 결정대로 일하시는 이의 계획에 따라 우리가 예정을 입어 그 안에서 기업이 되었으니"(에베소서 1:11)에 나타나 있듯이, 하나님은 미리 예정한 섭리를 통해 자신의 창조 세계와 그 안의 모든 피조물을 보존하고 돌보며 구원합니다.*

그렇다고 해도, 인간과는 달리 하나님의 눈앞에서는 "만물이 벌거벗은 것같이"(히브리서 4:13) 드러나므로 섭리에 의한 그의 강제적 사역은 결코 맹목적인 것이 아니라, 오히려 "모든 것이 합력하여 선을 이[룬다]"(로마서 8:28)는 것이지요. 바로 이것이 그리스도인이라면 당연히 섭리를 하나님의 은총으로 받아들일 수밖에 없는 이유입니다(로마서 8:28-30; 야고보서 1:2-4; 베드로전서 1:5-7; 에베소서 1:11-14; 데살로니가

---

* 여기에서 문제될 수 있는 하나님의 예정과 인간의 자유의지가 충돌하는 문제에 대한 설명은 2권 『하나님은 창조주인가』의 3장 가운데 '눈먼 시계공과 눈뜬 하나님 문제'에서 아우구스티누스가 '에보디우스 딜레마'(Evodius dilemma)를 푸는 부분을 참고하라.

전서 5:16-18 등).「하이델베르크 요리문답」Heidelberg Catechism* 제26문답에는 이에 대해 다음과 같이 적혀 있습니다.

> 그는 그의 아들 그리스도로 인해 나의 하나님이시요 내 아버지시라. 내 몸과 영혼에 필요한 모든 것을 공급하시며, 비록 이 눈물 골짜기에서 악한 일을 당하게 하실지라도 그것이 변해 선이 되게 하실 것을 믿고 의심치 아니하나니, 이는 그가 전능하신 하나님이시므로 능히 하실 수 있으며 또한 신실하신 아버지시므로 기꺼이 하실 것이기 때문이다.

그렇습니다. 그리스도인에게 하나님을 믿는다는 것은 하나님의 인격성을 믿는 것이자 곧 그의 섭리를 믿는다는 뜻입니다. 그리고 그가 전능하고 신실하여, 설사 내가 "이 눈물 골짜기에서 악한 일을 당하게 하실지라도 그것이 변해 선이 되게 하실 것"을 믿고 의심치 않기 때문에 나의 모든 것을 그의 뜻에 맡긴다는 의미지요. 사도 바울이

---

* 「하이델베르크 요리문답」은 개혁교회의 두 번째 교리규범이다. 이것이 하이델베르크 요리문답이라고 불리는 이유는 선제후 프리드리히 3세(Friedrich III)의 명으로 독일 하이델베르크에서 이 요리문답이 작성되었기 때문이다. 이 경건한 통치자는 칼빈의 종교개혁이 주도권을 얻도록 하기 위하여 하이델베르크 대학의 교수인 자카리아스 우르시누스(Zacharias Ursinus)와 궁정 설교자인 카스파르 올레비아누스(Caspar Olevianus)로 하여금 개신교 신학을 대변할 간단한 요리문답 지침서를 만들도록 지시했다. 이 지침서는 그 후에 왕과 칼빈주의에 정통한 신학자들의 승인을 얻어서 1563년 초에 발간되었다. 주로 주일에 간단히 교리를 가르치는 용도로 사용되었는데, 제3판부터는 모든 질문과 대답을 52가지로 정리하여 1년에 모두 배울 수 있도록 했다.

세 번씩 기도하며 자신에게 박힌 '육체의 가시'를 뽑아 달라고 기도했지만 그 간구가 이뤄지지 않자, "나를 쳐서 너무 자만하지 않게 하려 하심이라"고 간주하면서 순순히 받아들이는 것이 좋은 예입니다(고린도후서 12:7-9).

바울은 하나님의 섭리가 때로는 우리를 기쁘게 하지 않을 수 있음을 알았지요. 하지만 그는 고통의 배후에는 언제나 하나님의 선한 '목적'(로마서 8:28; 9:11)과 '뜻'(로마서 9:19)이 있다는 걸 의심하지 않았습니다. 그 목적과 뜻은 하나의 '신비'(로마서 11:25)로 세상에 감춰져 있는데, 그 신비 속에 '후회하심이 없는 부르심'(로마서 11:29)이 들어 있다는 것입니다. 칼빈도 역시 이렇게 말했습니다.

> 하나님의 섭리가 옳게 찬양될 때라는 것은 신자들이 최대의 결핍에도 절망하지 않고 오히려 죽음으로부터 소망을 가지고 하나님에게 향할 때다. 왜냐하면 하나님은 자기 백성들이 나중에 배부르게 하기 위해서 일시적으로 굶게 하시며 생명의 빛을 다시 주기 위해서 죽음의 골짜기에 있게 하시기 때문이다.[10]

그러나 누구든 이 같은 하나님의 섭리를 믿기가 쉽지는 않을 것입니다. 그래서 덴마크의 철학자 키르케고르는 『공포와 전율』에서 다음과 같이 쉽고 인상적인 예로 설명해 주었지요.

> 어린애의 젖을 떼야만 할 때 어머니는 자신의 유방을 검게 물들인다.

어린애에게 젖을 먹여서는 안 될 때 어린애가 유방에다 미련을 갖게 하는 것은 잔인한 짓이다. 유방을 검게 물들여 놓으면 어린애는 그 유방이 달라졌다고 믿는다. 그러나 어머니는 여전히 어머니고 어머니의 눈길은 여전히 인자하고 부드럽다.[11]

참으로 탁월한 비유지요? 우리는 프랜시스 톰슨의 "하늘의 사냥개"에서도 같은 논리를 구사한 시구들을 찾아볼 수 있습니다.

네게서 모든 것을 빼앗은 까닭은
너를 해롭지 않게 하기 위함이니
너는 그것을 내 품에서 다시 찾을 수 있으리라.
일어나 내 손을 잡아라, 그리고 내게로 오라.[12]

물론 섭리의 이 같은 역설적 성격에 대한 믿음이 신약성서에 등장하는 그리스도인들로부터 시작된 것은 아닙니다. 구약성서에 기록된 히브리인들도 마찬가지였지요. 칼빈과 키르케고르는 섭리를 믿고 따르는 표본을 오히려 아브라함의 '이삭 사건'에서 찾았습니다. 하나님에게 아들 이삭을 번제(燔祭)*로 바치려는 아브라함에게 이삭이 "번제

---

* 번제(burnt offering)는 소, 양, 염소, 새와 같은 동물을 불태워 드리는 제사로서 제물의 종류에 따라 바치는 순서와 방법이 조금씩 다르다. 하지만 대개 제물을 죽인 다음 배를 갈라 내장을 꺼내고 각을 떠서 불에 태우는 식으로 진행된다. 번제는 성서에 가장 먼저 소개된 제사의 규정이고(레위기 1-7장), 이스라엘의 희생제사에서 가장 중요한 역할을 했다(민수기 28-29장).

할 어린 양은 어디 있나이까"라고 물었을 때 아브라함이 "내 아들아 번제할 어린 양은 하나님이 자기를 위하여 친히 준비하시리라"고 대답했는데(창세기 22:7-8), 이때 아브라함이 추호의 의심조차 없이 믿은 것이 바로 "생명의 빛을 다시 주기 위해서 죽음의 골짜기에 있게" 하시는 하나님의 섭리였던 것입니다.

또 다른 예도 있습니다. 동방에서 제일가는 부자이자 신실하기까지 했던 욥은 모든 재산과 자녀를 하루아침에 잃고도 "주신 이도 여호와시요 거두신 이도 여호와시오니 여호와의 이름이 찬송을 받으실지니이다"(욥기 1:21)라며 자신에게 닥친 끔찍한 재앙과 관계없이 하나님을 신뢰했지요. 하박국 선지자도 마찬가지였습니다. 환난 중에서도 그의 입에서는 변함없이 하나님에 대한 찬양이 흘러나왔어요. "비록 무화과나무가 무성하지 못하며 포도나무에 열매가 없으며 감람나무에 소출이 없으며 밭에 먹을 것이 없으며 우리에 양이 없으며 외양간에 소가 없을지라도 나는 여호와로 말미암아 즐거워하며 나의 구원의 하나님으로 말미암아 기뻐하리로다"(하박국 3:17-18).

우리로서는 참으로 상상조차 할 수 없는 놀라운 고백입니다. 성서에 등장하는 이 같은 신앙의 영웅들이 아닌 우리로서는 흉내 내기조차 어렵지요. 나는 그런데, 당신은 어떠세요? 아마 대다수의 그리스도인들이 마찬가지 아닐까요? 그리스도인들은 그들 자신이 원해서라기보다는 반항하고 싸우는 가운데 도저히 거역할 수 없는 하나님의 섭리를 자신의 삶 안에서—또한 두려움과 떨림 속에서—부단히 느끼는 것이겠지요. 마치 라이너 마리아 릴케가 "수도사 생활의 서"

에서 묘사한 것처럼 말입니다.

> 나는 당신을 사랑합니다, 그대 가장 온화한 법칙이시여.
> 당신의 법칙과 싸우는 가운데 우리는 성숙하였습니다.
> 억누를 수 없는 위대한 향수^{鄕愁}이신 당신이여,
> 우리가 끝내 빠져나올 수 없는 그대 숲이시여,
> 도망가는 감정을 붙잡는
> 그대 어두운 그물이시여.[13]

그러나 하나님의 섭리를 따르려는, 가장 극적이면서도 가장 인간적인 외침을 우리는 예수님에게서 찾을 수 있습니다. 예수님의 마지막 날 밤, 대제사장의 성전 경비대에 잡혀가던 바로 그날 밤, 예수님은 겟세마네 동산에 올라 핏방울 같은 땀을 흘리면서 세 번 기도합니다. 이때 그는 "내 아버지여 만일 할 만하시거든 이 잔을 내게서 지나가게 하옵소서. 그러나 나의 원대로 마시옵고 아버지의 원대로 하옵소서"(마태복음 26:39)라고 부르짖었지요.* 견딜 수 없는 공포와 전율 속에서도 하나님의 섭리를 믿고 따르려는 거룩한 기도입니다. 그러니 우리도 바로 이렇게 기도해야 한다는 것이 기독교의 가르침이지요. 토마스 아퀴나스는 이러한 가르침을 기도란 '자신에게 합

• "아빠, 아버지여, 아버지께는 모든 것이 가능하오니 이 잔을 내게서 옮기시옵소서. 그러나 나의 원대로 마시옵고 아버지의 원대로 하옵소서"(마가복음 14:36).

당한 것을 청원하는 것'이 아니라 "하나님에게 합당한 것을 청원하는 것"petitio decentium a Deo[14]이라고 표현했습니다.

그래야만 기도는 우리가 하나님을 조종하는 도구가 아니라, 하나님이 우리를 조종하는 도구가 됩니다. 그래야만 기도가 우리를 자신의 뜻과 의지를 따르려는 자율적 인간이 아니라, 하나님의 뜻과 의지를 따르려는 신율적theonomy 인간이 되게 하는 것이지요. 또한 그래야만 기도는 하나님을 우리처럼 속되게 만드는 계기가 아니고, 우리를 하나님처럼 거룩하게 만드는 계기가 되는 것입니다. 나아가, 그래야만 우리가 파멸에 이르지 않고 구원을 얻게 되지요!

『황무지』의 작가 토머스 엘리엇T. S. Eliot의 종교시 "네 개의 사중주" 가운데 4부인 "리틀 기딩"에는 바로 이 같은 관점에서 우리에게 기도가 무엇이고 어떤 일을 하는지를 읊은 다음 시구가 있습니다.

> 그대는 지각과 관념을 버려야 한다.
> 그대가 이곳에 온 것은 실증하기 위함도 아니고,
> 리포트를 작성하자는 것도 아니다.
> 그대는 기도하러 온 것이다.
> …
> (모든 것을 바친)
> 하나의 완전히 순백한 상태.
> 모든 것은 잘될 것이다.
> 가지가지 모든 것은 잘될 것이다.

화염의 혀들이 한데 겹쳐져서
영광의 불 매듭이 되고
불과 장미가 하나로 될 때.*

시인은 뭐라고 고백하고 있나요? 우리 자신의 모든 것을 바쳐서, 즉 감각적 지각도 이성적 관념도 다 버리고 완전히 순백의 상태에서 기도할 때, 온 영혼을 불살라 기도할 때, 그제야 모든 것이 하나님의 섭리에 의해 잘될 것이라는 말입니다.

강한 섭리, 약한 섭리

당신은 이제 이런 의문을 가질 수 있습니다. 그렇다면 예수님은 왜 "구하라 그리하면 너희에게 주실 것이요 찾으라 그리하면 찾아낼 것이요 문을 두드리라 그리하면 너희에게 열릴 것이니"(마태복음 7:6)라고 말하며 마치 우리가 기도하는 대로 다 이루어질 것처럼 교훈했느냐는 것이지요. 그렇지요. 당연한 물음입니다. 우리가 예수님의 이 같은 가르침을 즉각 떠올려 볼멘소리로 반박하는 데는 이유가 있습니다. 욕망과 절망, 운명과 죽음, 죄책과 정죄 같은 실존적 불안 속에서

---

* 리틀 기딩(Little Gidding)은 지명으로, 1625년 니콜라스 페라(Nicholas Ferrar)가 이곳에 공동생활 단체를 설립해 "기도와 의식훈련 및 사색과 행동"을 실천하는 종교적 이상을 실천하려 했다. 그러나 1647년 크롬웰 군대에 의해 해산되었고 교회는 파괴되었다. 이후 리틀 기딩은 영국인들에게 진정한 신앙과 기도를 상징하는 장소가 되었다.

하루하루를 갈급하고 곤궁하게 살아가야만 하는 나약한 우리에게, 구하는 대로 이뤄 준다는 예수님의 교훈은 더할 수 없는 위로를 주기 때문이지요.

그럼에도 예수님의 가르침을 이렇게 문자 그대로 받아들이는 것은 큰 오해입니다. 신학자들에 의하면 예수님은 결코 그런 뜻으로 말하지 않았거든요. 설명하자면 이렇습니다.

마태복음 7장 6절의 이 가르침에는 순서로 보나 내용으로 보나 선행되는 전제가 있습니다. 예수님은 그 전제를 분명히 하기 위해 마태복음 6장 전체를 채울 정도로 장황해 보이는 가르침을 미리 설파했지요. 예수님은 우선 공중의 새가 농사하지 않아도 굶지 않고, 들의 백합화가 길쌈하지 않아도 아름다운 것을 예로 들면서* 우리가 구하기 전에 우리에게 있어야 할 모든 것을 하나님이 이미 알고 있다는 말을 두 번이나 반복했습니다(마태복음 6:7, 32). 그만큼 중요하다는 뜻이지요. 그리고 바로 이어서 무엇을 먹을까, 마실까, 입을까 염려하지 말고, 먼저 하나님의 나라와 그의 의를 구하라고 가르쳤습니다(마태복음 6:31-33).

여기서 우리는 예수님의 뜻을 잘 헤아려야 합니다. 마태복음 7장

---

* "공중의 새를 보라. 심지도 않고 거두지도 않고 창고에 모아들이지도 아니하되 너희 하늘 아버지께서 기르시나니 너희는 이것들보다 귀하지 아니하냐.…또 너희가 어찌 의복을 위하여 염려하느냐. 들의 백합화가 어떻게 자라는가 생각하여 보라. 수고도 아니하고 길쌈도 아니하느니라. 그러나 내가 너희에게 말하노니 솔로몬의 모든 영광으로도 입은 것이 이 꽃 하나만 같지 못하였느니라"(마태복음 6:26, 28-29).

6절의 교훈은 우리가 구하고 찾고 두드리는 대로 이루어지는 그것이 먹고 마시고 입을 것이 아니라, "하나님의 나라와 그의 의"라는 것을 뜻합니다. 당신 생각은 어때요? 그렇지 않겠어요? 만일 수긍하기 어렵다면, 이렇게 한번 생각해 봅시다. 예수님이 조금 전에 같은 자리에서 "염려하여 이르기를, 무엇을 먹을까 무엇을 마실까 무엇을 입을까 하지 말라. 이는 다 이방인들이 구하는 것이라"(마태복음 6:31)라고 해 놓고는, 뒤이어 곧바로 먹고 마시고 입을 것들을 구하고 찾고 두드리면 그대로 이루어진다고 말했을 리가 없지 않겠어요?

예수님은 물론 이 둘을 양자택일의 문제가 아니라 선후의 문제로 교훈했습니다. "그런즉 너희는 먼저 그의 나라와 그의 의를 구하라. 그리하면 이 모든 것을 너희에게 더하시리라"(마태복음 6:33)라는 말이 분명 그런 해석을 가능하게 합니다. 그래서 얼핏 생각하면 하나님의 나라와 그의 구원을 먼저 구하면, 이후에는 물질적 풍요도 우리가 구하고 찾고 두드리는 대로 더해 줄 것이라고 생각되기도 하지요. 아, 물질적 풍요에 대한 우리의 가련한 바람은 이토록 끈질깁니다!

그렇지요, 예수님은 분명 그렇게 교훈했습니다. 하지만 우리는 이 가르침 역시 오해해서는 안 됩니다. 예수님이 여기서 말한 하나님이 더해 줄 "모든 것"이란 '하나님이 보기에' 우리에게 있어야 할 모든 것이지(마태복음 6:7, 32), 우리가 '구하고 찾고 두드리는' 모든 것은 아닙니다. 다시 말해 하나님은 오직 그의 섭리에 따라 우리에게 '궁극적으로 좋은 모든 것'을 더해 준다는 뜻이지요.

왠지 서운한가요? 나도 마찬가지인데요, 그렇다고 해서 하나님이 먹고 마시고 입을 것, 곧 우리가 그토록 원하는 물질적 풍요에 대한 기도는 전혀 안 들어준다는 의미는 아닙니다. 만일 어떤 사람이 구하는 물질적 풍요가 '하나님이 보기에' 그에게 궁극적으로 좋다면, 그래서 그것이 하나님의 섭리 안에 예정되어 있다면, 그에게 물질적 풍요를 "차고 넘치게" 내려 줄 겁니다. 설사 그가 그것들을 구하고 찾고 두드리지 않더라도 말이지요. 하지만 만일 해롭다면, 그래서 하나님의 섭리 안에 있지 않다면, 그가 아무리 구하고 찾고 두드려도 주지 않는다는 뜻입니다.

같은 의미에서 예수님은 곧바로 이어지는 가르침에서도 떡과 돌, 생선과 뱀을 예로 들어 "너희가 악한 자라도 좋은 것으로 자식에게 줄 줄 알거든 하물며 하늘에 계신 너희 아버지께서 구하는 자에게 좋은 것으로 주시지 않겠느냐"(마태복음 7:11)라고 교훈했습니다. 여기서도 주목해야 할 것은 "좋은 것으로 주시지 않겠느냐" 부분이지요. 이때 예수님이 말하는 '좋은 것'도 우리가 생각하는 좋은 것이 아니라 하나님이 생각하는 좋은 것입니다.

이렇게 하나님은 오직 자신의 의지대로 우리를 이끌어 가는데도 우리가 하나님의 섭리를 기꺼이 받아들여야 하는 이유는 간단합니다. 신학자들에 의하면, 하나님은 지식과 선함과 의지에서 무한하지만 인간은 유한하다는 전제 때문이지요. 사도 바울이 "깊도다 하나

- "너희 중에 누가 아들이 떡을 달라 하는데 돌을 주며 생선을 달라 하는데 뱀을 줄 사람이 있겠느냐"(마태복음 7:9-10).

님의 지혜와 지식의 풍성함이여, 그의 판단은 헤아리지 못할 것이며 그의 길은 찾지 못할 것이로다"(로마서 11:33)라고 영탄한, 하나님의 전지전능함에 대해 토마스 아퀴나스는 다음과 같이 교훈했습니다.

하나님에게는 어떠한 결함도 일어날 수 없다. 히브리서 4장 13절에서 말한 것처럼, "[그]의 눈앞에 만물이 벌거벗은 것같이 드러나" 있기 때문에 무지의 [결함이 없고], 이사야 59장 1절에서 말한 것처럼, "손이 짧아 구원하지 못하심도 아니[기]" 때문에 무능의 [결함도 없으며], 예레미야애가 3장 25절에서 말한 것처럼, "[그를] 구하는 영혼들에게 여호와는 선하시[기]" 때문에 또 좋은 의지의 [결함도 없다]. 따라서 로마서 5장 5절에서 말한 것처럼 어떤 이가 하나님에 대해 신뢰하도록 하는 소망은 소망하는 이를 혼란에 빠뜨리지 않는다.[15]

물론 기독교 신학에는 이 같은 섭리론―이것을 이해하기 쉽게 '강한 섭리론''이라고 부릅시다―에 대한 반론이 오래전부터 꾸준히 있었습니다. 이처럼 강력한 섭리는 하나님이 인간에게 부여한 자유의지

• 폴 헬름(Paul Helm), 로버트 애덤스(Robert M. Adams) 같은 신학자들은 우리가 이름 붙인 '강한 섭리론' 대신에 하나님이 자신의 섭리에 인간의 선택까지 포함한다는 의미로 "위험과 무관한(risk-free) 섭리론" 또는 "위험 없는(no-risk) 섭리론"이라고 부르며, '약한 섭리론' 대신에 하나님은 인간의 선택에 따라 다른 결과가 나오도록 하기도 한다는 뜻에서 "위험을 무릅쓰는(risky) 섭리론"이라고 부른다[참고. 폴 헬름, 이승구 역, 『하나님의 섭리』(*The Providence of God*), IVP, 2004, pp. 37-70. 또한 위험 개념(idea of risk)을 신학의 중심 주제로 보는 저술로는 R. Holloway, ed., *The Divine Risk*, London, Longman and Todd, 1990이 있다].

와 양립할 수 없기 때문에 자기모순에 도달한다는 주장이지요. 예를 들면 다음과 같습니다.

> 하나님이 모든 것을 온전히 다 알 수 있는 가능성을 버리고 사람들이 할 미래의 행동을 단지 짐작하기만 할 수 있는 세상을 창조했을 때에야, 지식을 선한 것으로 여기는 가치가 온전히 실현된다. 만일 하나님이 사람을 하나님의 형상으로 만들었다면, 하나님은(설사 하나님이라고 할지라도) 정확히 그리고 무오하게 미리 알 수는 없는 새로운 주도권과 새로운 통찰을 사람들이 가질 수 있도록 창조했어야 한다. 무한히 다양한 생각과 행동의 가능성이, 자신에 의해서든지 그 자녀들에 의해서든지 현실로 실현되도록 하여 미래에 영속적 새로움을 부여하는 그런 새로운 주도권과 통찰을 가질 수 있도록 말이다.[16]

꽤나 어렵게 느껴지는 이야기지요? 그러나 아닙니다. 간단히 설명하자면 이렇지요. 그릇됨이 전혀 없고 전지전능한 하나님이 오직 자신의 섭리로만 인도하고 통치한다면, 인간은 하나님이 자기 형상을 따라 만든 창조물이 아니라는 겁니다. 단지 하나님이 부리는 자동인형에 불과하지 않느냐는 반론이지요. 이런 생각을 가진 학자들은, 하나님의 섭리에 대해 '하나님이 아직 모든 결과를 알지 못한 채 자유로운 피조물들의 반응에 따라 결과가 나오도록 조정해 놓은 것'이라는 이론—우리는 이것을 '약한 섭리론'이라고 부르도록 하지요—을 내세웁니다. 당신은 어느 쪽 주장이 옳은 것 같나요?

섭리와 자유의지 문제는 멀리는 아우구스티누스와 펠라기우스 Pelagius, ?354-420가 대립할 때 핵심이었고, 가까이는 종교개혁 갈등의 중심에 놓였던 매우 오래되고 중요한 주제지요. 이 문제를 풀려면 양편의 논의를 꼼꼼히 검토하고 그 가운데 어느 것이 성서에 더 합당한지를 면밀히 따져 봐야 하므로 여기서 간단히 다룰 수는 없습니다. 우리는 뒤에서 은총을 다루면서 이에 대해 자세히 살펴볼 겁니다. 물론 약한 섭리론이 지닌 장점과 정당성도 포함해서 말이지요. 지금은 단지 전통적으로 중요한 신학자들은 한결같이 '강한 섭리론'을 지지했으며, 강한 섭리론 안에서도 하나님의 섭리가 인간의 자유의지와 모순 없이 양립할 수 있다고 주장했다는 것만을 지적해 두고 가기로 합니다.

우리는 2권 『하나님은 창조주인가』의 3장에서 '눈먼 시계공과 눈뜬 하나님 문제'를 다룰 때—모든 섭리는 예정적이고 모든 예정은 섭리적이라는 점에서—바로 이 문제에 대한 아우구스티누스의 견해를 이미 알아보았습니다. 잠시 뒤돌아보자면, 아우구스티누스는 하나님의 예지와 인간의 자유의지가 충돌할 수밖에 없다는 에보디우스의 주장에 "우리가 행할 바를 하나님이 예지하시기는 하지만 그것 때문에 우리가 자유의지로 무엇을 원하는 것이 없어지는 것은 아니다"라고 답했지요. 우리는 그의 말이 가진 정당성을 양립주의가 어떤 경우에 타당한지를 밝힘으로써 살펴보았습니다.

정리하자면, 하나님은 우리의 모든 기도에 언제나 귀를 기울이고 항상 우리 삶에 참여합니다. 그러나 궁극적으로 선을 이루는, 하나님의 섭리에 합당한 기도만 들어주고 합당하지 않은 기도는 들어주지 않지요. 때때로 하나님은 인간의 기도 때문에 마음을 바꾸기도 하지만(이사야 38:1-6),* 그런 경우마저 모든 것이 하나님의 섭리 안에서만 이뤄진다는 것이 기독교의 가르침입니다. 이에 대해, 아우구스티누스는 "소원하는 것을 얻으려는 기도가 힘을 발휘하는 것도, 기도하는 사람에게 은총을 내리는 것도 하나님이 예지한 대로 된다"[17]라고 교훈했고, 토마스 아퀴나스는 "하나님의 섭리가 모든 것을 다스린다"[18]라고 가르쳤으며, 또한 칼빈은 "모든 사건은 하나님의 감추어진 뜻에 의해 다스림을 받는다"[19]라고 잘라 말했지요.

기도는 왜 하는가

우리는 이제 두 번째 문제 앞에 서 있는데요, 그 요점은 대강 이렇습니다. 하나님이 우리를 어차피 그렇게 섭리대로만 이끌어 갈 것 같으면 기도는 왜 하라고 하느냐는 것이지요. 당신도 알다시피, 예수님도 제자들에게 기도를 가르쳤고, 바울은 심지어 "쉬지 말고 기도하라"(데살로니가전서 5:17)고까지 교훈하지 않았습니까? 왜 그랬을까요? 이에 대한 기독교의 대답을 요약하면, 하나님의 강제적 섭리에도 불구하고 모든 기도는 기도하는 사람에게 한없이 유익하다는 것이지

---

* 선지자 이사야가 히스기야왕에게 하나님의 징벌로 왕이 병들어 죽게 되었음을 알렸을 때 히스기야가 얼굴을 벽으로 향하고 통곡하며 기도하니 하나님이 그의 수명을 15년 연장해 주었다.

요. 왜냐고요? 기도하는 사람은 기도를 통해 원하던 응답을 받으면 받은 대로, 또 받지 못하면 받지 못한 대로 그 결과를 자신을 향한 하나님의 섭리로 확인할 수 있기 때문입니다.

"그래서 어떻다는 건가? 결과적으로는 달라지는 게 없지 않은가?" 혹시 당신은 이렇게 되묻고 싶을지도 모릅니다. 하지만 전혀 그렇지 않습니다. 기도가 이루어졌든 이뤄지지 않았든 자기에게 일어나는 모든 일을 하나님의 섭리로 확인하는 일은 그리스도인에게 대단히 중요합니다. 단순한 예를 하나 들어 볼까요?

어떤 그리스도인이 하나님에게 사업에 성공하게 해 달라고 기도했다고 합시다. 그런데 그가 정말 사업에 성공했을 경우에 그 사람은 자신이 부자가 된 것이 오직 하나님의 섭리 덕분이라고 생각할 것입니다. 그 성공이 자신의 능력이나 노력의 결과라고, 또는 행운이나 우연이라고는 생각지 않겠지요. 그래서 자만하거나 방심하지 않을 것입니다. 반대로 사업에 실패했을 경우에도 그 사람은 자신의 실패가 자신의 무능이나 태만 때문이 아니고 또 악운의 지배 때문도 아니며 오직 더 좋은 것으로 주시려는 하나님의 섭리 때문이라고 생각하지요. 따라서 자책하거나 절망하지 않을 것입니다. 토마스 아퀴나스도 같은 맥락에서 이렇게 교훈했지요.

하나님으로부터 [무엇을] 획득하기 위한 기도는 기도하는 자 자신 때문에 인간에게 필요하다. 즉 그 자신이 자기의 결함을 고찰하고, 기도함으로써 얻기를 소망하는 것을 경건하게 바라도록 자기 마음을 기

울이기 위한 것이다. 이것을 통해 그는 받기에 적합한 자가 된다.[20]

요컨대 하나님의 섭리를 믿는 사람이라면 기도로 하나님의 섭리는 바꿀 수 없지만 자기 자신의 마음은 바꿀 수 있다는 것이지요. 바로 이것이 관건입니다! 그럼으로써 그 사람은 마치 욥이나 하박국, 그리고 바울처럼 "어떠한 형편에든지 나는 자족하기를 배웠노니 나는 비천에 처할 줄도 알고 풍부에 처할 줄도 알아 모든 일 곧 배부름과 배고픔과 풍부와 궁핍에도 처할 줄 아는"(빌립보서 4:11-12) 인간이 되는 것이지요. 이런 의미에서 보면 신실한 그리스도인이 응답받지 못하는 기도란 없는 것입니다. 진실한 기도는 누구에게나 자신을 향한 하나님의 의지를 드러내도록 하며 자족하게 하지요. 이와 연관해 아우구스티누스는 다음과 같이 고백했습니다.

모든 사람은 기도를 통해 자기가 원하는 것을 언제나 듣지는 않사오나, 자신이 원하는 어떤 것에든 주님의 응답을 받사옵니다. 주님으로부터 자신이 원하는 것을 들으려 하지 않고 주님으로부터 들은 것을 원하려는 사람이 주님의 가장 훌륭한 종이옵나이다.[21]

또한 칼빈도 "기도의 옳고 유일한 목표는 하나님의 약속이 우리에게 효력 있게 된다는 한 가지 일에 있다"[22]라고 압축했지요. 자신의 『일지』에서 "나의 저작 활동의 사상 전체는 어떻게 사람이 그리스도인이 되는가 하는 것이다"라는 글을 남긴 덴마크의 철학자 키르케고르가 다음과 같이 주장한 것도 그래서입니다.

> 즉자적인 사람*은 자신이 기도할 때 중요한 것은, 즉 자기가 전력을 다해야 할 것은, 하나님이 자기의 기도를 듣게 하는 것이라고 생각한다. 그러나 진정 중요한 것은 그 반대다. 기도에서 올바른 관계는 하나님이 기도하는 사람의 말을 들으시는 때가 아니라 기도하는 사람이 하나님이 바라는 것이 무엇인지를 듣는 사람이 될 때까지 계속해서 기도할 때 이뤄진다. 그러므로 즉자적인 사람은 기도할 때 많은 말을 하면서 이것저것 요구하는 반면, 참된 기도를 하는 사람은 하나님의 말씀을 경청할 뿐이다.[23]

"하지만 이것은 자족이 아니라 일종의 체념이 아닌가?" 당신은 이렇게 반박할 수 있습니다. 그렇습니다. 사실상 그건 분명 체념입니다! 그것도 무한한 자기체념이지요. 알고 보면 하나님을 믿고 그의 섭리에 의지한다는 것은 본디 극단적인 자기체념을 전제합니다. 그래서 아우구스티누스는 이렇게 교훈했지요. "자신을 버려라. 내가 말하노니 자

---

* 즉자적(卽自的, an sich)과 대자적(對自的 für sich)이라는 말은 독일의 철학자 헤겔(Hegel)이 처음 사용한 용어로 의미가 서로 대비된다. 즉자적이라는 것은 '그 자체로 있는' 것, 주관적이고 감각적이고 고립적인 것을 뜻한다. 따라서 즉자적 인간이란 오직 자기 자신에게만 매몰되어 전혀 객관적이지 못한 사람을 가리킨다. 반면에 대자적이란 것은 말 그대로 '무엇에 대해서 거리를 두고' 있는 것을 의미한다. 따라서 대자적 인간은 주관적인 자기 자신에게도 거리를 두어, 관찰하고 반성하는 태도를 갖는 사람을 일컫는다.

기 자신으로부터 스스로를 버려라. 당신이 자신을 막아라. 만약 당신이 자기 자신의 자아를 내세운다면 당신은 파멸하고 말 것이다. 당신 자신으로부터 도망쳐라. 그리고 당신을 창조하신 그분께로 가라."[24]

부단한 자기체념과 자기부정을 통해서만 하나님에게로 나아갈 수 있다는 뜻입니다. 세상 누구든 자기 자신을 믿으면서 동시에 하나님을 믿을 수는 없다는 말이지요. 밀이 부서져 빻아지지 않고서야 어떻게 빵이 되겠습니까? 그리스도인이 된다는 것은 하나님의 절구에 자신을 집어넣어 부서지고 빻아져서—그러나 버려지거나 없어지는 것이 아니고—영원한 생명의 빵으로 다시 태어나는 것이라는 게 기독교의 가르침입니다.

17세기에 활동한 영국의 대표 시인이자 성직자이기도 했던 존 던 John Donne, 1572-1631 의 "소네트"에는 바로 이런 이유로 자기체념과 자기부정을 오히려 간절히 원하는 시인의 갈구가 다음 시구로 묘사되어 있습니다.

> 삼위일체 하나님이시여, 내 마음을 깨뜨리소서!
> 주님이시여, 내 마음을 두드리소서! 들어와 숨 쉬소서!
> 내 영혼의 빛을 비추소서! 내 마음을 바꿔 주소서!
> 주님을 향해 날개 치며 상승하도록
> 나를 거꾸러뜨리소서! 굴복시키소서!
> 주의 능력의 바람이 내 마음을 부수고 들어와
> 불고 태워서, 나를 새롭게 하소서![25]

그런데 만일 당신이 꼼꼼하다면, 당신은 여기서 앞에서보다 더 심각한 반박을 제기할 수도 있을 겁니다. 혹시 당신은 지금 이런 의문을 품고 있지 않나요? "바울의 하나님에게 기도해서 얻는 것이 자족과 체념에서 오는 마음의 평안이라면 세네카의 신에게 기도해서 얻는 것과 근본적으로 어떻게 다르단 말인가? 스토아 철학 안에도 바로 이와 똑같은 체념, 곧 '자족에 이르는 체념'이 들어 있지 않던가?" 그렇습니다! 타당한 질문입니다. 우리가 이미 살펴보았듯이, 스토아 철학자들도 체념과 자족을 통해 마음의 평정apatheia을 얻었고 그럼으로써 심지어는 스스로 신이 될 수 있다고도 생각했지요. 그러니 당신은 당연히 그렇게 되물을 수 있습니다.

그런데요, 이에 대한 기독교의 대답은 뜻밖에 매우 간단하지요. 그 둘은 구원이라는 문제에서 분명하게 다르다는 겁니다. 기독교 교리에 따르면 인간은 이성과 도덕을 통해서는 결코 구원에 이르지 못하지요. 구원은 오직 믿음과 하나님의 은총에 의해서만 이루어집니다. 따라서 스토아 철학자들이 이성적 체념을 통해 마음의 평정은 얻을지 몰라도 그리스도인들이 얻는 구원에까지 이르지는 못한다는 것이 기독교의 가르침이자, 당신의 질문에 대한 답입니다. 이런 정황을 틸리히는 다음과 같이 표현했지요.

기독교가 아무리 스토아 사상을 많이 받아들였다 하더라도 그것으로 우주적 체념을 감수하는 스토아주의와 우주적 구원을 믿는 기독교의 신앙 사이에 걸친 간격을 없이할 수는 없다.[26]

"정말 그럴까? 혹시 그건 그리스도인들이 내놓은 제 논에 물대기식 주장이 아닐까? 도대체 무슨 근거로 스토아 철학에는 구원이 없다는 주장을 할 수 있을까? 그들도 존재론적 상승, 곧 자신들이 세네카가 말한 '신들 위에 신'이 된다고 믿지 않았던가?" 어쩌면 당신에게는 여전히 이런 의문이 남아 있을 수 있겠지요. 하지만 그에 대한 기독교의 대답을 본격적으로 다루는 일은 일단 뒤로 미룹니다. 왜 인간은 스스로를 구원할 수 없는가, 바꿔 말해 왜 우리는 하나님의 은총 없이는 구원받을 수 없는가 하는 문제는 기독교 교리 가운데 가장 중요한 죄와 구원의 문제와 연관되어 있어, 여기서 잠깐 살펴볼 수 있는 문제가 아니기 때문입니다.

그래도 뭔가 좀 아쉽지요? 사실은 나도 그렇습니다. 그래서 여기서는 당신의 궁금증을 조금이나마 덜어 줄 철학적 사유를 하나 소개하고자 합니다. 덴마크의 철학자 키르케고르가 남긴 이론인데요, 기독교적 답변은 아니지만 스토아 철학의 구원과 기독교의 구원의 근본적 차이를 이해하는 데는 커다란 도움이 됩니다.

키르케고르의 '실존의 3단계'

키르케고르는 인간의 성숙 단계를 심미적 단계, 윤리적 단계, 종교적 단계로 나누어 설명했습니다. 우리는 이것을 보통 '실존의 3단계설"

• '실존의 3단계설'은 키르케고르 자신이 명료하게 정리한 이론은 아니다. 그의 학위 논

이라고 부릅니다.

첫 번째는 '심미적 단계'입니다. 이 단계에서 인간은 "인생을 즐겨라"를 신조로 삼아 돈 후안이나 네로 황제처럼 원초적·감각적 쾌락과 욕망에 종속되지요. 사람은 누구나 이 단계에서 생을 시작하기 때문에 자연적 인간은 모두 심미적 단계를 길게든 짧게든 거치기 마련입니다. 심미적 단계의 인간은 "순간에서 순간으로" 또한 "향락에서 향락으로", 그것이 육체적인 것이든 아니면 정신적인 것이든 가리지 않고 행복이라는 관념 아래서 여기저기를 쫓아다니지요.

이러한 삶의 방식을 키르케고르는 '윤작'輪作이라 이름 지었습니다. 마치 농부가 풍성한 수확을 위해 작물의 종류를 번갈아서 경작하듯이, 심미적 단계의 사람들은 권태를 쫓고 쾌락을 얻으려고 대상을 자꾸 바꾼다는 뜻입니다. 삶의 윤작을 하는 사람들은 "시골에 사는 것이 권태로워지면 도시로 이사 가고, 조국에서의 생활에 싫증을 느끼면 외국으로 가고, 유럽이 지겨워지면 미국으로 간다.…질그릇에 식사하는 것에 지치면 은그릇으로 식사하고, 은그릇에 지치면 금그릇으로 바꾸고, 트로이가 불타는 것을 상상해 보기 위해 로마의 반을 불태운다"[27]는 겁니다.

그뿐만 아니라 이들은 향락을 위해서라면 자기 자신마저도 부단

문 『이로니의 개념에 대하여』와 첫 작품인 『이것이냐 저것이냐』, 그리고 『철학적 단편 후서』, 『인생길의 여러 단계』, 『공포와 전율』 등에 서술된 내용을 같은 덴마크 사람인 회프팅(Höffting, 1843-1931)이 연구, 정리해서 『철학자로서 키르케고르』(1892)라는 저술에 소개한 이후 키르케고르의 주요 사상으로 알려졌다.

히 바꿉니다. 이들에게는 가능한 한 경작지를 변경하는 것이 하나의 계책이고, 또한 간단없이 자신을 바꾸는 것이 또 하나의 중요한 계책이지요.[28] 따라서 그들은 지속적인 우정 관계나 사랑 관계도 갖지 못합니다. 이런 사람들의 생활신조는 향락적인 것이면 그것이 어떤 것이든 '이것도 좋고 저것도 좋다'지요.* 키르케고르는 이런 삶을 "천장이 과히 높지 않은 지하방에서 고즈넉이 살고 싶어 하는 일종의 비겁이고 인간답지 못한 짓"[29]이라고 규정했습니다.

그런데 인간에게는 감성만이 아니라 영성도, 몸만 아니라 영혼도 있기 때문에 심미적 단계의 사람은 언젠가는 마치 고향을 떠난 사람처럼 말할 수 없는 향수, 우울, 불안에 빠지게 되지요. 키르케고르는 전능한 황제 네로를 "욕망의 지옥을 예감한 사람"으로 보고, "그의 가장 깊은 내면의 본질은 불안과 두려움"[30]이었다면서 다음과 같이 진단했습니다.

> 그래서 그는 쾌락에 매달린다. 온 세계의 지혜가 그를 위하여 새로운 쾌락을 창안해야만 한다. 왜냐하면 그는 쾌락의 순간에만 안정을 찾

• 키르케고르의 『이것이냐 저것이냐』에 따르면, 이 단계에도 다섯 가지의 세부 단계가 있는데, 1) 인격이 정신보다 육체적인 것으로 규정되기에 건강이 제일이라는 인생관의 단계, 2) 인격을 부, 명예, 신분 등으로 규정하여 그것들을 인생의 목표로 하는 인생관의 단계, 3) 인격을 재능으로 규정하고 자기실현을 목표로 하는 인생관의 단계, 4) 인격을 욕망 충족으로 규정하고 '네 욕망에 충실하라' 하는 인생관의 단계, 5) 욕망의 지옥에서 절망하는 인격 단계 등이다[쇠렌 키르케고르, 임춘갑 역, 『이것이냐 저것이냐』(*Entweder—Oder*), 2부, 다산글방, 2008, pp. 351이하].

기 때문이다. 그러나 쾌락의 순간이 지나가 버리면 그는 다시 권태 속에서 허덕인다.…네로는 로마의 반을 불태워 버리지만 그의 고뇌는 여전히 그대로 남는다. 이제 더는 그의 마음을 달래 줄 것이 없다. 물론 한층 더 차원이 높은 쾌락은 가능하다. 그래서 그는 사람들을 불안하게 한다. 그 자신에 대해서 그는 수수께끼 같은 존재다. 그리고 불안이 바로 그의 본질이다.[31]

앞에서 우리가 네로 이야기를 할 때, 그가 그리스도인들을 불태워 죽이면서 왜 전사처럼 차려입고 전차 위에 섰는지를 잠시 생각해 봤지요. 키르케고르의 이 글을 보면, 우리의 짐작이 틀리지 않았던 것 같습니다. 네로는 끝이 보이지 않는 자신의 불안과 힘겹게 싸우고 있었던 것입니다. 네로의 스승이자 신하로서 그를 곁에서 오랫동안 지켜본 세네카도 키르케고르와 마찬가지로 쾌락과 불안이 마치 동전의 양면처럼 붙어 있음을 간파했습니다. 세네카는 네로 같은 향락주의자들은 "살고 싶어 하지도 않으면서 죽을 줄도 모르는 인간"이라고 평했지요. 그래서 이들은 항상 삶에 대한 불안과 절망 그리고 죽음에 대한 공포에 시달린다고도 덧붙였습니다.

이것이냐 저것이냐

키르케고르는 그러나 이처럼 향락만을 추구하는 '심미적 단계'에 머물며 자신에게 주어진 삶을 모조리 소모하는 사람은 극히 드물다고 했습니다. "이런 인생관이 실천되기 위해서는 다양한 외적 조건을 소유하고 있어야" 하기 때문이라는 것이지요.[32] 다시 말해 네로처럼 막대한 부와 막강한 권력을 가진 자만이 가능하다는 뜻입니다. 게다가 "끝이 보이지 않는 불안과 끝까지 싸울 만한 짐승 같은 영혼"도 흔치는 않다고 했습니다. 네로처럼 어머니도, 아내도, 스승도 죽일 수 있는 사람은 드물다는 뜻이지요.

대부분의 사람은 언젠가는, 무절제한 욕망으로 허덕이는 '폐허 속의 삶'에 절망해 뉘우치게 되지요. 그런데 바로 이 '뉘우침'이 '심미적 단계'의 인간을 다음 단계로 상승시켜 '윤리적 단계'에 이르게 합니다. 그럼으로써 그는 비로소 선과 악이라는 윤리적 범주 아래 처하게 되는 것이며, '이것도 좋고 저것도 좋다'가 아니라 '이것이냐 저것이냐'라는 양자택일을 할 수 있는 자유로운 상황에 놓이게 되지요.

한마디로 뉘우침이 인간을 "천장이 과히 높지 않은 지하방"으로부터 해방시켜 윤리라는 햇볕 아래 서게 한다는 말인데요, 키르케고르는 『이것이냐 저것이냐』에서 다음과 같이 주장했습니다.

> 여기에서 뉘우침은 그 심오한 의미를 드러내게 된다. 왜냐하면 어떤 의미에서는 뉘우침이 나를 고립시키지만, 나의 인생이란 시간 속에서 무와 더불어 시작되는 것이 아니므로, 어떤 면에서는 뉘우침이 나를 전 인류와 결합시키고 있기 때문이다. 만약 내가 과거를 뉘우칠 수 없다고 한다면 자유란 한낱 꿈에 지나지 않는다.[33]

그런데 흥미로운 일이 하나 있습니다. 키르케고르가 사랑하던 레

기네와의 약혼을 종교적 이유로 파기하고 절망과 뉘우침 속에서 『이 것이냐 저것이냐』를 쓸 즈음, 프랑스 낭만파 시인 알프레드 드 뮈세 Alfred de Musset, 1810-1857가 "신을 향한 희망"이라는 장시長詩를 발표했습니다. 그런데 두 사람의 작품에 담긴 사유가 놀랍도록 같습니다. 키르케고르와 뮈세는 서로를 알지 못했고, 한 사람은 산문으로 다른 한 사람은 시로 표현했는데도 말이지요. 어쩌면 두 사람이 같은 처지에 놓여 있었기 때문인지도 모릅니다. 당시 뮈세도 파리 사교계를 들썩이던 당대 최고의 연인 조르주 상드 George Sand*와의 연애를 끝내고 회한과 절망 속에서 살고 있었기 때문입니다.

이유야 어쨌든 두 사람은 각각의 작품 속에, 인간이 짐승 같은 욕망덩어리에서 시작하지만 절망과 뉘우침을 통해 결국에는 신에게로 다가가는 과정을 단계적으로 그렸습니다. 그래서 뮈세의 글은 키르케고르의 철학을 시로 옮겨 놓은 것 같고, 키르케고르의 글은 뮈세의 시를 철학으로 해석해 놓은 것 같은 느낌을 줍니다. 정말 그런지 볼까요? 뮈세는 우선 '심미적 단계'에 선 인간의 절망과 희망을 다음과 같이 노래했습니다.

또한 현실에서 인간이 그 넓은 욕망 속에 바랄 수 있는

---

* 본명이 오로르 뒤팽(Aurore Dupin)인 조르주 상드는 19세기 프랑스의 여류 소설가로, 남장차림을 하고 다녔고, 시인 뮈세뿐 아니라 음악가 쇼팽(F. Chopin)과의 연애사건으로 유명하다. 저서로는 『앵디아나』, 『콩쉬엘로』, 『마의 늪』, 『사랑의 요정』 등이 있다. 근래에 와서 선각적 여성해방운동의 투사로도 재평가된다.

모든 것을 소유하는 날에는
내게 힘과 건강과 부를 달라, 사랑을
이 세상의 유일한 보배인 사랑을 달라!
그리스가 숭배한 금발의 아스타르테여,
초록빛 그 섬에서 양팔을 벌리며 나오라.
대지의 가슴에서 그 풍요한 비밀의 요소를 포착하여
살아 있는 물질을 내 마음대로 바꾸고
나만을 위해서 비할 바 없는 미녀들을 만들어 낼 수 있을 때
호라티우스와 루크레티우스와 늙은 에피쿠로스가
옆에 앉아 나에게 행복하다고 말해 줄 때
그리고 이들 고대 자연의 위대한 애호가들이
삶의 환락과 신들에 대한 경멸을 나에게 노래해 줄 때
나는 그들 모두에게 말하리라, "비록 무엇이든 할 수 있다 하더라도
나는 이제 괴로워하나니, 때는 늦었고 세계는 늙었다.
거대한 희망이 대지를 통과하기에
나는 하늘로 시선을 치켜들 수밖에 없다!"[34]

    힘과 건강과 부와 사랑 등, 욕망 속에 바랄 수 있는 모든 것을 소유하고, 비록 무엇이든 할 수 있다 하더라도 인간은 그것만으로는 필경 절망할 수밖에 없다는 말이지요. 그런데 혹시 당신은 알고 있나요? 절망의 끝자락에서야 새로운 희망이 싹트는 법임을! "그러니 이제 그대여 절망하라"고, 키르케고르는 우리에게 오히려 절망을 권하

지요. 그리고 이어서 이렇게 교훈했습니다.

절망하라. 그러면 그대 속에 깃들인 경솔한 마음이 그대로 하여금, 요동치는 정신처럼 그리고 망령처럼, 그대에게는 이미 상실된 세계의 폐허 속에서 헤매는 일이 다시는 없게 할 것이다. 절망하라. 그러면 그대 정신은 결코 더 이상은 우울 속에서 신음하는 일이 없을 것이다. 왜냐하면 세계가, 비록 그대는 그 세계를 이전과는 다른 눈으로 볼 것이지만, 다시금 그대에게는 아름다워질 것이고, 즐거운 것이 될 것이고, 그리고 그대의 해방된 정신은 자유의 세계로 날개 치며 솟아오를 것이기 때문이다.[35]

키르케고르에 의하면, 심미적으로 사는 사람은 마치 "국토 없는 국왕"처럼 일체를 외부에 의존합니다. '이것도 좋고 저것도 좋다'라는 신조로 사는 그는 모든 것을 가질 수 있는 것 같지만, 사실상 그것은 불가능합니다. 그 사람이 모든 것을 선택할 수 있는 것 같지만 사실상 그것은 선택이 아니지요. 따라서 그에게는 자유가 없습니다. 끝 간 데 없는 병적 불안감만 있을 뿐입니다.[36] 이에 반해 '이것이냐 저것이냐'라는 양자택일을 통해 윤리적으로 사는 사람은 일체를 자신의 선택에 의존하지요. 그는 '국토 있는 국왕'으로서 자기 자신에 대한 주권을 포기하지 않습니다. 그는 매 순간 자신의 과업이 무엇인가를 살피고 지체 없이 행동을 취하지요. 따라서 실수를 하거나 장애물에 부딪혔을 때에도 용기를 잃지 않습니다.[37] 키르케고르는 이 두 종류의 인간에 대해 다음과 같이 설명했지요.

> [심미적으로 사는 사람은] 그가 심미적으로 살려고 하면 할수록 그의 생활은 더욱더 많은 것이 필요하게 되고, 그런 것들 중 가장 하찮은 것이라도 채워지지 않을 경우에 그는 죽는다. [이에 반해] 윤리적으로 사는 사람은 항상 타개책을 갖고 있다. 일체가 그에게 반기를 들고, 그를 짓누르는 폭풍우가 어둡게 그를 감싸고 있어서 그의 이웃들마저 그에게서 희망을 볼 수 없을 때라도, 그는 파멸하지 않는다. 그는 자신이 꽉 붙들 수 있는 한 점을 갖고 있다. 그리고 그 점은 그의 '자기'인 것이다.[38]

그런데 여기에서 키르케고르가 말하는 '자기', 곧 윤리적으로 사는 사람이 "꽉 붙들 수 있는 한 점"은 개별적인 '자기'가 아니고 보편적인 '자기'입니다. 무슨 말이냐고요? 그것은 '윤리적 단계'의 목표가 인간의 삶이 이성에 의해 보편적인 것이 되는 것이라는 뜻이지요. 키르케고르는 이렇게 말합니다. "개인의 삶이 개인의 삶인 동시에 보편적인 것이라는 사실, 비록 직접적으로 그렇다고는 하지 않더라도 가능성이란 점에서 그렇다고 하는 것이 양심의 비밀이고, 개인적인 삶이 공유하고 있는 비밀이다. 인생을 윤리적으로 보는 사람은 보편적인 것을 보고, 윤리적으로 사는 사람은 자신의 생활 속에서 보편적인 것을 표현한다."[39]

이처럼 윤리적인 것은 보편적인 것이며, 보편적인 것은 모든 사람에게 타당한 것이라는 주장을 통해 키르케고르는 우리가 앞서 살펴본 스토아 철학자들과 만납니다. 세네카가 교훈한 것처럼, '윤리적 단계'에 들어선 인간은 보편적인 이성(로고스)의 소리, 즉 윤리적 규범과 의무에 귀를 기울이게 되지요. '이성의 소리'에 따라 사람들은 가정과 사회를 돌보면서 살고, 때로는 그 이성을 지키기 위해 죽음까지 불사하는 — 예컨대 소크라테스처럼 — 높은 윤리적 삶을 이루기도 합니다.* 어디 그런지 한번 볼까요?

아가멤논, 옙다, 브루투스

키르케고르는 '윤리적 단계'에 도달한 대표적 인물로 세 사람을 듭니다. 에우리피데스^{Euripides}의 『아울리스의 이피게네이아』에 등장하는 아가멤논^{Agamemnon}과 구약성서 사사기 11장에 나오는 옙다^{Jephtha} — 우리말 구약성서에서는 '입다'** — 그리고 로마 최초의 집정관 유니우스 브루투스$^{L.\ Junius\ Brutus}$입니다.⁴⁰ 얼핏 보면, 브루투스를 제외한 나머지 두 사람은 스토아 철학과 무관하지요. 그럼에도 그들은 다분히

---

* 소크라테스는 죽음을 피할 것을 종용하는 친구 크리톤에게 "나는 지금도 그렇지만 언제나 충분히 생각한 끝에 최선이라고 여겨지는 로고스 외에는 어떠한 마음속 의견도 따르지 않는다"(『크리톤』)라며 스스로 죽음을 택하는 이성적 영웅의 모습을 보였다. 키르케고르가 『이것이냐 저것이냐』에서 윤리적 단계의 대표적 인물로 소크라테스를 든 것은 아니다. 그러나 그는 『철학적 단편』, 『비학문적 후서』에서 소크라테스를 높이 평가해 '윤리-종교적 영역'인 '종교성 A'의 대표적 인물로 분류한다.
** '옙다'가 우리말 구약성서에서는 히브리어 '입타흐'를 따라 '입다'로 표기되었다. 키르케고르는 『공포와 전율』에서 그리스어 '옙타이'를 사용했는데 우리말 번역(임춘갑 역)에는 '옙다'로 표기되었다. 우리는 키르케고르의 『공포와 전율』을 자주 인용할 것이기 때문에 그를 따라 '옙다'로 통일한다.

스토아주의적입니다. 왜 그런지 이유를 밝히기 전에 우선 이 사람들의 사연을 들어 보지요.

미케네 왕 아가멤논은 트로이를 정복하기 위한 2년에 걸친 준비를 마치고 출발을 기다렸습니다. 그런데 바람이 전혀 불지 않아 원정대를 태운 함선들이 출항할 수 없었지요. 점을 쳤더니, 예전에 아가멤논이 사냥을 나갔다가 아르테미스 여신에게 봉헌된 수사슴을 죽인 일 때문에 여신이 바람을 묶어 놓았다고 했습니다. 여신의 분노를 푸는 방법은 아가멤논의 딸 이피게니아를 제물로 바치는 것뿐이었지요.

길르앗 사람 옙다는 큰 용사였습니다. 암몬 사람들과 싸우러 나갈 때 그는 여호와께 서원했습니다. "주께서 과연 암몬 자손을 내 손에 넘겨주시면 내가 암몬 자손에게서 평안히 돌아올 때에 누구든지 내 집 문에서 나와서 나를 영접하는 그는 여호와께 돌릴 것이니 내가 그를 번제물로 드리겠나이다"(사사기 11:30-31). 그런데 옙다가 전쟁에서 큰 승리를 거두고 돌아왔을 때 그의 집 문 앞에서 소고를 들고 춤추며 반기는 처녀가 있었으니, 바로 옙다의 무남독녀였지요.

유니우스 브루투스는 로마의 왕정을 끝내고 공화정을 연 최초의 집정관이었습니다. 당시 '거만한 타퀴니우스' 황제의 아들 섹스투스가 친척의 아내 루크레티아를 범했을 때, 그는 시민들 앞에 당당히 나서서 법의 공정함을 내세워 황제와 그의 아들을 비난하는 연설을 했습니다. 그 결과 분노한 시민들은 황제 일가를 로마에서 추방했고 이때부터 로마에 공화정 시대가 열렸지요. 그러나 공화정을 반대하고 왕정복고를 결의한 반역에 그의 두 아들이 가담함으로써 그들 역시 법을 어겼을 때, 브루투스의 손에는 아들들의 사형을 직접 집행해야 하는 칼이 주어졌습니다."

키르케고르는 이 세 사람 모두가 결국 자식을 죽게 하지만 거기에는 민족의 운명을 구한다는 보편적 윤리가 들어 있었다며 높이 평가했습니다.

우선 아가멤논에 대해서는, "비록 [그가] 왕자처럼 행동하는 왕이 아니고 '울 수 있는 비천한 자였으면' 하고 원할지라도, 비록 고통이 남몰래 가슴속으로 밀려들어도, 비록 알고 있는 자라고는 국민 중 단 셋밖에 없어도, 머지않아 전 국민이 자신의 고통을 알게 될 것이고, 국민의 안녕을 위해 그녀를, 자신의 딸을, 아름다운 소녀를 희생의 제물로 바치려고 한 그의 모험을 알게 될 것이다"[41]라고 칭송했지요.

엡다에 대해서도, 그가 딸을 하나님에게 번제물로 바쳤을 때 "이스라엘의 전 국민은 그녀와 더불어 그녀의 처녀다운 젊음을 슬퍼할 것이다. 그러나 자유로운 몸으로 태어난 남자라면, 모두가 엡다를 이해할 것이다. 용감한 여자라면 누구나 엡다를 찬양할 것이다. 엡다가 그의 맹세를 지키지 않았더라면, 그가 그 맹세로 인해 승리를 거두었다

• 시오노 나나미는 『로마인 이야기』에 이때의 일을 다음과 같이 묘사했다. "형은 그 자리에서 당장 이루어지게 되었다. 우선 브루투스의 두 아들이 옷을 벗기우고 두 손을 뒤로 결박당했다. 채찍질이 시작되었다. 그 자리에 있던 사람들 가운데 이 잔혹한 광경을 똑바로 바라볼 수 있었던 사람은 아무도 없었다. 오직 브루투스만이 눈길을 돌리지 않았다. 쓰러질 때까지 채찍질 당한 두 젊은이는 한 사람씩 끌려가서 도끼로 목이 잘렸다. 거기까지 입회한 뒤에야 비로소 아버지는 자리를 떴다"(시오노 나나미, 김석희 역, 『로마인 이야기』, 1, 한길사, 2002, pp. 82-83).

봉 부로뉴(Bon Boullogne), <엡다의 딸>, 17세기.

고 하더라도 무슨 소용이 있을 것인가? 그랬더라면 승리는 다시 이스라엘 민족의 손에서 빼앗겼을 것이 아닌가?"⁴² 라며 칭송했습니다.

또한 브루투스에 대해서도, "자식이 자기 의무를 잊을 때, 국가가 아버지에게 사형집행의 칼을 위임했을 때, 법이 아버지의 손을 향하여 처단을 요구할 때, 아버지는 영웅적으로 죄인이 자신의 아들임을 잊을 것이다. 대범하게 그는 그의 고통을 감출 것이다. 그러나 국민들은 모두가 다, 그의 자식까지도, 이 아버지를 찬양하지 않을 수 없을 것이다. 그리고 로마법이 해석될 때마다, 브루투스보다 해박하게 해석한 사람은 많지만, 브루투스보다 멋지게 해석한 사람은 없다는 사실을 상기하게 될 것이다"[43]라며 그를 드높였지요.

이렇듯 이 세 사람은 자기 내면에서 울리는 이성의 소리에 귀를 기울여, 세네카가 『섭리에 대하여』에서 언급한 대로 그들에게 다가온 운명이 "슬프고 무섭고 견디기 힘든 일"이었지만 "용기를 갖고 참고 견디었다"는 점에서 분명 스토아주의적입니다.

그런데 바로 여기에 당신과 나의 서글픈 문제가 도사리고 있습니다. 그게 뭐냐고요? 아무나 아가멤논, 엡다, 브루투스 같은 이성적·윤리적 영웅이 될 수는 없다는 것이지요. 이성의 소리란 인간이 매번 자신의 실존적 나약함을 극복해야만 따를 수 있는 엄숙한 윤리적 요구이기 때문입니다. 키르케고르의 말대로 윤리는 "주인공의 허약한 어깨에 거대한 책임을"[44] 지웁니다. 따라서 이 쇳덩이처럼 무거운 짐을 지지 못하고 쓰러지는 나약한 우리는 '뉘우침'을 거쳐 '죄의식'이라는 더 깊고 새로운 절망에 다시 빠지게 되지요. 더 깊은 절망이라고요? 그렇습니다. 이 절망은 네로 같은 향락주의자들이 견뎌야 하는 절망보다 훨씬 더 크고 깊습니다. 그 이유는 이렇지요.

'윤리적 단계'에서 일어나는 뉘우침은 내면에서 울리는 이성의 소리에 따르지 못한 자신의 나약함에 대한 뉘우침입니다. 그래서 곧바로 '그 탓이 나 자신에게 있다'는 죄의식으로 이어지며, 여기서 오는 절망은 '심미적 단계'에서 겪는 절망보다 더 처절하고 깊을 수밖에 없지요. 종전의 절망은 '외부적인 것, 순간적인 것 또는 쾌락적인 것에 대한 약함에서 오는 절망'이지만, 이제부터의 절망은 '내면적인 것, 영원한 것 또는 이성적인 것에 대한 약함에서 오는 절망'이기 때문입니다.•

그러니 스토아 철학자들이나 아가멤논, 엡다, 브루투스 같은 이성적·윤리적 영웅들은 죄의식에 빠진 우리에게 희망의 빛을 던져 주기보다는 오히려 절망의 그림자를 더 짙게 드리울 뿐이지요. 그들이 우리와는 달리 '인간이 이성과 도덕으로 자신의 나약함을 극복할 수 있다'는 가능성을 너무나 훌륭하게 보여 주기 때문입니다. 일찍이 괴테가 적절히 언급했듯이 빛이 밝은 곳에서는 그림자도 짙게 마련이지요.

앞서 뮈세는 "신을 향한 희망"이라는 시에서 '심미적 단계'의 절망을 노래했지요. 그런데 같은 시에서 뮈세는 '윤리적 단계'에서 느끼는 인간의 더 크고 깊은 절망까지 읊었습니다. 이어서 소개해 볼까요?

이것이 인간 학문의 잔해다!
인간이 의심하기 시작한 지 5,000년 동안
그렇게 많은 피로와 인내 뒤에
이것이 우리에게 남아 있는 마지막 말이다!
아아! 불쌍한 광인이여, 비참한 두뇌여
너희는 그렇게 많은 방법을 사용하여 모든 것을 설명했으나
하늘로 가기 위해서는 날개가 필요했다.

• 키르케고르에 의하면, 인간은 절망으로 인해 최종적으로는 자기와 신마저 용납하지 못하는 악마적 폐쇄성에 도달한다. 이것을 그는 '죽음에 이르는 병'이라 했다[쇠렌 키르케고르, 김영목 역, 『죽음에 이르는 병』(*Die Krankheit zum Tode*), 학일출판사, 1994, p. 92].

너희는 욕망은 있었으나 신앙이 결여되어 있었다.
나는 너희를 불쌍하게 여기나니, 너희 자존심은 상한 혼에서 나왔다.
너희는 마음에 차 있는 고뇌를 느꼈으며
그리고 무한을 보고서 인간을 떨게 하는
그 준엄한 도덕을 알고 있었다.[45]

이 같은 이유에서 키르케고르는 '이성과 도덕에 의한 인간 구원'은 한갓 허상에 불과하다고 말합니다. 바로 이것이 왜 우리가 스토아 철학으로는 구원에 이를 수 없는가에 대한 키르케고르의 철학적 답변이지요.

그렇다면 어떻게 해야 할까요? 이성적·윤리적 영웅이 아닌 우리는 그저 쓰라린 '뉘우침'과 '죄의식'만 가슴에 품고 깊은 절망 속에서 하루하루를 살아가야 할까요? 키르케고르는 그토록 잔인한 철학만을 우리에게 남겼을까요? 그건 아닙니다. 그는 더할 나위 없는 절망의 나락에서 다시 한번 새로운 희망을 길어 올렸습니다.

키르케고르에 따르면 뉘우침이란 본디 최고의 윤리적 표현이지만, 동시에 최고의 자기부정입니다. 이 최고의 자기부정을 그는 "무한한 자기체념"이라고 불렀지요. 그런데 역설적이게도 이것이 우리와 같은 나약한 인간을 '종교적 단계'로 이끈다는 겁니다. 마치 밤이 깊어야 이윽고 새벽이 오듯이 키르케고르에게 "무한한 체념은 믿음에 앞서 있는 마지막 단계"[46]이지요. 무슨 소리냐고요? 설명하자면 이렇습니다. 인간은 오직 뉘우침과 죄의식이라는 처절한 절망감 속에서만 "무한한 자기체념"을 할 수 있으며, 그제야 비로소 하나님을 발견하고, 그에게 자신의 모든 것을 의지하는 '종교적 단계'로 들어가게 된다는 말입니다.

당신의 생각은 어떤가요? 우리가 스스로 무절제한 욕망을 포기하고 모든 것을 하나님의 손에 맡기는 일이 얼마나 어려운가를 생각해 보면, 그런 것 같지 않나요? 이것이 적어도 키르케고르에게는, 하나님을 믿는다는 말의 '진정한' 의미이자, 그가 "무한한 체념 속에는 고통 속에서의 위로와 평화와 안식이 있다"[47]라고 말한 뜻이기도 한데요, 시인 뮈세도 결국 같은 결론에 도달했지요. 이어지는 그의 시구를 볼까요?

> 그렇다면 함께 기도하자―너희의 비참하고 유치한 계산
> 그렇듯 많은 헛된 작업들을 모두 버리도록 하자.
> 너희의 육체가 티끌로 돌아간 다음,
> 너희는 너희를 위해 너희 무덤에 무릎을 꿇으리라.
> …정녕 기도만이 희망의 외침이다!
> 우리를 향해 응답하시라고 하나님께 말을 걸어 보라.
> 하나님은 의롭고 선하시니 너희를 진정 용서하시리라.
> 너희는 모두 괴로움을 당했다, 그 밖의 일들은 잊히고 말리라.[48]

뮈세의 시에서 "비참하고 유치한 계산/ 그렇듯 많은 헛된 작업들

을 모두 버리"는 것이 키르케고르가 말하는 "무한한 자기체념"입니다. 키르케고르는 『공포와 전율』에서 이처럼 "무한한 자기체념"을 통해 '종교적 단계'에 섰던—맨 처음이자 가장 위대한—인물로 아브라함을 내세웠습니다. 그리고 그가 아가멤논, 옙다, 브루투스와 어떻게 다른지, 다시 말해 '종교적 단계'의 인간이 '윤리적 단계'의 영웅들과 어떻게 차이가 나는지를 세세히 설명했지요.* 물론 아끼고 사랑하는 자식을 제 손으로 바쳐야 한다는 점에서는 두 부류 사이에 별 차이가 없었겠지만, '두렵고 떨리는' 그 일 앞에 선 정신과 영혼은 전혀 달랐습니다. 우리는 이제부터 그 기막히고도 위대한 이야기를 들어 볼 것입니다.

두려움과 떨림

구약성서 창세기 22장을 보면, 하나님은 아브라함이라는 백 살도 넘은 노인에게 아들을 하나 주면서 이 아들을 통해 자손이 밤하늘의 뭇별들처럼 번성할 것이라는 약속을 합니다. 그러나 그 아들이 얼마만큼 자라 소년이 되자 하나님은 아무 해명도 없이 그 아들을 지정된 어떤 장소에서 번제로 바치라고 명하지요. 이 기막힌 사연을 구약성서는 단지 다음과 같이 기록하고 있습니다.

• 『철학적 단편 후서』에서는 종교성을 '종교성 A'와 '종교성 B'로 나누고 각각을 대표하는 인물로 소크라테스와 예수님을 들어 설명했다.

그 일 후에 하나님이 아브라함을 시험하시려고 그를 부르시되 아브라함아 하시니 그가 이르되 내가 여기 있나이다. 여호와께서 이르시되 네 아들, 네 사랑하는 독자 이삭을 데리고 모리아 땅으로 가서 내가 네게 일러 준 한 산, 거기서 그를 번제로 드리라. (창세기 22:1-2)

이 말에는 믿음의 대상인 하나님이 그 자신에 대한 믿음을 불신케 하는 명백한 모순矛盾이 들어 있지요. 대를 이을 아들을 죽이고야 어찌 그를 통해 자손이 밤하늘의 뭇별들처럼 번성할 것이라는 하나님의 약속이 이뤄질 수 있다는 말인가요! 키르케고르는 이 명백한 역설paradox을 '부조리'不條理라고 불렀습니다.

부조리란 말 그대로 '조리에 맞지 않음' 또는 '이성에 의해 파악되지 않음', '비합리적임'을 의미합니다. 그래서 키르케고르는 물론이고 그 후계자인 카뮈나 사르트르 같은 20세기 실존주의 작가들의 작품에서도 부조리l'absurdite는 '세계와 그 안에서의 삶이 가진 이해할 수 없음'을 뜻합니다. 그런데 바로 이 '이해할 수 없음' 속에 "잠을 이루지 못하게 할 수 있는 불안"[49]이 들어 있습니다. 어떤 이유에서든 — 무엇보다도 하나님이 내보이는 모순성 때문에 — 자신의 삶과 그 안에서 일어나는 크고 작은 일들을 도무지 이해할 수 없는 인간의 내면에는 언제나 불안이 자리하고 있지요. 하나님을 이해할 수 없는 것에서 오는 불안! 이것은 정도의 차이만 있을 뿐 우리 모두의 문제가 아닌가요?

아브라함은 부조리한 하나님을 도저히 이해할 수 없었습니다. 백 살도 넘어 이미 노쇠할 대로 노쇠한 그의 정신에는 오직 불안만이 가득했지요. 그럼에도 그는 아무 반항도 없이, 아무 말도 없이 사랑하는 아들 이삭을 데리고 기구한 여정에 오릅니다. 성서에는 당시 이 노인의 심정에 대해 아무런 언급이 없습니다. 단지 "아브라함이 아침에 일찍이 일어나 나귀에 안장을 지우고 두 종과 그의 아들 이삭을 데리고 번제에 쓸 나무를 쪼개어 가지고 떠나 하나님이 자기에게 일러 주신 곳으로 가더니"(창세기 22:3)라고 되어 있지요. 그가 사흘 하고도 반나절을 더 가는 길을 아무 말 없이 그저 묵묵히 걸었다는 말입니다.

그러나 한번 생각해 볼까요? 이 여정은 결코 평범한 '길 떠남'이 아니지요. 노인은 아들을 사랑했습니다. 얼마나 사랑했을까요? 우리야 짐작만 할 따름이지만, 키르케고르는 이렇게 묘사했습니다. "이삭은 그의 생에서 그가 가장 사랑한 자였다. 그 이삭을 그는 넘치는 애정으로 포옹했다. 이 애정은 아버지로서 아들을 사랑해야 하는 의무를 충실히 이행했다고 하는 식의 말로는 도저히 완전히 표현할 수 없을 정도로 깊은 것이었다. 그래서 하나님의 고지告知에도 너의 사랑하는 아들이라고 표현되어 있다."[50]

그런데 노인은 이제 그 아들을 자기 손으로 죽인 다음 불태워 제물로 바쳐야 하는 상황에 놓였지요. 이 점에서 노인의 처지는 아가멤논, 엡다, 브루투스와 다를 것이 전혀 없었습니다. 그러니 발걸음 하나하나를 옮길 때마다 그에게는 만감이 교차했을 겁니다. 짐작하건대 그의 고뇌는 내리쬐는 태양 아래 들끓었을 테고, 그의 절망은 빛나는 별빛 아래 얼어붙었을 테지요. 한편으로는 평생을 의지하고 믿은 하나님을 원망하기도 했겠고, 또 한편으로는 그토록 오래 산 자신의 목숨을 증오도 했겠지요. 그도 사람인데 분명 그랬을 것입니다.

때로는 이렇게 중얼거리기도 했을 겁니다. "나는 알 수 없다. 나는 진정 이해할 수 없다. 이 아들을 통해 자손이 밤하늘의 뭇별들처럼 번성할 것이라고 약속하시지 않았던가? 그런데 그분이 어찌하여 스스로 세운 언약을 깨뜨린다는 말인가? 아니다, 그럴 리가 없다! 어찌 믿음의 대상인 하나님이 스스로 불신을 만든단 말인가? 그 자체가 부조리가 아닌가? 그럴 수는 없다. 아니 절대로 그렇지 않을 것이다. 그렇다면 왜, 어찌하여, 무엇 때문에, 내가 무슨 죄를 지었기에 도대체 나에게 이런 고난을 내리신다는 말인가?"

키르케고르는 『공포와 전율』에서 이 노인의 입에 물려 있던 천 근 쇳덩이 같은 침묵과 머리 위로 쏟아지는 끓는 쇳물 같은 고뇌에 대해—노인을 대신하여—자세히 설명해 놓았습니다. 그러고는 우리에게 당시 아브라함의 입장에 선다면 어떤 심정이었을까 하고 묻지요. 어찌 보면 이 노인의 여정이 세계와 삶의 부조리 때문에 날마다 불안에 떠는 우리 삶과 크게 다르지 않기 때문일 것입니다. 그래서 그는 다음과 같이 당신에게 묻습니다.

현재 나의 이야기를 듣고 있는 당신은 어떤 식으로 대답하겠는가? 가혹한 운명이 저 멀리로부터 다가오는 것을 볼 때, 당신은 산을 향해서는 나를 덮어 다오라고, 언덕을 향해서는 내 위에 떨어져 다오 하고 말하지 않았을까? 아니면 당신이 좀더 힘이 강하다고 한다면, 당신의 발은 비틀거리며 길을 따라 걸어갈 것이 아닌가? 당신의 발은 익숙해진 길을 따라 다시 돌아가길 원하지 않았을까?[51]

그렇지요. 유혹인들 어찌 없었겠습니까? 시간이 흐를수록, 그리하여 지정된 장소에 가까워 갈수록, 노인의 가슴에는 의심하는 마음이 점점 커졌을 것이고 그의 발걸음은 더욱더 느리고 무거워졌을 것입니다. 그리하여 드디어 하나님이 지시한 산이 멀리 지평선 위로 모습을 드러냈을 때, 노인은 더는 단 한 발자국도 걸음을 옮길 힘이 없었을 것이며 천둥같이 울리는 우렁찬 소리에 마음이 뒤흔들렸겠지요.

아직은 되돌아갈 수 있다. 당신이 그런 싸움에서 시험을 받기 위해 부름을 받았다고 생각하는 그 오해를 후회할 시간 여유가 아직은 있다. 당신에게는 용기가 부족하다는 사실을 고백할 시간 여유가 아직은 있다. 하나님께서 당신의 이삭을 취하시고 싶으시면 그분 자신이 취하실 것이라고. 그러한 사람은 버림을 받지 않고, 다른 모든 사람들과 같이 축복을 받을 것이라고, 나는 확실히 믿어 의심치 않는다.[52]

분명 이 같은 달콤한 목소리가 노인의 귓가에서 들렸을 것입니다. 노인은 이삭을 도저히 바칠 수 없었지요. 그렇지만 그는 또 하나님을 도무지 거역할 수도 없었습니다. 그는 아들도 사랑했지만 하나님도 사랑했기 때문입니다. 아들 없이는 살 수 없지만, 하나님 없이도 살 수 없기 때문이지요.

다시 발걸음을 멈춘 노인은 하나님이 지시한 산과 아들을 번갈아

쳐다보며 또 생각했겠지요. "이제 어쩐다? 아비로서 사랑하는 아들을 죽일 수도 없고, 평생 믿고 의지한 하나님에 대한 믿음을 버릴 수도 없다. 그 둘 모두 죽음보다도 어려운 일이다. 어린 아들을 제 손으로 죽이고야 어찌 늙은 목숨을 부지할 것이며 하나님 없이 어찌 인간이 살 수 있을 것인가? 나로서는 상상할 수도 없다. 그렇다! 차라리 내가 죽는 것이 최선이다. 그것만이 이 엄청난 역설적 상황을 극복하는 유일한 길이다. 그렇다! 그분께서는 아들이 아니라 이 늙은이를 원하시는 것이다."

아마도 노인은 이렇게 생각했겠지요. 용맹스런 족장으로서 평생을 전쟁터에서 보낸 그에게는 그럴 용기가 충분히 있었을 것입니다. 하나님 앞에 꿇어 엎드려 어린 아들을 축복해 주시라고 간절히 기도를 드린 다음, 늙고 지친 목숨을 끊는 것이 노인에게는 더 쉬운 일이었겠지요. 키르케고르는 이렇게 썼습니다.

아브라함과 같은 사람이 위대하고 영광스러운 일 외에 다른 무엇을 할 수 있겠는가? 그는 모리아산으로 갔을 것이다. 그는 장작을 패서 쌓아 올리고 장작에 불을 지르고 칼을 뽑았을 것이다. 그리고 그는 하나님을 향해 외쳤을 것이다. "이 제물을 멸시하지 마소서. 이것은 제가 가진 것 중에서 최선은 아닙니다. 저도 잘 알고 있습니다. 약속해서 제게 주신 아들에 비하면 이 늙은이는 아무런 쓸모가 없습니다. 그러나 이것은 제가 당신에게 드릴 수 있는 것 중에서 최선입니다. 이삭이 청춘을 즐길 수 있도록, 이 사실을 이삭에게는 말하지 말아 주소서." 이렇게 말하고 그는 칼로 자신의 가슴을 찔렀을 것이다. 이로써 그는 이 세상에서 경탄의 대상이 되었을 것이고 그의 이름은 잊히는 일이 없었을 것이다. 그러나 경탄의 대상이 되는 것과 하나님에 대한 믿음을 잃고 불안에 떠는 자를 구원으로 인도하는 별이 되는 것은 별개의 것이다.[53]

그래서 노인은 그렇게 하지 않았지요. 그는 세상에서 경탄의 대상이 되는 것을 원하지 않고, 오히려 '믿을 수 없는 이'를 믿는 어리석은 자가 되는 길을 택했습니다. 그래서 그는 아가멤논, 옙다, 브루투스와 같은 이성적·윤리적 영웅들이 간 길로 가지 않고, 오히려 하나님을 믿는 보통 사람들이 걸어야 할 새로운 길을 열었지요. 똑같은 절망적 상황에서 아브라함이 선택한 길은 오히려 일체의 이성, 일체의 인간적 타산, 곧 자기 자신을 철저히 부수고 버리고 체념하는 것이었습니다.

그랬습니다! 아브라함이 어린 아들을 나귀에 싣고 그를 바칠 모리아산을 향해 길을 떠났을 때 그는 참으로 자신의 모든 것을 버렸습니다. 그리고 하나님을 굳세게 믿었지요. 하나님은 이삭을 원했지만 원하지 않을 것이라고, 나는 아들을 바치지만 돌려받을 것이라고, 이 부조리한 것을 그는 믿었습니다. 신앙의 힘으로, 오직 신앙의 힘으로 그는 믿었습니다. 그리고 두렵고 떨리는 마음으로 모리아산을 향해 모진 발걸음을 옮겼지요.

산 밑에 도착하자 아브라함은 하인들을 남겨 둔 채, 번제에 쓸 장작을 아들에게 지우고 그의 손을 잡고 산에 오르기 시작했습니다. 그때 뭔가 심상치 않은 분위기에 아비의 눈치만 살피던 아들이 마침내 입을 열어 물었지요. "불과 나무는 있거니와 번제할 어린 양은 어디 있나이까?"(창세기 22:7)

순간, 못이라도 박힌 듯 앞만 응시하며 걷던 아브라함이 서서히 고개를 돌려 어린 아들을 바라보았을 것입니다. 아니지요. 차마 어린 아들의 그 천진하고 맑은 눈동자를 쳐다볼 용기가 없어 저주스러운 고개를 땅으로 떨어뜨렸을 겁니다. 깊게 팬 주름살투성이의 얼굴이 온통 땀으로 번들거렸겠지요. 이윽고 아브라함은 천천히 입을 열어 못으로 녹슨 철판을 긁는 것 같은 쉰 소리로 대답했지요. "내 아들아, 번제할 어린 양은 하나님이 자기를 위하여 친히 준비하시리라!"(창세기 22:8)

어린 아들은 이 말을 이해했을까요? 또 늙은 아비는 자신이 한 말을 이해했을까요? 우리로서는 상상도 하기 힘듭니다. 자신조차 도무지 알지 못하는 말을 마치고 아브라함은 산을 향해 초인적인 발걸음을 다시 내디뎠지요. 그렇게 함으로써 그는 '윤리적 단계'에서 '종교적 단계'로 한 걸음씩, 한 걸음씩 천천히 걸어 들어갔던 겁니다. 이 말을 키르케고르는 다음과 같이 표현했지요. "아브라함은 바로 이와 같은 것의 정점에 서 있다. 그의 시야에서 사라지는 최후의 단계는 무한한 체념이다. 그는 거기서 참으로 한 걸음 더 나아가 신앙에 이르렀다."[54]

키르케고르는 "만약 아브라함이 이것을 하지 않았다면, 그는 아가멤논 같은 사람에 불과했을 것이다"[55]라고도 덧붙였습니다. 그가 보기에 아가멤논과 옙다와 브루투스는 개인의 한계를 초극하는 보편적 윤리는 갖고 있었지만, 인간으로서는 도저히 믿을 수 없는 것을 믿는 초인적 신앙은 없었지요. 그러나 아브라함은 달랐습니다. 키르케고르는 이때 아브라함의 심경을 이렇게 추측했습니다.

만약 하나님께서 이삭을 요구하신다면 그는 언제든지 이삭을 기꺼이 바칠 생각이었지만, 하나님께서는 이삭을 요구하시지 않으시리라는 것을 그는 믿었다. 그는 부조리의 힘으로 믿었다. 왜냐하면 거기에는 인간적 타산이 문제될 여지가 없었고, 그에게 그 요구를 하신 하나님이 다음 순간에 그 요구를 철회하신다면 그것이 바로 부조리이기 때문이다. 그는 산에 올랐다. 그리고 칼이 번쩍이는 순간까지도 그는 믿었다. 하나님이 이삭을 요구하시지 않을 것이라고.[56]

그러자 아브라함의 믿음대로, 아브라함이 칼을 들어 이삭의 목을 치려 한 바로 그 순간에 하나님은 사자使者를 보내 아들과 아비를 동시에 구원했지요. 아들의 생명을 구했고 아비의 믿음을 구했습니다. 그때 아브라함이 눈을 돌려 보니 한 마리 숫양이 수풀에 뿔이 걸려 있었습니다. 그는 그것을 잡아 번제로 드렸습니다(창세기 22:13).

렘브란트(Rembrandt), <이삭의 희생>, 1635.

아브라함이여! 인류의 제2의 아버지여!

자, 이제 생각해 볼까요? 그날 그 산에서 아브라함이 하나님에게 바치려던 것은 무엇인가요? 그것은 아들 이삭이 아니었습니다. 자신의 전부였지요. 아브라함이 가진 모든 것이었습니다. 아닙니다. 그것은 인간이 가질 수 있는 것 전부였습니다. 또 그날 그 산에서 정작 아브라함이 불태워 하나님에게 바친 것은 무엇인가요? 그것은 한 마리 숫양이 아니었습니다. 자신의 모든 불안과 불신이었지요. 아니, 그것은 인간이 가질 수 있는 불안과 불신 전부였습니다. 그러니 그날 그 산에서 아브라함이 구해 낸 것이 무엇인가요? 그것은 백 살이 넘어서 얻은 아들이 아니었습니다. 제 손으로 자식을 죽여야 했던 어떤 미치광이 노인도 아니지요. 그가 구한 것은 삶에 스며드는 부조리 때문에 불안과 공포에 전율하며 하루하루를 살아가야 하는 모든 인간이었습니다.

아브라함은 하나님을 끝까지 믿었습니다. 사랑하는 아들을 자기 손으로 죽여야만 하는 순간까지 믿었고, 자신의 숨이 끊어지는 마지막 순간까지 믿을 작정이었습니다. 그가 하나님을 믿은 것은 그것이 가능해서가 아니었습니다. 그에게는 스스로 아들을 죽여야 한다는 상황의 '터무니없음'을 이해할 능력이 없었고, 그것을 견딜 만한 힘이 전혀 없었지요. 그런데도 그는 믿었습니다. 투명한 모순과 불투명한 불안 속에서도, 몸서리치게 하는 공포와 치아가 맞부딪치는 전율 속에서도, 그는 하나님을 믿었고 추호도 의심하지 않았습니다. 아브라함은 실로 믿을 수 없는 것을 믿었습니다.

그런데 만약 아브라함이 그리하지 않았다면, 그가 마지막 순간에 털끝만큼이라도 하나님을 의심했다면 어찌 되었을까요? 키르케고르는 이렇게 썼습니다.

만약 아브라함이 모리아산 꼭대기에 섰을 때 의심을 하였더라면, 만약 그가 결단을 내리지 못하고 주위를 살펴보았더라면, 만약 그가 칼을 뽑기 전에 뜻하지 않게 어린 양을 발견하였다고 한다면, 만약 하나님께서 이 어린 양을 이삭 대신으로 바칠 것을 그에게 허락하였다면—그래도 그는 집으로 돌아왔을 것이다. 일체가 이전과 다름없었을 것이다. 그는 사라를 가졌을 것이다. 그는 이삭을 보유하였을 것이다. 그렇지만 사태는 완전히 달라졌을 것이다! 왜냐하면 그때 그가 집으로 돌아온 일은 도망逃亡이고, 그의 탈출은 우연이고, 그의 보상은 수치이고, 그의 장래는 아마도 파멸이었을 것이기 때문이다. 그랬더라면 그의 믿음에 관해서나 하나님의 은총에 관해서도 입증하지 못했을 것이고 단지 모리아산으로 가는 길이 얼마나 무서운 일인가를 증언할 뿐이었을 것이다. 그래도 역시 아브라함은 망각되지 않았을 것이다. 또 모리아산도 잊히지 않았을 것이다. 그러나 그랬더라면 모리아산은 저 노아의 방주가 착륙한 아라랏산처럼 기억되지 않고, 오히려 공포의 땅으로 불렸을 것이다. 왜냐하면 아브라함이 거기서 의심했기 때문이다.[57]

그러나 아브라함은 그렇게 하지 않았지요. 그는 하나님을 믿었습니다. 끝까지 믿었습니다. 그래서 칼을 뽑기 전에 주위를 둘러보지도 않았고, 제물이 될 어린 아들을 위해서도 자식을 죽인 아비가 될 자신을 위해서도 단 한 방울의 눈물조차 흘리지 않았으며, 단 한 마디 기도도 하지 않았지요. 그는 눈 하나 깜빡하지 않고 칼을 뽑았습니다.

이후부터 우리는 그를 더는 인간이라 할 수 없습니다! 키르케고르는 그를 칭송하여 "아브라함이여! 인류의 제2의 아버지여!"[58]라고 외쳐 불렀습니다. 아브라함은 "믿음의 조상"이 되었고, 그로부터 믿음의 자손 곧 '제2의 인류'가 비로소 생겨난 겁니다. 키르케고르에 의하면, 제2의 인류는 무한히 자기를 체념하는 자기파괴자들이고, 도저히 믿을 수 없는 것을 믿는 어리석은 자들이며, 바랄 수 없는 것을 소망하는 광기 있는 자들이고, 자신을 미워함으로써 결국 자기를 사랑하는 자들이며, 하나님의 섭리를 믿는 현명한 자들이지요. 그리고 바로 이것이 그리스도인인 겁니다! 키르케고르의 찬탄을 직접 들어 볼까요?

어떤 자는 자신의 힘 때문에 위대했고 어떤 자는 자신의 지혜 때문에 위대했고 어떤 자는 자신의 소망 때문에 위대했고 어떤 자는 자신의 사랑 때문에 위대했다. 그러나 '아브라함'은 그 누구보다도 위대했다. 무력無力이 본질인 그의 힘 때문에 그는 위대했다. 어리석음이 그 비밀의 본질인 지혜로 말미암아 그는 위대했다. 광기의 모습을 빌린 그의

소망 때문에 그는 위대했다. 자기 자신을 미워한 사랑 때문에 그는 위대했다.[59]

바로 이것이 아브라함의 위대함입니다. 또한 그의 믿음의 자손인 그리스도인의 위대함이지요! 번제를 마치고 아브라함은 그 땅을 기념하여 "여호와 이레"라고 이름 붙였습니다(창세기 22:14). "여호와께서 [모든 것을] 준비하신다"는 뜻이지요. 이때 아브라함은 무슨 생각을 했을까요? 그 "두렵고 떨리는" 일이 끝났을 때 아브라함은 어떤 기도를 올렸을까요? 우리로서는 알 수 없습니다. 성서에도 나오지 않고 키르케고르도 이에 대해서는 쓰지 않았지요. 그래서 당신에게 기도문을 하나 소개하려고 합니다. 내용이 특별해서는 아닙니다. 내용으로 본다면야 이런 기도문은 신·구 기독교 안에 아주 흔하지요. 다만 기도문을 쓴 사람이 지금 우리에게는 특별합니다. 바로 키르케고르거든요.

하늘에 계신 아버지!
무한한 주님의 나라는 위대합니다.
주님은 별의 무게를 견디시고
광활한 공간에 퍼져 있는 세상의 힘을 다스리십니다.
주님을 통해 존재와 생명을 얻는 것들이
바닷가에 모래처럼 많습니다.
그럼에도 주님은 모든 피조물들의 외침을 낱낱이 들으시며 특별하게 지으신 사람들의 외침을 빠짐없이 들으십니다.
…

주님이 기다리신다면,
그것은 우둔한 지체가 아니라 지혜입니다.
주님이 기다리시는 것은 게을러서가 아니고,
우리를 도와주셔야 할 때를 미리 아시기 때문입니다.
주님이 기다리신다면,
그것은 인색함 때문이 아니고
적절한 때에 자녀들에게 주시기 위해
가장 좋은 것을 안전한 곳에 준비해 두시는
하나님 아버지의 경륜이십니다.
주 우리 아버지시여!
그러므로 우리는 고통스런 날에는 주님께 부르짖고,
기쁜 날에는 주님께 감사드립니다.[60]

내 생각에 아브라함이 "여호와 이레"라는 말을 떠올렸을 때 그의 가슴에는 아마 이런 기도가 담겨 있었을 것 같습니다. 키르케고르가 읊은 "적절한 때에 자녀들에게 주시기 위해 가장 좋은 것을 안전한 곳에 준비해 두시는 하나님 아버지의 경륜"이 곧 "여호와 이레"라는 말이 뜻하는 바니까요.

스토아 철학자들처럼 이성적·윤리적 영웅들이 가졌던 것은 '윤리적 우월감'이지 '죄의식에 의한 절망감'이 아니었습니다. 종교적 인간에게는 '윤리적 우월감'이 있을 수 없고, '윤리적 우월감'을 가진 이들에게는 '하나님에 의한 구원'이 없습니다. 이 말을 키르케고르는 "종교적 실존자는 고뇌를 통해 현실성을 갖게 되며, 고뇌가 없어지면 그의 종교적 생활도 함께 끝나는 것이다"[61]라고 했습니다.

키르케고르에게 종교적 인간이 된다는 것은 종교적으로 '사유하는 것'이 아니라 종교적으로 '사는 것'을 뜻합니다. 그래서 그는 "겉치레로 살지 말라!"라고 외쳤지요. 인간이 되려면 인간처럼 살고, 그리스도인이 되려면 그리스도인처럼 살라는 것입니다. 그래서 그는 자신이 그리스도인이라는 이름을 받기에 부적합하다고 생각했지요. 기독교가 자신에게 부적합해서가 아니라 그가 기독교적으로 사는 것이, 다시 말해 아브라함같이 되는 것이 너무도 어렵고 고상한 과업이라서 자신은 결코 그것을 성취하지 못하리라고 생각한 탓입니다.

아브라함에게서 보듯이, 종교적 인간은 결국 '실존의 처절한 절망감' 속에서만 "무한한 자기체념"을 할 수 있으며, '윤리적 영웅'이 아닌 '나약한 죄인'으로서, 이성이 아닌 신앙으로 비로소 하나님을 만날 수 있습니다. 그리고 오직 이 길을 통해서만 '자신도 용납할 수 없는 자신'이 하나님으로부터 용납되는 구원에 이를 수 있지요. 또한 바로 이것! 다시 말해 자신마저도 용납할 수 없는 인간을 하나님이 용납한다는 그것이 기독교에서 말하는 은총恩寵의 본질입니다.

스토아 철학자들이 이성과 도덕을 통해 얻을 수 없었던 것이 바로 이러한 구원 그리고 은총이지요. 그들이 신을 단순히 인간이 따라야 할 '자연법칙' 내지 '도덕법칙'으로 파악했을 때 그들은 칠흑 같은 죄와 절망 속에서 자신들을 구원할 하나님의 숭고한 팔을 스스로 놓아 버린 겁니다. 그런데 이러한 뼈아픈 상실은 단지 스토아 철학자들만의 것은 아니었지요. 그것은 18세기 이신론자들과 19세기 자유주의 신학자들 그리고 오늘날에도 이성과 도덕을 통해 하나님을 찾아가려는 사람들이 언제나 도달하는 '황량한 종착역'입니다.

이로써 "바울의 하나님에게 기도해서 얻는 것이 자족과 체념에서 오는 마음의 평안이라면 세네카의 신에게 기도해서 얻는 것과 근본적으로 어떻게 다른가?"라는 당신의 질문에 대한 키르케고르의 대답이 끝났습니다. 어때요? 그 차이가 이제 드러났나요?

그럼 정리하지요. 기독교에서 말하는 하나님은 인격적입니다. 하나님이 인간과 세계의 시작부터 종말까지 그 모든 것에 부단히 참여하고 부단히 인도한다는 뜻에서 인격적이지요. 그렇지만 하나님은 오직 자신의 섭리대로 인간과 세계를 이끌어 갑니다. 그럼으로써 인간과 세계의 구원이라는 궁극적 선을 이루지요. 여기에는 그 어떤 타협이나 침해도 없습니다. 이것이 하나님이 인격적이라는 말의 기독교적 의미입니다.

따라서 기도로 하나님의 섭리를 깨닫고 자기체념으로 그것을 따르는 사람은 욥이나 하박국이나 바울처럼 "어떠한 형편에서든지" 자족할 수 있는 지혜를 갖게 됩니다. 그뿐 아니라 키르케고르가 역설한 구원, 곧 자신마저 용납할 수 없는 자신을 하나님이 용납하는 구원을 경험하게 되지요. 이러한 체념, 이러한 자족, 이러한 지혜, 이러한 구원을 위해 그리스도인들은 하나님에게 기도하는 겁니다. 아니, 우리의 이야기에 맞춰서 좀 바꿔 말할까요? 이러한 체념, 이러한 자족, 이러한 지혜, 이러한 구원을 자기 백성에게 주는 것이 기독교에서 말하는 하나님의 인격성이지요.

어떻습니까? 혹시 이 정도 대가로는 하나님의 인격성을 믿고 그에게 기도하기에는 부족하다 싶나요? 아직도 오직 내가 욕망하는 것을 하나님이 도와 이루게 하는 것만이 기도의 목적이라고 생각되나요? 아마 그렇지는 않으리라 생각합니다. 그렇다면 하나님의 인격성에 관한 이야기는 이제 여기서 마무리해도 좋을 것 같습니다. 그런데 말입니다, 그럼에도 불구하고 여기에서 짚고 넘어가고 싶은 이야기가 하나 더 있습니다. 뭐냐고요? '욥의 문제'입니다.

욥의 문제

"아니, 새삼스레 욥의 문제라니? 그것은 이미 다 이야기된 문제가 아닌가? 죄 없는 사람의 삶을 송두리째 부수는 고난을 신앙으로 극복한다는 점에서, 그것은 방금 살펴본 아브라함의 이야기와 다를 게 무엇인가?" 혹시 당신은 지금 이렇게 생각할지 모르겠습니다. 그런데 아닙니다! 내 생각에는 욥이 하나님의 인격성과 섭리에 관해 당시에는 물론이고 이후 지금까지 그 누구도 입에 올리지 못한—그러나 진정한 신앙인이라면 그 누구도 피해 갈 수 없는—또 하나의 중요한 문제를 제기했습니다. 아브라함의 문제와는 또 다른 차원의 '공포와 전율'을 일으키는 심각한 문제이기도 하지요. 그것이 뭐냐고요? 죄 없는 사람의 고통으로 드러나는 하나님의 부재^{不在} 문제입니다!

하나님의 부재라니? 하나님이 존재하지 않는다는 말인가? 아니, 이게 무슨 뜬금없는 소리인가? 우리는 1권 『하나님은 존재하는가』의 2부인 "하나님은 존재다"에서 이미 이 문제를 충분히 다루지 않았던가? 그 후 지금까지 하나님은 '존재 자체'^{ipsum esse}로서 모든 존재물들이 그로부터 나와 그 안에서 존재하다가 그에게로 돌아가는 존재의 장^{field}이라는 것을 전제로 이야기를 전개해 오지 않았던가? 바로 그런 의미에서 "만물이 주에게서 나오고 주로 말미암고 주에게로 돌아감이라"(로마서 11:36)라는 사도 바울의 가르침과 "자체 안에 전체를 내포하고 있으며 무한하고 무규정적 실체의 거대한 바다^{大海}"와도 같다고 묘사한 토마스 아퀴나스의 비유도 은혜롭게 되새기지 않았던가? 그런데 이제 와서 갑자기 생뚱맞게 하나님의 부재 문제를 다루겠다니?

그렇지요! 그렇습니다! 하나님이 자기 스스로를 존재^{ehyeh asher ehyeh, YHWH}라고 선포(출애굽기 3:14-15)한 교설 안에서 하나님의 부재를 이야기한다는 것은 그 자체가 부조리이고 어불성설이지요. 하나님의 존재는 우리 이야기의 전제입니다. 그래서 애초 처음에 다루었던 겁니다. 그렇지요? 그런데 말입니다. 그리스도인, 그것도 하나님을 신실하게 믿고자 하는 그리스도인일수록 고난 앞에서 마주하는 가장 근원적이고 궁극적인 의문이 우리가 '욥의 문제'라고 부르고자 하는 문제, 곧 '하나님이 살아 계신다면 어떻게 이런 일이 일어날 수 있는가?' 하는 문제입니다.

그 이유는 그리스도인에게 하나님은 "내가 반드시 너와 함께 있으리라"(출애굽기 3:12)라고 약속한 분이고, 그들을 "푸른 풀밭에 누이시며 쉴 만한 물가로 인도하시는"(시편 23:2) 분이며, "악을 행하지 아니하시며", "공의를 굽히지 아니하시"(욥기 34:12)는 분이기 때문이지요. 한마디로 그리스도인에게 하나님은 자기를 믿는 사람들의 삶과 역사에 언제나 참여하여 '젖과 꿀이 흐르는 땅'으로 인도하는 인격적 신이기 때문입니다. 그래서 그리스도인은 죄 없는 사람—그것이 반드시 자기 자신이 아닐지라도—이 당하는 참고 견디기 어려운 고난을 곧바로 하나님의 존재에 대한 의심으로 인식하는 겁니다. 요컨대 '하나님이 살아 계신다면 어떻게 이런 일이 일어날 수 있는가?'라는 말 안에는 '이런 일이 일어나는 것을 보면 인격적인 하나님이 살아 계신다고 믿기 어렵다'라는 강렬한 의심이 깔려 있다는 거지요.

이 점에서 욥은 아브라함과는 경우가 전혀 다릅니다. 아브라함은 이삭 사건 이전에 이미 하나님을 만나, 세 천사로 나타난 그의 형상을 직접 눈으로 보고, 그의 음성을 직접 귀로 듣고, 그와 직접 언약을 맺었습니다(창세기 18:1-15). 때문에 두렵고 떨리는 고난 속에서도 아브라함에게 하나님의 부재는 처음부터 문제가 되지 않았고, 오직 하나님의 부조리만이 문제였던 것이죠. 그런데 욥은 달랐습니다. 그는 우리와 마찬가지로 하나님을 남들이 전하는 말로만 듣고 믿었습니다. 직접 만난 적도, 본 적도, 들은 적도 없었지요.

어떻게 아느냐고요? 욥이 마침내 하나님을 보게 되었을 때 "내가

헤르브란트 판 덴 에크호우트(Gerbrand van den Eeckhout), 〈아브라함과 세 천사〉, 1656.

주께 대하여 귀로 듣기만 하였사오나 이제는 눈으로 주를 뵈옵나이다. 그러므로 내가 스스로 거두어들이고 티끌과 재 가운데에서 회개하나이다"(욥기 42:5-6)라고 고백한 것이 그 증거입니다. 그 때문에 욥에게는 죄 없는 자기 자신의 고난을 통해 드러난 하나님의 부조리만 문제 되는 것이 아니었습니다. 고난 속에서 울부짖는 자기의 외침과 기도에 대한 하나님의 침묵으로 의심되는 하나님의 존재 여부 자체가 문제시되었던 거지요. 욥의 입장에서는 아브라함의 고난은 차라리 가볍고, 아브라함은 오히려 복 받은 사람입니다.

아브라함의 문제가 "푸른 풀밭에 누이시며 쉴 만한 물가로 인도하시는"(시편 23:2) 하나님의 인격성이 하나님의 부조리로 나타나는 문제라면, 욥의 문제는 "내가 반드시 너와 함께 있으리라"(출애굽기 3:12)라고 약속한 하나님의 인격성이 하나님의 부재로 드러나는 문제라고 할 수 있습니다. 그리고 이 점에서 보면, 욥이 우리이고 우리가 욥입니다. 우리가 삶을 송두리째 흔드는 고난을 당할 때 처하게 되는 상황은 아브라함보다는 욥의 경우에 더 가깝다는 뜻입니다.

고난을 당한 욥은 삽시에 사라져 버린 셀 수 없이 많은 가축과 재산을 다시 돌려주길 바라지 않았습니다. 한순간에 빼앗긴 자녀들을 다시 살려 주길 원하지도 않았지요. 잠시도 참기 어려운 고통에 시달리는 자신의 몸을 다시 온전케 해 주길 바라지도 않았습니다. 그는 오직 한 가지만을 원했지요. 하나님이 자기 앞에 나타나 자기 말을 듣고 대답해 주길 바랐습니다. 왜 그랬을까요? 그는 하나님의 부재가 두려웠던 것입니다. 하나님만 살아 계신다면, 이 모든 고난이 악마가 아니라 하나님이 하신 일이 분명하다면 욥은 그것을 받아들일 마음을 갖고 있었습니다. 그래서 그는 하나님을 만나 두 눈으로 보는 견신見神, 오직 그것만을 바라고 요구했지요.

여기에서 소개하고 싶은 시가 하나 있습니다. 노벨문학상을 수상한 독일 작가 헤르만 헤세Hermann Hesse, 1877-1962의 "기도"인데, 내 생각에는 이 기도가 다름 아닌 욥의 기도, 곧 헤어날 수 없는 고난 속에서 우리가 하나님께 드리는 간절한 기도이기 때문입니다.

주여, 나로 하여금 나에게 절망하게 하소서.

그러나 당신에게는 절망하지 말게 하소서.

혼미한 모든 슬픔을 맛보게 하소서.

모든 고뇌의 불꽃을 핥게 하소서.

모든 부끄러움과 욕됨을 맛보게 하시고

내가 나 자신을 가누는 것을 돕지 마옵시며

내가 뻗어 나가는 것을 보살피지 마옵소서.

그러나 나의 모든 자아가 파괴되었을 때는

당신이 그것을 파괴하셨고

당신이 불꽃과 고뇌를 낳으신 사실을

나에게 가르치소서.

왜냐하면 나는 기꺼이 멸망하고

또 기꺼이 죽을 수 있습니다만

오직 당신 품에서만 죽을 수 있기 때문입니다.

그렇습니다! 욥기를 읽어 본 사람이면 누구든 바로 이것이 헤세의 기도이자 욥의 기도이고, 또 우리의 기도임을 알 수 있을 것입니다. 그것이 정녕 하나님의 뜻이라면 "나는 기꺼이 멸망하고 또 기꺼이 죽을 수" 있지만, 그럼에도 하나님을 만나 보고야 그리할 수 있다는 욥과 우리 모두의 가련한 열망, 이제부터는 그 이야기를 하려고 합니다.

하나님의 인격성과 하나님의 부재

악이 없거나, 하나님이 없거나

1755년 11월 1일 아침 9시 40분, 포르투갈의 수도 리스본에 강도 9로 추정되는 지진이 일어났습니다. 당시 기록에 의하면 3분 30초에서 6분가량 지속된 지진으로 도처에서 땅이 갈라지고 불길이 하늘로 치솟아 검고 자욱한 연기가 한낮에도 도시를 어둠으로 덮었습니다. 어떤 사람들은 건물이 없는 탁 트인 곳이 안전할 것이라 판단하고 해변과 부둣가로 몰려갔지만, 40여 분 뒤에는 파고가 15미터에 달하는 해일이 밀려와 리스본뿐 아니라 인근 도시들까지 덮쳤습니다. 다른 사람들은 말을 타고 조금이라도 높은 곳으로 올라가기 위해 사력을 다해 박차를 가했지만, 그 뒤 해일이 두 번 더 왔고 사람과 가축, 가옥과 교회까지 닥치는 대로 휩쓸어 갔지요.

작자 미상, <리스본 대지진 1755>.

그날은 때마침 모든 가톨릭 성인의 영혼에 제사를 지내는 만성절 Hallowmas이었습니다. 교회마다 하나님을 사랑하고 그의 보호하심을 믿는 사람들로 가득 차 붐비고 있었지요. 때를 기다렸다는 듯이 성소를 습격한 죽음의 사신은 기대보다도 훨씬 더 풍성한 수확을 거둬갔습니다. 최소 3만 명에서 최대 10만 명가량이 목숨을 잃었고, 도시와 항만의 85퍼센트가 폐허가 되었다고 하지요. 왕이 사는 궁전도 예외가 아니었습니다. 타구스강 바로 옆에 있던 리베이라 궁이 해일에 휩쓸려 사라졌고, 그 안에 소장되어 있던 수많은 금은보화는 물론이고 장서 7만여 권과 티치아노, 루벤스, 코레조 같은 거장들의 미술품 수백 점도 모두 소실되었다고 합니다.

성스럽고 평온한 가운데 아름다운 성가가 울려 퍼지던 도시가 삽시에 공포와 고통, 울부짖음과 외마디 소리로 가득 찼지요. 그런데 그 아수라장 속에서도 멀쩡한 지역이 한 군데 있었습니다. 리스본의 홍등가인 알파마^{Alfama}였지요. 지진이 하필이면 만성절에 일어났다는 소식을 전해 들은 프랑스 성직자들은 이 재앙이 리스본 주민이 지은 죄 때문에 하나님이 내리신 벌이라고 막말을 해 댔습니다. 그러자 사람들은 "그럼 왜 알파마는 멀쩡한가?"라며 비아냥거렸지요. 그때 프랑스의 계몽사상가 볼테르가 곧바로 불처럼 일어나 "리스본 재앙에 관한 시"^{1756}라는 장편시를 써 발표했습니다.

이 시는 하나님이 사람들의 행위에 따라 착한 사람을 구원하고 악한 사람을 벌한다고 주장하는 가톨릭 교리와 하나님이 만든 세계는 모든 것이 선하고 조화롭게 예정되어 있다는 독일의 철학자 라이프니츠의 신정론^{theodicy}*을 싸잡아 비난하는 내용입니다. 이 시의 첫

---

* 라이프니츠가 만든 용어로 알려진 신정론(theodicy) 또는 변신론은 신을 의미하는 그리스어 '테오스'(theos)와 정의를 뜻하는 '디케'(dike)로 이뤄졌다. 우리에게 고통과 불행과 죽음을 가져오는 악이 존재함에도 불구하고 신은 공정하고 정의롭다는 뜻이다. 신정론은 크게 두 가지 견해로 나뉘는데 1) 피조물이 신의 은총으로 주어진 자유(인간에게 주어진 자유의지와 자연에게 주어진 자연법칙)를 남용한 결과, 곧 죄의 결과로 악이 이 세상에 존재하게 되었다고 본다(오리게네스, 아우구스티누스, 아퀴나스). 2) 이 세상은 모든 가능한 세계들 가운데 최선으로서, 악은 세계 전체의 아름다움과 조화를 돋보이게 하기 위해—다시 말해 마치 그림이나 사진에 그림자가 대상을 또렷이 보이게 하는 것 같은 역할을 하기 위해—요구되는 필연적 요소라고 본다(라이프니츠, 스피노자). 신정론에 대한 보다 자세한 이야기는 김용규, 『백만장자의 마지막 질문』(휴머니스트, 2013)에 있는 "Q5: 신은 인간을 사랑했다면, 왜 고통과 불행과 죽음을 주었는가?"를 참고하라.

부분을 소개하면 다음과 같습니다.

> 불운한 사람들! 아, 비통한 대지!
> 모든 인간성이 두려움 속에 몸을 웅크렸다!
> 무용한 고통, 끝없는 주제!
> "모두가 좋다"라고 외치는 철학자여 오라.
> 그리고 이 세상의 몰락에 대해 생각해 보라.
> 불행한 사람들의 파멸과 흔적을 보라.
> 여인들과 아이들이 함께 죽어,
> 깨진 대리석 아래에 흩어진 팔다리.
> 땅이 삼켜 버린 십만 명의 시신을 보라!
> 찢겨 피 흘린 채 여전히 호흡하며 매장된다.
> 그들은 무너진 지붕 밑에서 구제받지 못하고 죽는다,
> 삶의 고통에서 오는 공포로부터.
>
> 죽어 가는 신음이 들리면, 감히 무슨 대답을 할 것인가?
> 검은 연기와 재, 이 섬뜩하고 비참한 광경에서
> "이것은 영원한 법의 필연적인 결과다.
> 하나님이 마음대로 선택한 것이다" 할 건가?
> 이 수많은 희생자를 보면서
> "하나님이 복수하셨다. 그들의 죽음은 그들의 범죄 대가다" 할 건가?
> 하지만 어떤 범죄? 가슴에 피 흘리는 어머니 곁에 누워 있는

이 어린아이의 잘못은 무엇인가?

타락한 리스본이 더 많은 악덕들에 탐닉했던가,

쾌락 속에 사는 런던이나 파리보다?

리스본은 더 이상 없지만 파리는 춤을 춘다.

조용한 관찰자들—난폭한 영혼

형제들의 파멸을 찬찬히 지켜만 보는 사람들—

뇌우의 원인을 평화롭게 탐색하는,

그러나 당신들이 분노를 느낄 때 냉정은 사라질 것이다.

당신들의 인간성이 돌아오면, 당신들도 우리처럼 울 것이다.

지구에 지옥이 열릴 때, 단언컨대, 당신은 알게 될 것이다.

나의 저항은 무죄이고, 나의 외침은 정당화될 것이다.*

앞의 시구에서 '철학자'는 라이프니츠와 그의 추종자를 가리킵니다. 총 180행으로 된 이 시는 라이프니츠의 신정론의 영향을 받은 알렉산더 포프, 크리스티앙 볼프 같은 당시 사람들의 주장, 곧 세계는

---

* 볼테르가 리스본 지진이 일어난 다음 달인 1755년 12월에 발표하고 이듬해 출판한 "리스본 재앙에 관한 시"의 원제는 "Poème sur le désastre de Lisbonne ou Examen de cet Axiome: 'Tout est bien'"으로, 우리말로는 "리스본 재앙에 관한 시 또는 공리(公理): '모두가 좋다'에 대한 검토"이다. 이 제목은 볼테르가, 리스본 재앙을—세계에서 일어나는 일들은 신에 의해 예정·조화되어 있기 때문에 궁극적으로는 "모두가 좋다"라고 주장하던—라이프니츠나 볼프의 철학적 낙관론을 뒤엎을 반증으로 제시하고자 했다는 것을 노골적으로 보여 준다.

신에 의해 조화롭게 예정되었기 때문에 궁극적으로는 '존재하는 것은 모두 옳고'What is, is right, 일어나는 모두가 좋다All is Well는 철학적 낙관주의*에 대한 비판을 주로 담고 있습니다. 앞에서 인용한 부분에서 "당신들의 인간성이 돌아오면, 당신들도 우리처럼 울 것이다./ 지구에 지옥이 열릴 때, 단언컨대, 당신은 알게 될 것이다./ 나의 저항은 무죄이고, 나의 외침은 정당화될 것이다"와 같은 시구들이 그래서 나온 거지요.

볼테르는 계몽주의자이자 이신론자였습니다. 앞에서 살펴보았듯이, 이신론Deism에서 신은 섭리를 통해 세계를 창조하고 이끌어 가지만, 그 섭리는 오직 자연법칙같이 작동합니다. 그 때문에 신이 선한 자를 구원하고 악한 자를 징계하는 것 같은 개입은 불가능하지요. 이 점에서는 볼테르와 라이프니츠가 같은 입장입니다. 두 사람이 서로 다른 점은, 라이프니츠가 신의 섭리에 의해 이끌려 가는 이 세계가 선하고 아름답다고 보는—이 점에서는 기독교의 교리와 맥을 같이합니다—반면에 볼테르는 세계가 지극히 악하고 비극적이라고 본다는 것입니다. 그래서 그를 '철학적 비관론자'라고도 부릅니다.

---

* 저명한 철학자 중에서 예정조화설을 제창한 철학자 라이프니츠와 포프, 볼프 같은 그의 추종자들은 우리가 사는 세계가 선하고 아름다우며 상상 가능한 세계들 중에서 최선의 세계라고 철학적 낙관주의를 선언했다. 반면에 볼테르, 쇼펜하우어 같은 사람들은 우리 세계가 지극히 악하고 비극적이라고 철학적 비관주의를 지지했다. 볼테르는 특히 그의 우화소설인 『캉디드, 혹은 낙관주의』에서 라이프니츠의 낙관주의를 대변하는 팡클로스를 주인공 캉디드의 스승으로 등장시켜 라이프니츠를 풍자적으로 그러나 강력하게 비판했다.

볼테르는 "모든 것이 합력하여 선을"(로마서 8:28) 이룬다는 가톨릭 성직자이든, 이 세계가 모든 가능한 세계들 possible worlds 가운데 최선이라는 철학적 낙관주의자이든, 일어나는 모든 것이 다 좋다고 주장하는 사람들이 무지하고 무책임하다고 보았습니다. 그에게는 삽시에 10만 명이나 되는 죄 없는 사람들을 죽음으로 몰고 간 리스본 재앙이 그 같은 주장들을 반격할 수 있는 더 없이 좋은 증거이자 기회였지요. 그래서 그는 "리스본 재앙에 관한 시"에서 이들 모두를 단번에 싸잡아 거세게 비판했던 것입니다. 이 시에는 다음과 같은 구절도 들어 있습니다.

완전한 존재로부터 악은 태어날 수 없다.
또 하나님만이 주인이기 때문에 다른 것이 없다.
그런데 악은 존재한다. 오, 슬픈 진실!
오, 놀라운 모순의 혼합!

그런데 알고 보면, 이 시구는 고대 그리스 철학자 에피쿠로스가 처음 제시한 이래 지난 2,300년 동안 내려온 유명한 딜레마 dilemma 의 한 변형이지요. 2권 『하나님은 창조주인가』의 3장 가운데 '눈먼 시계공과 눈뜬 하나님 문제'에서 이미 설명했듯이, 딜레마란 둘 중 하나를 선택하지 않을 수 없는 상황에서, 어느 쪽을 선택하더라도 불리한 결론에 다다르게 함으로써 상대를 곤란에 몰아넣는 일종의 역설입니다. 고대 사람들에게 쾌락주의를 가르쳤던 이 철학자가 신의 부재를 증명하기 위해 만들어 낸 이 딜레마를 정리하면 대강 다음과 같습니다.

신은 악을 없애려 하지만 그럴 수 없는 것인가? 그렇다면 신은 전능한 것이 아니다.

그럴 수 있지만 하지 않고 있는 것인가? 그렇다면 그는 선한 것이 아니다.

그는 능력도 있고 악을 없애려고도 하는가? 그렇다면 악이 어떻게 있는가?

그는 능력도 없고 없애려 하지도 않는가? 그렇다면 우리는 왜 그를 신이라 부르는가?

그런데 말입니다, 바로 이것이 리스본에서뿐 아니라 아우슈비츠, 굴락, 히로시마, 나가사키에서 죄 없이 죽어 간 사람들이, 아니 지금 이 시간에도 세계 곳곳에서 지진, 홍수, 가뭄, 기근, 유행병과 같은 천재지변과 폭력, 테러, 전쟁 등으로 고통 속에 죽어 가며 "나의 하나님, 나의 하나님, 어찌하여 나를 버리셨나이까"(마태복음 27:46)라고 외치는 모든 사람들이 마주하는 딜레마가 아닐까요? 그리고 바로 이것이 욥이 우리에게 던지는 문제이기도 합니다. 한마디로 세상에 악이 없거나 우리에게 하나님이 없거나, 둘 중 하나여야 한다는 거지요. 그래서 우리는 이제부터 이 문제를 가장 먼저 도발적으로 제기한 욥의 이야기를 직접 들어 보려고 합니다.

욥의 이야기

이 이야기는 널리 알려져 당신도 이미 잘 알고 있겠지만, 정리하는 의미에서 간략하면 이렇지요.

우스^{Uz} 사람 욥은 동방에서 가장 큰 부자인 동시에 세상에서 가장 의로운 사람이었습니다. 성품이 순전하고 정직하여 평생 조금도 부족함이 없이 하나님을 경외했고 악이라고는 찾아볼 수 없는 사람이었지요. 그런데 어느 날 갑자기 아무 영문조차 모른 채 수많은 종과 가축들, 그리고 열 명의 자녀까지 잃는 엄청난 재난을 당하게 됩니다. 물론 그것은 당신도 알다시피 하나님과 사탄이 내기를 한 탓이었지요(욥기 1:1-22).

그럼에도 욥은 하나님에게서 돌아서지 않았습니다. 그러자 사탄이 하나님께 다시 허락을 얻어 두 번째 재앙을 내립니다. 욥은 그의 온몸에 악창이 돋아나, 잿더미 위에 올라앉아 기와 조각으로 고름이 흘러내리는 몸을 계속 긁어야만 겨우 견딜 수 있는 매우 참혹한 상황에 처하지요. 그러자 평소 알고 지내던 사람들이 모두 그를 버리고, 마지막 남은 그의 아내조차 그에게 하나님을 저주하면서 죽어 버리라고 차갑게 내뱉은 다음 그를 떠납니다(욥기 2:1-10).

그때 욥의 친구, 엘리바스와 빌닷과 소빌이 찾아와 그의 처량한 신세를 보고, 함께 소리 질러 울며 각자 자기의 겉옷을 찢고 티끌을 날려 자기 머리에 뿌리며 7일 밤낮을 욥과 함께 지냅니다. 욥이 마침내 상심하여 우리가 『오이디푸스왕』과 같은 소포클레스의 비극들에서나 찾아볼 수 있을 만큼 처연한 말로 자신의 출생을 저주하며 "나에

조반 란게티(Giovanni B. Langetti), 〈아내에게 저주받는 욥〉, 1670.

게는 평온도 없고 안일도 없고 휴식도 없고 다만 불안만이 있구나"라고 토로하지요(욥기 2:11-3:26).

그러자 때를 기다렸다는 듯 욥의 친구들이 차례로 욥의 불의와 악행을 지적하며 비난하기 시작하고, 이에 반박하는 욥과 길고 치열한 논쟁에 들어갑니다. 욥과 세 친구는 모두 하나님이 '공의의 하나님'인 것을 추호의 의심도 없이 믿는다는 점에서는 차이가 없습니다. 그런데 세 친구는 바로 그 하나님의 공의를 내세워 욥이 받고 있는 벌이 하나님 앞에서 의롭지 못하고 사람들 앞에서 악한 일을 행한 것에 대한 징계임을 주장합니다. 그러나 욥은 자신이 받고 있는 고통이 자기의 불의와 악행에 대한 하나님의 징계가 아니라는 것을 꿋꿋하게 내세우지요(욥기 4:1-31:40).

장황하고 아름다운 수사로 치장된 논쟁이 끝을 모르고 계속되자, 갑자기 엘리후라는 젊은이가 나섭니다. 그리고 자신의 의로움과 선함을 한결같이 주장하는 욥과 그에 대해서는 제대로 반박하지도 못하면서도 계속해서 욥을 정죄하려는 세 친구를 모두 꾸짖습니다. 그리고 욥에게 "전능자를 우리가 찾을 수 없나니 그는 권능이 지극히 크사 정의나 무한한 공의를 굽히지 아니하심이라"라는 말로 하나님 앞에서의 교만을 버리고 겸손하기를 권하지요(욥기 32:1-37:24).

바로 그때 마침내 하나님이 욥 앞에 나타납니다. 그리고 욥에게 "무지한 말로 생각을 어둡게 하는 자가 누구냐 너는 대장부처럼 허리를 묶고 내가 네게 묻는 것을 대답할지니라"라고 선포한 다음, 전지전능한 자신의 권능과 티끌같이 무력한 인간의 능력에 대해 가르칩니다(욥기 38:1-41:34). 그제야 욥이 자신의 교만을 인정하고 "내가 주께 대하여 귀로 듣기만 하였사오나 이제는 눈으로 주를 뵈옵나이다. 그러므로 내가 스스로 거두어들이고 티끌과 재 가운데서 회개하나이다"라고 대답하지요(욥기 42:1-6). 그러자 하나님은 욥의 세 친구를 향해 그들의 말 역시 욥의 말처럼 그릇되다며 속죄의 번제를 드릴 것을 명하고, 욥을 축복해 이전보다 갑절이나 많은 소유를 내려 주지요(욥기 42:7-17).

욥의 이야기는 얼핏 보아도 이처럼 극적 요소와 심오한 종교적·철학적 내용이 담겨 있어, 숱한 성직자와 신학자들 그리고 작가와 예술가들이 이 이야기를 다양하게 해석해 왔습니다. 하지만 우리는 이 이야기를 다른 누구보다 먼저 종교개혁자 칼빈의 눈을 통해 살펴보려고 합니다. 왜냐하면 그가 욥기를 강해하는 설교를 평생 159번이나 한 데다, 그것이 욥기에 대한 개신교적 해석의 한 전범으로 내려오기 때문입니다. 그뿐 아니라 우리는 이 이야기를 해방신학의 시조인 구스타보 구티에레스Gustavo Gutierrez와 이탈리아 출신의 정치철학자 안토니오 네그리Antonio Negri의 안경을 통해서도 들여다보려고 합니다. 왜냐하면 칼빈이 욥의 문제를 '개인적 구원'에 초점을 두고 다루었다면, 구티에레스와 네그리는 '사회적 해방'에 방점을 찍고 해석했기 때문입니다.

물론 이들의 해석을 아주 자세히 다룰 수는 없습니다. 단지 하나님의 인격성으로서의 섭리에 대해 알아보고 있는 우리의 이야기와 연관된 것만을 추려서 간략하게 살펴보려고 하지요. 그것을 바탕으로 욥의 문제, 다시 말해 하나님의 부재로 인식되는 하나님의 부조리 문제에 대해 우리가 어떻게 대응해야 하는지에 관해 함께 이야기하고자 합니다. 먼저 칼빈의 욥기 해석을 잠시 살펴볼까요?

인간의 정의와 하나님의 공의

우리는 보통 칼빈을 위대한 종교개혁자이자 신학자로 알고 있습니다. 그러나 칼빈은 자기 자신을 그리 생각하지 않았습니다. 그는 젊어서 목회자가 되기를 소망했고, 평생 자기를 설교자로 여기고 살았지요. 당연히 다른 무엇보다 설교에 열정을 쏟았습니다. 그리고 개신교 신학의 경전이라 할 수 있는 자신의 역작 『기독교 강요』보다 자신의 설교집이 기독교에 기여하는 바가 더 크다고 믿었습니다. 왜냐하면 『기독교 강요』보다 그의 설교들이 당시 개신교 신자들에게 훨씬 더 많이 읽혔기 때문입니다.

그래서 칼빈은 요한계시록을 제외한* 신구약성서 거의 전체를 강해 설교했습니다. 그리고 그 설교는 칼빈이 사용했던 프랑스어로는 물론이고 독일어와 영어로도 번역·출판되어 종교개혁이 일어난 거의 모든 나라에서 널리 읽혔지요. 국적과 언어를 불문하고 목회자가 없

---

* 칼빈은 매우 특이하게도 설교와 강론뿐 아니라 주석에서도 요한계시록을 다루지 않았는데, 이유는 알려지지 않았다.

는 교회나 공동체에서는 칼빈의 설교를 강단에서 먼저 낭독한 다음 예배를 드렸다고도 합니다. 당시의 열악한 출판 환경을 감안하면 결코 예사로운 일이 아니었지요.

칼빈의 설교 가운데 700여 편이 영어로 번역되었는데, '십계명'이 들어 있는 신명기와 욥기에 대한 설교가 그중 가장 인기가 있었다고 합니다. 그의 욥기 설교집은 1574년 첫 출판된 이후 10년 동안 5쇄가 출시되었는데, 역시 당시로는 매우 놀랄 만한 일이었지요. 그것은 칼빈의 신명기 설교집이 3년간 5쇄를 출간한 것에 뒤이은 두 번째 기록이었습니다.[1] 우리의 관심은 당연히 그가 욥기를 어떻게 해석해 설교했기에 그리 널리 읽혔을까 하는 것으로 모아집니다.

칼빈은, 성서에 욥이 '우스' 땅에 살았다고 기록되어 있는데(욥기 1:1), 예레미야 선지자가 그곳을 에돔^{Edom}이라고 지적했다는 것을 근거로(예레미야 25:20; 예레미야애가 4:21), 욥이 에돔 사람이고 에서의 후손일 것이라고 추측했습니다. 그리고 대강 모세와 같은 시대에 살았을 것으로 추정했지요.* 사실 여부와 관계없이, 여기서 중요한 것은 칼빈이 욥을 역사적 실존 인물로, 그리고 그의 이야기를 설화가 아니

---

* 욥이 언제 살았느냐 하는 데는 이견이 많다. 아브라함이 살았던 기원전 2000년대라고 주장하는 소수의 학자들도 있었으나, 현대구약학자들 사이에서는 모세 이전은 아니었다는 것이 정설이다. 왜냐하면 하나님이 욥에게 나타나는 장면이 "그때에 여호와께서 폭풍우 가운데에서 욥에게 말씀하여 이르시되"(욥기 38:1)라고 되어 있는데, 여호와, 곧 야훼(YHWH)는 모세가 시내산에서 하나님을 만났을 때 처음 성서에 등장하는 하나님의 이름(출애굽기 3:15)이기 때문이다.

라 사실로 인정했다는 점입니다. 그는 "우리가 이 점을 의심하지 말아야 하는 것은, 이 논쟁이 사람이 꾸며 낸 것이라고 생각지 않기 위함"[2]이라고 못 박았습니다.

또한 칼빈은 당시 시대상을 주목해야 한다며, 욥을 "하나님에 대한 참된 예배에서 멀리 떨어져 있었고, 참된 종교를 알지 못했지만, 교황제도하에서보다 훨씬 더 깨끗"했던 사람 가운데 하나라고 규정했습니다. 욥을 하나님이 자신의 섭리를 이루기 위해 이방인의 밭에 숨겨 놓은 '소중한 씨앗'으로 보았지요. 이 말은 칼빈이 당시 타락하고 부패한 가톨릭에 저항하는 개신교 신자들을 욥과 같이 하나님이 숨겨 놓은 소중한 씨앗에 비유해 설교했다는 것을 알려 줍니다. 실제로 칼빈은 자주 욥을 그리스도인의 모범으로 내세워 설교했습니다.

이와 연관해 매우 흥미로운 것은 칼빈이, 오늘날에도 여전히 '교회 밖에는 구원이 없다'extra ecclesiam nulla salus'는 중세의 구호를 외치며 타 종교인들에게 배타적 태도를 취하는 그리스도인들이 경청해야 할 만한 경고의 교훈을 남겼다는 사실입니다. 그는 욥기 1장 1절 말씀으로

- "교회 밖에는 구원이 없다"라는 구호가 가톨릭교회 교리로 처음 선포된 것은 1215년 제4차 라테란 공의회에서였다. 그때는 가톨릭교회가 200년 동안이나 이슬람과 사활을 걸고 살육을 벌이던 십자군 전쟁 시기(11세기 말-13세기 말)였다. 그 때문에 가톨릭교회로서는 설령 "하나님은 모든 사람이 구원을 받으며 진리를 아는 데에 이르기를 원하시느니라"(디모데전서 2:4)와 같은 성서의 가르침에서 벗어나는 한이 있더라도, 교회 안에만 구원이 있다는 배타적 교리를 선포할 수밖에 없었다. 이후 종교개혁 시기 가톨릭에서는 이 말을 '가톨릭교회 밖에는 구원이 없다'라는 의미로 개신교도들을 향해 외쳤는데, 오늘날에는 가톨릭교회가 '제2차 바티칸 공의회'(Concilium Vaticanum II)에서 이 교리를 부정하고 '교회 밖에도 구원이 있다'는 포용주의로 돌아선 반면, 오히려 대부분의 개신교에서 이 교리를 고수하고 있다.

시작하는 첫 번째 설교에서 다음과 같이 교훈했습니다.

> 성령께서 이 책[욥기]을 쓰도록 하신 것은 유대인들로 하여금, 세상의 다른 사람들과 섞여 살며 할례의 표를 받지 않았음에도 불구하고 전적으로 깨끗한 삶을 살아가며 하나님을 섬기는 백성들이 하나님께 있음을 알게 하려 함입니다. 우리는 그 점을 의심 없이 받아들여야 할 것입니다.[3]

어때요? 칼빈의 이 말은 '제2차 바티칸 공의회' 이후 가톨릭교회가 견지하고 있는 포용주의를 떠올리게 하지요? 종교적 갈등이 또다시 테러와 전쟁으로까지 이어지는 오늘날, 우리가 특히 귀담아들어야 할 귀한 교훈임이 분명합니다. 그러나 칼빈이 욥기 설교 전체에서 다른 무엇보다도 강조한 원칙 하나가 따로 있습니다. 그는 그것을 첫 번째 설교의 서두에서 다음과 같이 분명히 밝혔습니다.

> 간단히 말해서 우리가 욥기를 통해 기억해야 하는 바는 이렇습니다. 하나님께서는 당신의 피조물을 당신이 원하는 대로 주관하실 권한이 있으며, 우리가 처음 언뜻 보면 하나님이 냉엄하게 행하시는 것처럼 보일지라도, 불평하지 않도록, 우리의 입을 막아야 한다는 것입니다. 오히려 하나님의 의로우심을 인정하면서, 어째서 우리를 징계하시는지 그 이유를 선언해 주시기를 기대할 뿐입니다.[4]

하나님의 주권적 섭리에 대한 맹목적 순종! 이 말은 이제 당신에게도 낯설거나 거부감을 주지 않을 것입니다. 왜냐하면 우리는 앞에서 이미 뮈세가 "비참하고 유치한 계산/ 그렇듯 많은 헛된 작업들을 모두 버리"는 것이라고 노래하고, 키르케고르가 "무한한 자기체념"이라 부른 이 일이 어떤 결과를 가져오는지에 대해 충분히 살펴보았기 때문입니다. 심지어 우리는 아브라함의 이삭 번제 사건을 통해 그 극단적인 경우도 꼼꼼히 따져 보았습니다.

우리가 앞에서 '강한 섭리론'이라고 이름 붙인 이 같은 주장은 일찍이 사도 바울이 고통의 배후에는 언제나 하나님의 선한 '목적'(로마서 8:28; 9:11)과 '뜻'(로마서 9:19)이 있다고 교훈했고, 칼빈 역시 다른 자리에서 "하나님은 자기 백성들이 나중에 배부르게 하기 위해서 일시적으로 굶게 하시며 생명의 빛을 다시 주기 위해서 죽음의 골짜기에 있게" 하신다고 가르친 바로 그것이지요. 그런데 적어도 칼빈이 보기에는 욥이 바로 이런 섭리에 대한 강한 믿음을 가진 사람이었습니다. 칼빈은 욥의 입장을 다음과 같이 정리했습니다.

욥은, 하나님이 사람에게 고통을 주실 때 언제나 그 사람의 죄의 분량대로 하시는 게 아님을 완전히 확신하였습니다. 그래서 욥은 자기가 하나님의 버림을 받은 사람이 아니라는 증거를 마음속에 갖고 있었습니다.[6]

반면에 "욥을 위로하는 척하면서 욥의 질병보다 욥을 더 괴롭게 했던" 그의 친구들은 그 반대편에 서 있다는 것이 칼빈의 생각입니다. 칼빈은 "욥의 친구들이 늘어놓은 모든 전제들은, 욥이 하나님께 책망받고 있으며, 하나님께서 욥 자신을 향하여 화목한 마음을 가지고 계시다고 믿는 게 큰 실수라고 생각하도록 욥을 설득하는 경향이 깔려"7 있다고 보았습니다. 하나님의 공의에 대한 생각이 서로 다르다는 것입니다.

욥기 9장 1-6절 내용을 강해하는 설교에서는 빌닷과 욥의 논증을 비교하면서 욥과 친구들의 입장이 어떻게 다른지를 다시 한번 분명히 정리했습니다.

그러니 욥과 빌닷의 경우는 다른 두 논리임을 주목합시다. 한 사람[빌닷]은 "하나님은 의롭다. 왜냐하면 하나님께서는 사람이 행하는 대로 심판하시기 때문이다"라고 말합니다. 또 다른 한 사람[욥]은 "하나님은 의롭다. 그러므로 하나님께서 사람들을 어떻게 대하시냐에 대해서는 고사하고라도 우리가 입을 닫고 하나님을 대적하는 불만을 토하지 않아야 한다. 왜냐하면 그래도 아무 소용이 없기 때문이다"라고 말합니다.8

칼빈은 우리가 '하나님은 의롭다'고 말할 때 의미하는 하나님의 공의zedakah가 인간의 행위에 따라 징계하거나 심판하는 것이 아니라, 오직 하나님의 섭리를 따라 이루어지는 것임을 분명히 한 것입니다. 여기서 칼빈이 보는 인간의 정의justice, 正義와 하나님의 공의

righteousness, 公義가 어떻게 다른지가 명백히 드러납니다. 한마디로 선한 자가 복 받고 악한 자가 벌 받는 인과응보 retributive justice가 사람의 정의이고, "모든 것이 합력하여 선을"(로마서 8:28) 이루는 섭리 providence가 하나님의 공의입니다!

이런 의미에서 칼빈은 욥기 1장 20-22절을 강해한 설교에서는 "이 세상에서 우리에게 일어나는 어떠한 일도 하나님의 허락 없이는 일어나지 않는다는 것을 인정하고, 하나님께서는 모든 것이 합력하여 우리의 구원을 이루도록 역사하심을 확신할 은혜를 주십사고 기도합시다"⁹라고 교훈하기도 했지요. 바로 이것이 칼빈의 욥기 강해 설교의 시종을 일관하는 원칙입니다. 그가 "사람이 의롭다 하심을 얻는 것은 율법의 행위에 있지 않고 믿음으로 되는 줄 우리가 인정하노라"(로마서 3:28)라고 가르친 사도 바울의 열렬한 계승자이자, 강한 섭리주의자라는 것을 또렷이 보여 주는 대목이기도 하지요.

여기서 다시 흥미로운 것은 칼빈이 욥과 친구들이 서로 대립하고 있는 입장을 빗대어, 당시 믿음보다 행위의 중요성을 내세우며 칼빈이 옹호하는 섭리 교리를 공격했던 가톨릭의 교황주의자*와 인간의 자유의지를 주장하는 자유사상가들의 주장을 에둘러 비판했다는

---

* 칼빈은 이신칭의(以信稱義) 교리를 내세우는 자기를 비난하는 당시 가톨릭을 이렇게 비판했다. "교황주의자들은 우리 주 예수 그리스도 안에 있는 하나님의 순전한 은혜로 말미암아서만 의롭다 하심을 얻는다는 우리의 주장을 확신할 수 없습니다. 어째서 확신할 수 없습니까? '만일 그렇게 된다면 사람들의 구원을 이루는 선한 행실이나 공로는 어떻게 되는 것이냐?'고 묻습니다"(요한 칼빈, 서문강 역, 『칼빈의 욥기 강해: 욥과 하나님』, 지평서원, 2003, p. 124).

사실입니다. 이 비유적 비판담론에서 칼빈 자신과 개신교 신자들은 죄 없이 고난받는 욥이고, 교황주의자와 자유사상가들은 부당하게 비난하는 욥의 친구들인 거지요. 칼빈은 강해설교 가운데서도 이런 식으로 틈틈이 신자들이 당면한 현실적 문제에 관한 자신의 견해, 곧 당시 개신교인들이 취해야 할 올바른 입장을 밝히곤 했습니다.[•]

그런데 여기서 우리가 주목해야 할 것이 하나 있습니다. 그것은 칼빈이 욥기 설교의 시종 '하나님 앞에서 침묵'을 강조한다는 사실입니다. 예컨대 "하나님께서 사람들을 어떻게 대하시냐에 대해서는 고사하고라도 우리가 입을 닫고 하나님을 대적하는 불만을 토하지 않아야 한다"가 그것이지요. 하나님과 친구들을 향해 유난히 말이 많았던 욥에게—또한 욥 못지않게 하나님에게 의심, 불평, 불만이 많은 우리에게도—적절한 경고이자 교훈이지만, 그것은 칼빈의 목회신학을 관통하는 핵심이기도 합니다. '하나님 앞에서 침묵'이 그리스도인에게 그만큼 중요하다는 이야기인데, 도대체 왜 그럴까요? 이제 우리는 이에 대해 살펴보려 합니다.

• 칼빈이 설교 전반에서 원칙으로 삼은 것 가운데 하나는 '성서가 성서를 해석하게' 한다는 것이다. 그는 『기독교 강요』를 쓴 위대한 조직신학자임에도 불구하고 자신의 설교에 신학적 또는 교리적 요소를 직접 끌어들이지 않았을 뿐 아니라, 전문용어도 사용하지 않았다. 당대 뛰어난 인문학자이자 문장가였지만, 수사학적 기법을 사용하지도 않았다. 단지 신자들의 이해와 실생활에서의 활용을 위해 일상적 예화와 시대적 상황을 견주어 설교했다. 그러나 근현대 개신교 설교학에서처럼 교리나 시사적인 문제에 치중하지 않았다.

침묵 속에서 들리는 음성

욥기는 전부 42장으로 되어 있습니다.˙ 그 가운데 4장부터 31장까지, 정확히 전체 분량의 3분의 2가 하나님이 욥에게 한 일에 대해 욥과 친구들이 벌이는 길고도 치열한 논쟁이지요. 이 논쟁에서 욥은 적극적으로 자기의 의로움과 선함을 내세우며, 자기에게 일어난 일에 대한 부당함을 주장합니다. 이 점에서 욥은 다시 한번 아브라함과 다르고, 오히려 우리와 꼭 닮았습니다. 나귀에 이삭을 태우고 모리아산으로 향하던 사흘 밤낮 내내 아브라함은 오직 침묵했기 때문입니다.

욥도 처음부터 말이 많지는 않았습니다. 첫 재난을 당한 직후 욥은 "일어나 겉옷을 찢고 머리털을 밀고 땅에 엎드려 예배하며 이르되 내가 모태에서 알몸으로 나왔사온즉 또한 알몸이 그리로 돌아가올지라. 주신 이도 여호와시요, 거두신 이도 여호와시오니 여호와의 이름이 찬송을 받을지니이다"(욥기 1:20-21)라며 하나님의 처사에 그 어떤 불만이나 이의도 제기하지 않았지요. 그런데 온몸에 피고름이 흘러내리는 두 번째 재앙을 당해 아내마저 저주하고 떠나자 이내 달

• 신약, 구약을 막론하고 성서는 원래부터 오늘날처럼 찾아보기 쉽게 '장'(章, chapter)과 '절'(節, verse)로 구분되어 있지는 않았다. 유대인들은 회당에서 구약성서를 주기별로 구분해서 낭송하였지만, 장과 절로 구분하지는 않았다. 13세기 초에 훗날 캔터베리 대주교가 된 소르본 대학의 스티븐 랭턴(Stephen Langton, ?1150-1228) 교수가 내용에 따라 장 구분을 처음 완성했는데, 1226년에 파리 대학 교수들이 그것을 신구약성서 모두에 적용했다. 절 구분은 훨씬 뒤에 로베르 에티엔(Robert Étienne, 1503-1559)에 의해 이루어졌다. 인쇄업자였던 그는 15세기 도미니쿠스회 수도사들이 만든 절 구분법을 사용하여 성서 전체에 절을 표시했다. 신구약성서 모두에 장과 절이 붙여져 처음 출판된 것은 1555년에 출간된 스테파누스(Stephanus Robertus)의 불가타 성서다. 오늘날의 성서들은 1560년판 제네바 성경의 장절 구분을 적용하고 있다.

라져 다음과 같이 처절하고 장황하게 자신의 출생을 저주했습니다.

> 내가 난 날이 멸망하였더라면, 사내아이를 배었다 하던 그 밤도 그러하였더라면, 그날이 캄캄하였더라면, 하나님이 위에서 돌아보지 않으셨더라면, 빛도 그날을 비추지 않았더라면, 어둠과 죽음의 그늘이 그날을 자기의 것이라 주장하였더라면, 구름이 그 위에 덮였더라면, 흑암이 그날을 덮었더라면,…이는 내 모태의 문을 닫지 아니하여 내 눈으로 환난을 보게 하였음이로구나. 어찌하여 내가 태에서 죽어 나오지 아니하였던가. 어찌하여 내 어머니가 해산할 때에 내가 숨지지 아니하였던가. 어찌하여 무릎이 나를 받았던가. 어찌하여 내가 젖을 빨았던가. 그렇지 아니하였던들 이제는 내가 평안히 누워서 자고 쉬었을 것이니. (욥기 3:3-13)

자신의 출생에 대한 이 같은 저주는 누가 보아도 자기를 창조한 하나님의 처사에 대한 불만을 에둘러 표시한 것이지요. 이어서 욥은 자기의 의로움과 선함에 대해 지칠 줄 모르고 역설하며 하나님과의 대질對質도 요구합니다. 욥이 갑자기 달라진 겁니다.* 심지어 공공연하게 하나님을 의심하고 원망하며 다음과 같이 비아냥거리기까지 합니다.

---

* 욥의 태도 변화를 근거로, 성서학자들은 욥기에서 운문(韻文)으로 쓰인 욥과 친구들의 논쟁 부분(4장부터 31장까지)과 그 전후에 산문(散文)으로 쓰인 부분(1-3장과 32-41장)이 각각 다른 저자에 의해 만들어진 자료라고 보기도 한다.

가령 내가 그를 부르므로 그가 내게 대답하셨을지라도 내 음성을 들으셨다고는 내가 믿지 아니하리라. 그가 폭풍으로 나를 치시고 까닭 없이 내 상처를 깊게 하시며 나를 숨 쉬지 못하게 하시며 괴로움을 내게 채우시는구나.…가령 내가 의로울지라도 내 입이 나를 정죄하리니 가령 내가 온전할지라도 나를 정죄하시리라. 나는 온전하다마는 내가 나를 돌아보지 아니하고 생명을 천히 여기는구나. 일이 다 같은 것이라. 그러므로 나는 말하기를 하나님은 온전한 자나 악한 자나 멸망시키신다 하나니 갑자기 재난이 닥쳐 죽을지라도 무죄한 자의 절망도 그가 비웃으시리라. (욥기 9:16-23)

어때요? 놀랍지요? 물론 성서에 하나님의 처사에 불만을 드러내고 원망하는 구절이 전혀 없는 것은 아닙니다. 예컨대 시편 73편 3-14절*이나 예레미야애가 3장 2-14절**이 그렇습니다. 그리고 사실

- * "이는 내가 악인의 형통함을 보고 오만한 자를 질투하였음이로다. 그들은 죽을 때에도 고통이 없고 그 힘이 강건하며 사람들이 당하는 고난이 그들에게는 없고 사람들이 당하는 재앙도 그들에게는 없나니, 그러므로 교만이 그들의 목걸이요 강포가 그들의 옷이며 살찜으로 그들의 눈이 솟아나며 그들의 소득은 마음의 소원보다 많으며…말하기를 하나님이 어찌 알랴 지존자에게 지식이 있으랴 하는도다. 볼지어다 이들은 악인들이라도 항상 편안하고 재물은 더욱 불어나도다. 내가 내 마음을 깨끗하게 하며 내 손을 씻어 무죄하다 한 것이 실로 헛되도다. 나는 종일 재난을 당하며 아침마다 징벌을 받았도다."
- ** "나를 이끌어 어둠 안에 걸어가게 하시고 빛 안에서 걸어가지 못하게 하셨으며 종일토록 손을 들어 자주자주 나를 치시는도다. 나의 살과 가죽을 쇠하게 하시며 나의 뼈들을 꺾으셨고 고통과 수고를 쌓아 나를 에우셨으며 나를 어둠 속에 살게 하시기를 죽은 지 오랜 자 같게 하셨도다. 나를 둘러싸서 나가지 못하게 하시고 내 사슬을 무겁게 하셨으며 내가 부르짖어 도움을 구하나 내 기도를 물리치시며 다듬은 돌을 쌓아 내 길

은 우리 역시 견디고 감당하기 힘든 고난을 당할 때마다 얼마나 자주 하나님께 이런 원망과 비난을 하며 사는가요. 그럼에도 시편 기자와 예레미야 선지자는 물론이거니와 우리 중 그 누구도 욥처럼 담대하게 하나님에게 맞서 대들고 저항한 사람은 없을 것입니다.

  욥이 그리 대담할 수 있는 것은 그가 자신의 의로움과 선함을 추호의 의심도 없이 믿었기 때문이지요. 그 믿음을 바탕으로 한 욥의 주장이 시종 견지하는 논리는 이러했습니다. 하나님은 의롭고 선한 자도 징벌하신다. "하나님은 자기 백성들이 나중에 배부르게 하기 위해서 일시적으로 굶게 하시며 생명의 빛을 다시 주기 위해서 죽음의 골짜기에 있게" 한다는 섭리의 교리를 감안하면, 말인즉 옳지요. 하지만 욥이 뜻하는 것은 그것이 아니었습니다. 그는 단순히 자기의 의로움을 내세우고 하나님의 부당함을 고발하기 위해 그런 주장을 한 것이었지요.

  그런데 욥의 친구들도 역시 공연히 그를 헐뜯고 험담하려고 온 무지몽매한 사람들이 아니었습니다. 그들은 성서적 전승에 밝은 당시의 학자들로서, 치밀하고 일관된 논리로 무장한 사람들이었지요. 그들의 논리는 이러했습니다. 하나님은 공의롭기 때문에 무죄한 사람을 징계하지 않는다. 그런데 너는 징계받았다. 따라서 네게는 설령 네가 모른다 해도 죄가 있으니 회개하라. 역시 빈틈없는 논리지요. 그뿐

들을 막으사 내 길들을 굽게 하셨도다.…활을 당겨 나를 화살의 과녁으로 삼으심이여 화살통의 화살들로 내 허리를 맞추셨도다. 나는 내 모든 백성에게 조롱거리 곧 종일토록 그들의 노랫거리가 되었도다."

만 아니라 그들은 나름의 증거도 갖고 있었습니다. 엘리바스는 다음과 같이 욥을 책망하지요.

> 하나님이 너를 책망하시며 너를 심문하심이 너의 경건함 때문이냐. 네 악이 크지 아니하냐. 네 죄악이 끝이 없느니라. 까닭 없이 형제를 볼모로 잡으며 헐벗은 자의 의복을 벗기며 목마른 자에게 물을 마시게 하지 아니하며 주린 자에게 음식을 주지 아니하였구나. 권세 있는 자는 토지를 얻고 존귀한 자는 거기에서 사는구나. 너는 과부를 빈손으로 돌려보내며 고아의 팔을 꺾는구나. (욥기 22:4-9)*

물론 욥은 이를 격하게 부정하고 사람들이 그동안 자기를 공경한 까닭을 일일이 나열하며 반박합니다. 쌍방의 주장이 팽팽하게 맞서자 결국 서로를 힐난하면서 논쟁은 갈수록 피폐해집니다. 게다가 욥은 시종 공의의 하나님이 모습을 드러내어 시비를 가려 줄 것을 요구하지만 하나님은 여전히 나타나지 않지요. 그런데 이때 엘리후라는 젊은이가 뜬금없이 나타나 다음과 같이 욥을 꾸짖습니다.

---

* 개역개정판 번역인데 다른 번역도 참고할 만하다. "너는 가난한 형제들이 빚진 것을 갚지 않는다고 해서 터무니없는 담보를 요구하고 그들의 옷까지 벗겨 벌거숭이가 되게 하였으며 목마른 자에게 물을 주지 않았고 배고픈 자에게 먹을 것을 주지도 않았다. 그러면서도 너는 권세 있는 자들에게는 네 땅을 주어 그들이 마음대로 거기서 살게 하였다. 너는 과부를 돕지 않고 빈손으로 돌아가게 하였을 뿐만 아니라 불쌍한 고아들을 착취하였다"(욥기 22:6-9, 현대인의 성경).

나는 그대의 말소리를 들었느니라. [그대가] 이르기를 나는 깨끗하여 악인이 아니며 순전하고 불의도 없거늘 참으로 하나님이 나에게서 잘못을 찾으시며 나를 자기의 원수로 여기사 내 발을 차꼬에 채우시고 나의 모든 길을 감시하신다 하였느니라. 내가 그대에게 대답하리라. 이 말에 그대가 의롭지 못하니 하나님은 사람보다 크심이니라. 하나님께서 사람의 말에 대답하지 않으신다 하여 어찌 하나님과 논쟁하겠느냐. (욥기 33:8-13)

역시 정확하고 날카로운 지적입니다. 주목하고자 하는 것은 "이 말에 그대가 의롭지 못하니"라고 짚은 엘리후의 예리함입니다. 그는 욥의 세 친구들처럼 확실한 증거를 댈 수 없는 욥의 선악을 문제 삼지 않고, 욥이 방금 한 말들을 확실한 근거로 하여 욥이 왜 의롭지 못한가를 증명한 거지요. 하나님 앞에서 스스로 의롭다고 주장하며 하나님을 비난하고 원망한 것, 바로 그것이 의롭지 못하다는 겁니다. 이에 욥도 할 말을 잃지요. 이때 엘리후는 "욥이여 내 말을 귀담아 들으라 잠잠하라 내가 말하리라"(욥기 33:31)라며 욥에게 침묵하고 경청할 것을 요구합니다. 그리고 하나님을 대변하는 의견을 쏟아 놓습니다.

칼빈은 욥기 32장 1절에서 37장 24절까지 이어지는 엘리후의 말을 네 번으로 나누어 설교했습니다. 그러면서 그는, 우리가 고난을 당했을 때 왜 입을 막고 침묵해야 하는가, 하나님은 왜 고난에 당면한 우리의 울부짖음에 침묵하는가에 대해 설명합니다. 요점은 하나

윌리엄 블레이크, 〈친구들에게 비난받는 욥〉, 1805.

님의 섭리에는 우리가 모르는 비밀이 있는데 그것이 우리를 궁극적으로 선하게 이끌 것이기에, 고난이 닥쳐와도 침묵하며 인내해야 한다는 것입니다. 요컨대 하나님이 침묵할 때 인간도 침묵해야 한다는 거지요! 그래야만 비로소 침묵 속에서 들리는 하나님의 음성을 들을 수 있고, 그것을 통해 "모든 것이 합력하여 선을 이[룬다]"(로마서 8:28)는 하나님의 섭리의 비밀을 깨닫게 된다는 뜻입니다.

섭리가 함께한다는 점에서 고난은 의미 없는 고통과 다릅니다. 그래서 칼빈은 고난의 유익함에 대해서도 다음과 같이 역설합니다.

사람들이 먹을 것이 충분하고 시간을 마음대로 누릴 수 있고 건강과 평화를 구가할 수 있을 때 사람들은 너무 지나치게 그것에 빠져 버립니다. 그들은 너무 즐거운 나머지 하나님의 말씀을 더 이상 들을 수 없습니다. 그러나 고난은 하나님의 진노에 대해 하나님이 보내는 메시지입니다. 우리로 하여금 다시 지각을 갖게 하기 위하여 하나님께 범죄한 것을 깨닫고 느끼게 합니다. 그러니 일반적으로 그 고난을 받는 자들에게 교훈적 유익을 줍니다.[10]

이때 칼빈이 말하는 유익이란 일찍이 사도 바울이 "우리가 잠시 받는 환난의 경한 것이 지극히 크고 영원한 영광의 중한 것을 우리에게 이루게 함이니"(고린도후서 4:17), "생각하건대 현재의 고난은 장차 우리에게 나타날 영광과 비교할 수 없도다"(로마서 8:18)라고 교훈한 바로 그것임에는 의심의 여지가 없습니다. 욥의 경우가 바로 그렇다는 거지요. 이 말을 칼빈은 다음과 같이 요약했습니다.

이 대목의 보편적 주제는 사람들이 하나님을 대적하여 불평할 수는 있지만 결국 혼미에 빠질 거라는 말씀입니다. 어째서 그렇습니까? 비록 하나님께서 오늘날 너무 냉정하게 우리를 다루시는 것 같지만 일의 진상을 충분히 알면 입을 닫고 하나님을 영화롭게 할 수밖에 없을 것입니다.[11]

그렇지요, 참으로 섭리의 신봉자 칼빈다운 설교입니다. 그런데 만일 우리 가운데 누군가가 욥처럼 모든 재산과 가족들을 잃고 건강마저 빼앗겼다면, 아니 더 직설적으로 이야기해서 혹시 당신이 실로 참고 견디기 어려운 시련이나 고난을 당해 본 적이 있다면, 선뜻 이 말에 동의하기가 쉽지 않을 것입니다. 말인즉 백번 옳다고 해도, 고난 가운데 드러나는 하나님의 부조리와 침묵만큼 견디기 힘든 고통이 없기 때문입니다. 그것은 오직 아브라함이나 할 수 있는 일이겠지요. 아마 욥이 칼빈의 설교를 들었다 하더라도 반응은 마찬가지였을 겁니다.

그래서 이제 고난을 참고 인내하며 침묵하는 것이 어떤 의미를 갖고 있는가에 대한 키르케고르의 설명을 덧붙여 이해를 돕고자 합니다. 왜 다시 키르케고르냐고요? 그것은 그가 이 문제에 있어 칼빈과 같은 입장에 서 있는 데다, 우리가 앞에서 아브라함의 문제를 다루면서 이미 그의 용어와 사유에 익숙해져 있기 때문입니다. 우리는 침묵에 대한 키르케고르의 사유를 통해 우리가 고난을 당했을 때 하나님 앞에서 왜 침묵해야만 하는가뿐 아니라, 아브라함과 욥이 서로 어떻게 다른가도 더 깊게 이해하게 될 것입니다. 그럼 잠시 '아브라함의 문제'로 다시 돌아가 볼까요?

윤리적인 것의 목적론적 정지

앞에서 이미 살펴보았듯이, 키르케고르의 『공포와 전율』에 의하면 이삭을 바치러 가는 두렵고 떨리는 길에서도 아브라함은 믿었습니다. 하나님은 이삭을 요구하시지만 결코 요구하시지 않는다는 것을, 자기는 이삭을 바치지만 되돌려 받으리라는 것을,* 그 부조리한 것을 그는 믿었습니다. 왜냐하면 "그는 어느 날 저승에서 축복을 받을 것이라고 믿은 것이 아니라, 여기 이 세상에서 행복하게 될 것"[12]을 약속받았기 때문입니다.

그래서 아브라함은 아무 말 없이 사흘 하고 반나절이 걸리는 거리를 가서 거리낌 없이 이삭을 바치려 했고, 그 후 이삭을 돌려받았을 때도 기뻐했을망정 놀라지 않았습니다. 만일 그렇지 않았더라면 하나님을 사랑하는 아브라함은 하나님의 명을 거역할 수야 없었겠지만, 나귀 등에 올라탄 순간 "이제 이삭은 잃었다. 모리아산까지 먼 길을 가느니보다는 내 집에서 이삭을 바쳐도 마찬가지일 것이다. 차라리 그렇게 하자"[13]라며 모든 것을 체념했을 것이고, 이삭을 돌려받았을 때도 기뻐하기보다 오히려 놀랐을 것이라는 것이 키르케고르의 생각입니다.[14]

그래서 아브라함은 아무도 이해할 수 없는 자신의 행동을 하나님에 대한 절대의무로 생각했고, 당사자 이삭은 물론이거니와 아내 사라와 충직한 종 엘리에셀, 그 누구에게도 이야기하지 않았습니다. 그럼으로써 그는 누구에게도 거짓말하지 않았지요. 그는 오직 침묵했습니다. 하지만 그것이 이삭을 바쳐야 한다는 사실을 숨기기 위한 침

---

* "그는 말한다 — '어떤 일이 있어도 (이삭을 바치는 일은) 일어나지 않을 것이다. 아니 일어난다 해도 주께서는 부조리한 것의 힘을 빌려서 새로운 이삭을 내게 주실 것이다'"(쇠렌 키르케고르, 임춘갑 역, 『공포와 전율』, 다산글방, 2007, p. 105).

묵은 결코 아니었습니다. 만일 그랬다면 그는 미치광이이자 반인륜적인 사람이 되었을 것입니다. 아브라함은 결코 그래서 침묵한 것이 아니었지요. 그는 이삭을 바치지만 이삭을 돌려받을 것을 믿었기 때문에, 믿을 수 없는 것을 믿었기 때문에 침묵했지요.

믿을 수 있는 것을 믿는 것은 믿음이 아닙니다! 믿을 수 없는 것을 믿는 것이 믿음이지요. 아브라함은 도저히 이해할 수 없고 믿을 수 없는 것을 믿고 침묵했습니다. 사라와 엘리에셀 그리고 이삭은 물론이고, 이 세상 그 누구도 도저히 이해할 수 없는 것, 믿을 수 없는 것에 대해서 그는 침묵했지요. 이 점에서 아브라함은 고난 속에서 울부짖으며 따지고 원망하며 비난하는 욥이나 우리와는 전혀 달랐습니다. 사실은 바로 이것이 우리가 그의 침묵을 주목해야 하는 이유인데, 키르케고르는 이 침묵이 사라와 엘리에셀 그리고 이삭, "이들 세 개의 윤리적 법정을 뛰어넘었다"[15]라고 평가하며, 다음과 같이 썼습니다.

> 아브라함은 침묵을 지킨다. 그는 말을 할 수 없다. 이 점에 고뇌와 불안이 있다. 즉 내가 말을 함으로 해서 남들에게 나를 이해시킬 수 없을 때는, 비록 내가 자나 깨나 끊임없이 말을 한다 해도, 나는 말을 하고 있는 것이라 할 수 없다. 이것이 아브라함의 경우인 것이다.[16]

그러나 이삭이 "불과 나무는 있거니와 번제할 어린 양은 어디에 있나이까?"(창세기 22:7)라고 물었을 때, 그는 더 이상 침묵할 수 없었지요. 그러나 이 기막힌 순간에조차 아브라함은 거짓말하지 않았습니다. 이때 만일 아브라함이 '나는 모른다'라고 했더라면, 그는 거짓말을 한 셈이 되지요. 그래서 그는 그리하지 않고, "내 아들아, 번제할 어린 양은 하나님이 자기를 위하여 친히 준비하시리라!"(창세기 22:8)라고 자기조차 뜻을 알지 못하는 대답을 했습니다. 그렇지만 이 말에는 그가 무엇을 믿기 때문에 침묵하고 있는지, 아니 무슨 힘으로 침묵할 수 있는지가 잘 나타나 있습니다. 키르케고르는 당시 아브라함의 심정을 다음과 같이 들여다보았습니다.

> 여기에는 아브라함의 마음에 이중운동Doppelbewegung이 있음을 알 수 있다. 만일 아브라함이 단지 이삭을 단념하였을 뿐이고, 그 이상의 일을 하지 않았다고 한다면, 그는 거짓말을 한 셈이 되었을 것이다. 왜냐하면 그는 하나님께서 이삭을 요구하신다는 것을 알고 있었기 때문이다. 따라서 그는 이 운동(무한한 체념)을 끝내고 나서 모든 순간에 다음 운동, 곧 부조리한 것의 힘을 빌린 믿음의 운동을 하고 있는 것이다. 그런 한에 있어 그는 아무런 거짓말을 하고 있지 않다. 왜냐하면 하나님께서는 전혀 다른 일도 하실 수 있다는 것도 물론 가능하기 때문이다. 따라서 그는 아무 거짓말도 하고 있지 않았다.[17]

그렇습니다. 만일 아브라함이 잠시라도 이삭을 단념하고 모리아산으로 향했다면, 그는 사라와 엘리에셀과 이삭을 속인 '거짓말쟁이'일 뿐 아니라, 피의 제사를 요구하는 잔혹한 신을 섬기는 '우상숭배자'이자, 자신의 아들을 자기 손으로 살해하려는 '미치광이'였을 것입니다. 키르케고르가 지적한 대로, "아브라함이 한 일은, 윤리적으로 표현한다면 그가 이삭을 죽이려 한 것이고, 종교적으로 표현한다면 그는 이삭을 바치려고 한 것"[18]이기 때문이지요. 이 위대한 이야기의 뒷면에는 이처럼 윤리와 신앙이 충돌하는 극심한 대립이 있을 수밖에 없는데, 아브라함은 침묵함으로써 그 모든 '윤리의 법정'을 훌쩍 뛰어넘었습니다.

아브라함은 이 세상의 것, 일체의 인간적 타산, 그리고 자신의 오성마저도 버리는 무한한 자기체념을 한 다음, 힘을 다해, 참으로 있는 힘을 다해 한 걸음 더 나갔지요. 침묵 속에서, 참으로 쇳덩이 같은 침묵 속에서 그는 거짓말쟁이, 우상숭배자, 미치광이가 되지 않고, 하나님을 원망하거나 비난하는 죄인이 되지도 않는 길을 찾았습니다. 믿을 수 없는 것을 믿는 힘, 부조리한 것을 믿는 믿음의 힘으로 버티면서, 아브라함은 잠시도 이삭을 단념하지 않고 추호도 하나님을 거역하지 않았지요. 그는 침묵 속에서 윤리도 버리지 않고 신앙도 지켰습니다. 바로 이것이 칼빈과 키르케고르가 우리에게 침묵을 권하는 이유지요. 키르케고르는 아브라함이 한 이 위대한 일을 마음이 하는 '이중운동'이라고 이름 붙였습니다.

이중운동은 앞에서 소개한 키르케고르의 '실존의 3단계' 가운데 윤리적 단계에서 종교적 단계로 넘어가기 위한 운동입니다. 그중 하나가 "무한한 자기체념"이고, 다른 하나가 앞에서 살펴본 "부조리한 것의 힘을 빌린 믿음의 운동"이지요. 키르케고르는 이 믿음의 운동을 '윤리적인 것의 목적론적 정지'eine teleologische Suspension des Ethischen라는 용어로 설명했습니다. 그는 우리가 이 두 가지 운동을 함께할 때에만 진정한 종교적 단계에 도달한다고 보았는데, 이에 대해 조금 더 부연하자면 다음과 같습니다.

앞에서 이미 살펴보았듯이, 키르케고르에게 "무한한 자기체념"은 윤리적 단계의 최정점이자, "믿음에 앞서 있는 마지막 단계"지요. "따라서 이 운동을 수행치 못한 자는 모두가 믿음도 갖고 있지"[19] 않습니다. 하지만 체념 자체가 믿음도 아니고, "체념을 하는 데는 믿음이 필요하지도 않다"[20]는 것이 키르케고르의 생각입니다. 체념에는 다만 소크라테스가, 그리고 아가멤논, 옙다, 브루투스가 보여 주었던 높은 윤리의식과 인간적 용기가 필요할 뿐이지요. 그래서 키르케고르는 이런 사람들을 '체념의 기사騎士'라고 불렀습니다.

그런데 아브라함은 여기서 한 걸음 더 나아갔습니다. 그는 무한한 체념을 한 다음, 곧바로 '윤리적인 것의 목적론적 정지'에 들어갔지

---

* 키르케고르에 의하면, 이들은 모두 민족의 운명을 구한다는 지고한 윤리의식과 무한한 자기체념에 의해 사랑하는 딸 또는 아들을 바쳤다. 이렇듯 보편적인 것(윤리적인 것)을 위하여 개별적인 것을 체념하는 사람을 키르케고르는 '무한한 체념의 기사(騎士)'라고 불렀다. 그리고 이들이 가지고 있는 미덕과 용기를 '종교성 A'라고 규정했다. '종교성 A'는 윤리성과 종교성이 연결된 영역을 가리킨다. 키르케고르는 『비학문적 후서』에서 "윤리적 단계와 종교적 단계는 서로 연결되어 있다"면서, '윤리적인 것'을 '윤리적-종교적 영역'(die Ethische-Religiöse Späre)이라는 표현과 함께 종교적 영역에 포함시켜 다루고 있다[참고. S. Kierkegaard, Gesammelte Werke (전집) 16., *Abschliessende Unwissenschaftliche Nachschrift* (종결적인 비학문적 후서), Bd.1, E. Hirsch / H. Gerdes, Eugen Diederichs, p. 290].

요. 윤리적인 것은 이성적인 것이고, 이성적인 것은 사고하고 말할 수 있는 것이며 조리에 합당한 것이기에, 하나님의 부조리 앞에선 합당치 않았기 때문입니다. 그래서 그는 윤리적인 모든 사고, 모든 판단, 모든 발언을 정지시켰습니다. 그리고 오직 침묵 속에서 '하나님은 이삭을 요구하지만 요구하지 않는다, 나는 이삭을 바치지만 되돌려 받는다'라는 부조리한 것, 참으로 부조리한 것을 믿었습니다. 그럼으로써 아브라함은 '무한한 체념의 기사'일 뿐 아니라 '믿음의 기사騎士'가 되었지요.

윤리는 보편적인 것이고 믿음은 개별적인 것이어서 당연히 개별적인 것이 보편적인 것에, 즉 믿음이 윤리에 종속되어야 한다는 것이 우리의 이성적 판단입니다. 이런 이성적·윤리적 판단에 의해 소크라테스는 자신의 목숨을 내놓았고, 아가멤논, 엡다, 브루투스는 사랑하는 자녀들의 목숨을 바쳤던 거지요. 그러나 개별적인 것이 보편적인 것보다, 다시 말해 믿음이 윤리보다 높이 있다는 것이 '믿음의 역설'paradox of faith이라고 키르케고르는 말합니다.

그리고 이 역설이 성립하기 위해서는, 개별적인 것을 위해 보편적인 것을 버리는 것이 아니라, 그것을 일단 정지시키고—다시 말해 일체의 이성적·윤리적 사고와 판단 그리고 발언을 멈추고—그것을 껴안은 채 그것을 뛰어넘는 윤리적인 것의 목적론적 정지가 필요하다는 것이 키르케고르의 생각입니다. 매우 특별하고 보기에 따라서는 아주 위험한 사유이지요. 그만큼 위대한 사유이기도 합니다.

내가 보기에는 키르케고르가 말하는 윤리적인 것의 목적론적 정지가 무엇인지를 가장 명시적으로 보여 주는 것이 율법과 복음에 대한 기독교의 입장입니다. 기독교 교리에 따르면, "율법으로는 죄를 깨달음이니라"(로마서 3:20)라는 바울의 가르침이 뜻하듯, 율법은 복음을 준비하기 위한 전 단계일 뿐이지요.* 그것은 마치 키르케고르에 있어 윤리적 단계가 종교적 단계에 이르기 위한 "한갓 통과 영역"[21]인 것과 같습니다.

그러나 율법이 복음에 의해 쓸모없는 것, 그래서 폐기해야 할 것이 되는 것은 아닙니다. 복음은 율법을 끌어안고 한 단계 더 올라갑니다. 이 말을 예수님은 "내가 율법이나 선지자를 폐하러 온 줄로 생각하지 말라. 폐하러 온 것이 아니요, 완전하게 하려 함이라"(마태복음 5:17)라고 가르쳤지요. 그래서 내 귀에는 이 말이 2,000년 전에 예수님이 우리에게 키르케고르가 말하는 '윤리적인 것의 목적론적 정지'를 쉽게 풀어 교훈한 것으로 들립니다.

키르케고르가 말하는 정지suspension는 이처럼 비록 외관상으로는 전前 단계를 폐기하는 것 같지만 내면적으로는 전 단계를 포함하고

---

* 율법에 의거한 인간 구원은 철저히 실패로 끝났다. 구약성서에는 사울, 다윗, 아합, 예후, 여로보암의 죄 등 이에 대한 충분한 예를 제시하고 있다. 그래서 인간들은 율법이 주어지기 전보다도 더욱 절망하고 더 많은 죄의식에 빠질 수밖에 없었으며, 구약성서는 이에 대한 수많은 사례로 구성된 거대한 서사시라는 것이 기독교적 입장이다. 그리고 바로 이것이 모든 위대한 도덕주의가 실패할 수밖에 없는 이유이며, '죄를 사하여 주는 자', '하나님에게로 다시 돌아오게 하는 자', 곧 구세주의 '필연적 필요성'이고, 그 필연적 필요성을 준비하기 위해서 율법의 시대가 있었다는 것이 기독교 교설이다. 다시 말해 하나님은 구원에 대한 '인간적 불가능'을 보여 줌으로써 '신적 가능' 곧 '구세주에 의한 구원'의 길을 준비했다는 것이 기독교 교리다.

한 단계 더 나아가는 운동입니다. 그 때문에 여기에서는 '윤리적인 것'과 '종교적인 것'은 더 이상 '이것이냐 저것이냐'의 문제가 아닙니다. 그것은 마치 받기 위해 먼저 던지는 것이고, 갖기 위해 우선 버리는 것과 같은 '역설적 이중운동'인데, 바로 이것이 아브라함이 한 일이자, 키르케고르가 말하는 '믿음의 변증법'이고˙ 알고 보면 '죽어야 비로소 살리라'라는 교훈이 뜻하는 기독교의 본질입니다. 그리고 이 역설적 이중운동, 이 믿음의 변증법, 이 기독교의 본질을 위해 필히 요구되는 전제가 하나님의 부조리 앞에 입을 닫고 침묵하는 것이지요. 하지만 그것은 욥이 결코 하지 못했고, 우리가 여전히 하지 못하는 일이기도 합니다.˙˙

키르케고르는 같은 맥락에서 "가장 깊은 의미에서 하나님을 향한 열림의 언어가 침묵이다"라고 했습니다. 그리고 그 이유를 다음과 같

- ˙ 키르케고르는 이 말을 "믿음이란 곧 개별자가 개별자로서 보편적인 것보다 높고, 보편적인 것에 거스를 권리가 부여되어 있고, 그 밑에 종속하는 것이 아니라 그 위에 군림한다는 역설(paradox)이다. 그러나 주의해야 할 점은, 개별자가 개별자로서 보편적인 것 밑에 종속되었다가 그 후에 이제는 보편적인 것을 통하여 개별자로서 보편적인 것의 위에 군림하는 개별자가 된다는 역설, 즉 개별자가 개별자로서 절대자에 대하여 절대적인 관계에 선다는 역설이다"라고 했다(쇠렌 키르케고르, 임춘갑 역, 『공포와 전율』, 다산글방, 1981, p. 91).
- ˙˙ 여기서 키르케고르가 말하는 '종교성 A'와 '종교성 B'의 차이점이 분명히 드러난다. '종교성 A'는 1) 인간은 비록 진리에 대해 무지[소크라테스의 무지(無知), 플라톤의 망각(忘却)]하지만 진리와 함께 있다는 것, 2) 그 때문에 이성적 노력[소크라테스의 산파술(産婆術), 플라톤의 상기(想起)]에 의해 도달할 수 있다는 것, 3) 개별자가 아니라 보편자, 순간이 아니라 영원이 결정적 의미를 갖는다는 것을 전제로 한다. 그러나 '종교성 B'는 1) 인간은 죄에 의해 진리로부터 소외되어 있다는 것, 2) 그 때문에 진리는 인간에게 부조리로서 파악되며 이성적 노력에 의해서는 도달할 수 없다는 것, 3) 개별자와 순간이 결정적 의미를 갖고 있다는 것을 전제로 한다.

이 설명했지요.

> 침묵은 자아를 버리는 것이며, 자신의 삶과 미래를 잊어버리는 것이다. 침묵은 자신이 누구인지를—그것이 위대하든 하찮든 상관없이—잊어버리는 것이다. 침묵은 자신의 뜻을 잊고, 자신의 모든 고집을 버리는 것이다. 침묵은 자아의 자리에 하나님을 모시는 것이다. 침묵은 자신의 뜻이 있는 자리에 하나님의 뜻을 모시는 것이다. '아버지의 이름'이 거룩히 여김을 받으옵소서! '아버지의 나라'가 임하옵소서! '아버지의 뜻'이 이루어지옵소서! 하고 기도하는 것이다. 기도하는 법을 배우는 것은 하나님 앞에서 침묵하는 법을 배우는 것이다.[22]

이제 문제가 풀렸습니다. 아브라함은 일순간이라도 그리고 추호라도 윤리적인 것을 떠나지 않았지만, 그는 그것에 머물지 않고 침묵 속에서 모든 윤리적인 것의 목적론적 정지를 실행했습니다. 그는 침묵 속에서 자아를 버렸고, 자신의 삶과 미래를 잊어버렸으며, 자신이 누구인지조차 잊어버렸습니다. 그럼으로써 자아의 자리에 하나님을 모시고, 자신의 뜻이 있는 자리에 하나님의 뜻을 모실 수 있었지요. 이것이 하나님 앞에서의 침묵이 우리에게 하는 일입니다.

그러나 누구나 아브라함처럼 위대한 사람일 수는 없습니다. 욥도 마찬가지였지요. 의롭고 선한 사람, 아가멤논, 엡다, 브루투스와 같은 윤리적 영웅으로서 그는 무한한 자기체념을 할 수 있었습니다. 욥이

"내가 모태에서 알몸으로 나왔사온즉 또한 알몸이 그리로 돌아가올지라. 주신 이도 여호와시요, 거두신 이도 여호와시오니 여호와의 이름이 찬송을 받으실지니이다"(욥기 1:20-21)라고 외쳤을 때 특히 그랬습니다. 하지만 그는 윤리적인 것의 목적론적 정지는 할 수 없었습니다. 그래서 그는 침묵할 수 없었고 자기의 이성과 윤리를 척도로, 하나님과 친구들에게 자신의 의로움과 선함을 내세우며, 하나님을 원망하고 비난하며 저항했습니다. 그것은 앞에서 언급했듯이 아브라함은 하나님을 직접 만났지만 욥은 그러지 못했다는 차이점에서 기인한 것이기는 하지만, 이 점에서 욥은 분명 아브라함에 미치지 못했습니다.

그런데 말입니다, 욥이 이처럼 윤리적인 것의 목적론적 정지를 하지 않았기 때문에, 그래서 잠시도 침묵하지 않고 하나님과 사람들에게 울부짖고 외치며 저항했기 때문에, 그가 오히려 위대하고 우리의 모범이 된다고 주장하는 학자들이 있습니다. 구스타보 구티에레스를 비롯한 해방신학자들*과 『욥의 노동』을 쓴 정치철학자 안토니오 네

---

* 해방신학자로는 우선 스페인의 가혹한 탄압 대상이던 인디오를 옹호한 라스 카사스(Bartolomé de Las Casas, 1474-1566) 신부, 실천적 해방신학의 상징으로 불리는 콜롬비아의 카밀로 토레스(Camilo Torres, 1929-1966) 신부와 같은 선구자를 꼽을 수 있다. 그 외에도, 해방신학 이론을 최초로 체계화한 구스타보 구티에레스 신부, 브라질의 헬더 카마라(Hélder Cámara) 주교와, 역시 브라질 출신의 가톨릭 사제였으나 1992년에 환속한 신학자 레오나르도 보프(Leonardo Boff), 프랑스 철학자 에마뉘엘 레비나스의 제자로 성서 안에 들어 있는 해방 개념을 연구한 멕시코의 신학자 호세 포르피리오 미란다(José Porfirio Miranda), 해방신학의 사목적 차원을 강조한 우루과이의 예수회 수도사 후안 루이스 세군도(Juan Luis Segundo), 민중의 해방을 위해 투쟁하다가 암살당한 엘살바도르의 오스카 로메로(Oscar Romero) 주교, 아르헨티나인의 관점에서 해

그리 같은 좌파 지식인들이 그들이지요. 우리는 이제 욥기에 대한 전통적 해석에 정면으로 대립하는 이 흥미로운 주장들에—마땅히 그러나 간략하게—귀를 기울여 보려고 합니다.

침묵할 것인가, 저항할 것인가

해방신학theology of liberation의 기틀을 다진 가톨릭 사제 구스타보 구티에레스*는 "하느님 이야기와 무죄한 이들의 고통"이라는 부제가 붙은 『욥에 관하여』의 서론에서 "하느님에 관해 이야기하는 방법 또는 방식"으로 "첫 단계가 침묵이요 둘째 단계가 발언"이라고 규정하며 다음과 같이 주장합니다.

전도서가 말하고 있듯이 "입을 열 때가 있으면 입을 다물 때가 있다"(전

방신학을 연구한 개신교 신학자 미게스 보니노(J. Míguez Bonino) 등이 대표적이다.
* 구스타보 구티에레스는 1928년 페루의 리마에서 태어나 페루와 유럽에서 신학을 공부한 다음, 1959년 사제 서품을 받았다. 이후 리마 가톨릭 대학의 교수로 재직하며 스스로 빈민촌에 살면서 가난하고 억압받는 사람들을 위한 신학을 연구하여 이른바 해방신학의 대표적인 개척자가 되었다. 그의 저서로는 『해방신학』, 『해방신학의 영성』, 『생명이신 하느님』 등이 있는데, 구티에레스에 의하면 해방신학은 3단계의 해방을 지향한다. 첫째는 정치적 해방, 둘째는 역사 내에서 인간의 해방, 마지막으로 죄악으로부터의 해방과 하나님과의 합일이다. 교회의 사회참여를 강조한 해방신학은 제2차 바티칸 공의회(1962-1965)와 콜롬비아 메데인에서 열린 제2차 라틴아메리카 주교회의(1968)에서 두각을 드러냈고, 이후 아프리카와 아시아 등 제3세계에 퍼져 서구신학의 전통과는 다른 제3세계 신학으로 본격적으로 자리 잡았다. 초교파적 기독교단체인 세계교회협의회(World Council of Churches, WCC)는 방콕대회(1972)와 나이로비대회(1975)에서 해방신학을 'WCC의 신학'으로 채택하기도 했다.

도서 3:7). 침묵, 즉 고요한 때는 일차적 행위요, 이차적 행위는 하나님에 대해 이야기하거나 신학을 논하는 시간을 위한 필수 매개체다.[23]

이어서 구티에레스는 "인간의 고통이 하느님과 관련하여 제기하는 의문들이 사실 해방신학의 출발점이자 유일한 핵심 주제"[24]라고 밝힘으로써, 자신이 말하는 해방신학이 무엇에 대해서 입을 열 것이며, 무엇을 고리로 욥과 연관되는가를 암시하지요.

사실 따져 보면, 욥은 해방신학자나 좌파 지식인들의 관심의 대상일 수 없습니다. 욥은 가난한 노동자, 억압받고 착취당하는 자가 아니고, 어마어마한 부를 지닌 자본가이자 고용주였기 때문입니다. 단지 그가 삽시에 그것들을 잃는 불행을 당했을 뿐이지요. 게다가 비록 일방적 진술이긴 하지만, 그가 오히려 노동자를 착취하고 과부와 고아를 학대했다는 엘리바스의 증언(욥기 22:4-9)도 나옵니다. 그럼에도 불구하고 욥이 가난하고 억압받는 사람들과 맺어질 수 있는 것은 그가 '죄 없이 고통당하는 사람', '자기의 고통과 억울함을 하나님에게 울부짖고 호소하는 사람'이라는 점 때문입니다.

구티에레스는 바로 이 연결고리를 실마리로, 욥과 가난한 노동자, 억압받고 고통당하는 자를 하나로 묶습니다. 그리고 "인간의 고통이 하느님과 관련하여 제기하는 의문들"이 무엇인지에 대해 다음과 같이 구체적으로 나열하지요.

우리는 가난과 억압으로 특징지어지는 상황 속에서 사랑으로 나타나시는 하나님에 대해 어떻게 이야기할 것인가? 때 이르게 그리고 부당하게 죽어 가는 남녀 인간들에게 생명의 하나님을 어떻게 선포해야 할 것인가? 무죄한 자들의 고통이 우리 면전에서 현재화하고 있는 마당에 하나님이 사랑과 정의를 우리에게 무상으로 선물하고 계시다는 사실을 우리가 어떻게 인정해야 할 것인가? 심지어 사람 취급도 받지 못하는 이들에게 그대들은 하나님의 아들딸이라고 어떤 말로 이야기해야 할 것인가? 바로 이것이 라틴아메리카 및 그와 처지가 동일한 세계 다른 지역에서 형성되어 온 신학으로부터 제기되고 있는 핵심적인 의문들이다.[25]

이어서 구티에레스는 얼마나 많은 라틴아메리카 사람들이, 얼마나 오랫동안, 얼마나 견딜 수 없는 고통을 받아 왔는지를 짧게 소개한 다음, 자기가 던져 놓은 질문들에 답하기 위해 많은 중요한 문헌들을 참조하면서 욥기를 낱낱이 해석합니다. 그리고 다음과 같은 결론에 도달하지요.

이 외침은 결코 막을 수 없다. 불의하게 고통당하는 사람에게는 불평하고 저항할 권리가 있다. 그들의 외침은 그들의 당혹감과 더불어 그들의 믿음을 표현한다. 역사에서 가장 짓밟히는 사람들의 처지를 고려하지 않으면 라틴아메리카 신학은 불가능해진다. 이 말은 신학자들이 어느 시점에서는 "내 하느님, 내 하느님, 어찌하여 나를 버리셨나이까?" 하고 외쳐야 한다는 것을 의미한다.[26]

우리의 이야기와 연관해 특히 눈여겨볼 말이 "불의하게 고통당하는 사람에게는 불평하고 저항할 권리가 있다"라는 부분입니다. 구티에레스가 바로 이 점에서 욥을 높이 평가하기 때문입니다.

욥은 강렬하게 항거하고, 가난한 이들과 불의하게 고통당하는 모든 이들에게 투신할 구체적인 방법을 찾고, 하느님과 감연히 맞서고, 인간의 역사를 위한 하느님의 계획의 특성인 무상성을 인식하는 과정에서 우리에게 하나의 길을 제시하고 있다.[27]

여기서 구티에레스가 말하는 '하나의 길'이란 "우리네 영혼이 믿는 바를 우리 혀가 발표하지 않으면 예수의 부르짖음이 들리지 않게 되는 만큼" 입 다물고 침묵하지 말라는 것입니다. 예수님처럼 "나의 하나님, 나의 하나님, 어찌하여 나를 버리셨나이까"(마태복음 27:46)라고 울부짖고, 욥처럼 "내가 입을 금하지 아니하고 내 영혼의 아픔 때문에 말하며 내 마음의 괴로움 때문에 불평하리이다"(욥기 7:11)라며 저항하라는 거지요. 그래야 비로소 '정치적 해방'도, '역사 내에서 인

• 구티에레스는 이 말이 6세기 가톨릭 교황이자 성인인 대(大)그레고리오 1세(Gregorio I, 590-604 재임)의 말로 소개하고, 독일의 현대신학자 몰트만이 『십자가에 달리신 하나님』(*The Crucified God*)에서 주장한 다음과 같은 말도 첨언했다. "그리스도교적이라고 자처하는 신학은 모두 십자가 위에서의 예수의 부르짖음과 연결되어야 한다. 모든 그리스도교 신학은 의식적이든 무의식적이든 기본적으로 '어찌하여 나를 버리셨나이까?'라는 질문에 응답이 되어야 한다.…그리스도교 신학은 자기 시대의 고난에 동참할 때 진실로 현대신학이 되는 것이다"(구스타보 구티에레스, 성찬성 역, 『욥에 관하여』, 분도출판사, 1996, p. 240에서 재인용).

간의 해방'도, 그리고 마지막으로 '죄악으로부터의 해방과 하느님과의 합일'도 이룰 수 있다는 것이 구티에레스의 주장입니다.

1960-1970년대에 크게 부흥했던 해방신학은 로마 교황청이 1984년과 1986년, 두 차례에 걸쳐 이 운동이 지닌 폭력성과 해방신학과 마르크스주의 이데올로기 사이의 연관성을 우려하는 경고 문건을 발표함으로써 제동이 걸렸습니다. 그 후 상대적으로 잠잠해졌는데, 21세기 벽두에 이탈리아 출신 정치철학자 안토니오 네그리가 욥기를 해석한 『욥의 노동』2002에서 이 울부짖음과 저항의 문제를 다시 들고 나왔지요. 거기에는 크게 보아 개인적인 것과 사회적인 것, 두 가지 이유가 있습니다.

하나는 네그리가 노동운동 단체인 노동자의 힘Potere Operaio과 노동자의 자율Autonomia Operaia의 창립 멤버이자 자율주의적 마르크스주의의 핵심적 이론가로 활동하며 상당한 기간 수감과 가택연금 생활을 한 개인적 체험과 연결된 것입니다.˙ 그가 절대적 권력의 폭력과 탄압에 의해 고통을 받은 '죄 없는 사람'이라는 점에서, 그럼에도 불

- 안토니오 네그리는 1933년에 이탈리아 파도바에서 태어났다. 1967년부터 파도바 대학에서 정치학을 가르쳤는데, 노동운동에 적극 참여하였고, 1977년 폭동교사 혐의로 수배되자 알튀세르의 초청으로 파리고등사범학교에서 강의했다. 1979년 4월 7일 기독민주당의 핵심인 알도 모로 총리에 대한 납치 및 살인 사건의 수괴라는 조작된 죄목으로 수감되었지만 1983년 이탈리아 총선에서 급진당 후보로 당선되어 풀려나자 프랑스로 망명하여 파리 8대학에서 정치학을 가르쳤다. 그러나 1997년 자진 귀국하여 약 6년여의 수감과 가택연금을 마친 후 2003년 4월에 자유의 몸이 되었다. 제자인 마이클 하트와 함께 쓴 『제국』(*Empire*), 『다중』(*Multitude*), 『공통체』(*Commonwealth*)가 대표작이다.

구하고 '새로운 해방의 경로를 모색한다'는 점에서 욥과 자신을 비롯한 동지들이 같은 처지라고 여겼기 때문이지요. "우리는 세계를 지배하고 노예화하려는 권력에 대항해 싸우는 욥들이었고 보다 강력하고 잔인한 지배가 세계를 억압하는 그 비참함과 싸우는 욥들"[28]이었다는 네그리의 고백이 그 사실을 증언합니다.

다른 하나는 1990년대에 일어난 공산주의의 몰락 이후 "20세기 초 레닌과 볼셰비키들에 의해 확립된 투사의 모습을 뒤이을 새로운 투사의 모습을 찾으려고 하는"[29] 좌파 지식인들이 성서에서 그 모델을 찾으려 했기 때문입니다.** 얼핏 엉뚱한 것 같지만, 거기에는 치밀한 계산이 들어 있습니다. 성서는—로마 제국으로부터의 해방이든(유대교), 죄로부터의 해방이든(기독교)—억압되어 고통받는 인간들의 해방을 위한 가장 '오랜 그리고 믿을 만한 텍스트'이기 때문이지요.

• 『제국』의 공저자이기도 한 네그리가 보기에, 근대에서 탈근대로 넘어오면서, "자본주의 정권이 사회주의 국가들과 여타 경쟁에서 승리하면서 전체주의적으로 되었고 분명히 더 흉포해졌다." 자본은 이제 "노동자들만을 착취하는 것이 아니라 시민들 전체를 착취"하고, 자본주의가 이제 사회 전체와 삶 전체를 포획해 억압한다. 네그리가 보기에 욥은 이러한 폭력과 억압에 저항하여 마침내 해방을 이끌어 내는 투사를 상징하는 인물이다.

•• 1990년대에 이어진 구소련과 동구 공산주의 국가들의 몰락이 좌파 지식인들에게는 일종의 재앙이었다. 그러자 그것을 극복하려는 알랭 바디우, 조르조 아감벤, 슬라보예 지젝, 안토니오 네그리 같은 좌파 지식인들이 '새로운' 유물론의 정립을 모색하기 시작했다. 이들은 서로 약속이나 한 듯이 신약성서에 수록된 바울의 편지들—특히 로마서—과 발터 벤야민의 「역사의 개념에 대하여」라는 글을 마르크스나 레닌의 텍스트를 대신할 새로운 교본으로 삼았다. 그럼으로써 제국과 율법에 저항해 하나님의 나라와 복음을 선포했던 사도 바울을 자본주의의 폭력과 억압에 저항하는 투사의 전범으로 삼고자 했다.

우리의 이야기와 연관해 흥미로운 사실은 독일 출신 유대인 철학자 발터 벤야민의 「역사의 개념에 대하여」라는 짤막한 글에 영향을 받은* 야코프 타우베스, 알랭 바디우, 조르조 아감벤, 슬라보예 지젝과 같은 학자들이 사도 바울과 그의 로마서를 주목한 반면, 네그리는 욥에게로 눈길을 돌렸다는 거지요. 네그리는 자신이 욥을 주목한 이유를 다음과 같이 설명했습니다.

욥은 하나님이 만든 세계를 규제하는 척도들에 충실한 자였으며, 노동자들은 자본에 의해 지배되는 모든 척도들의 세계에 충실한 자였다. 그렇지만 이제 척도는 폭파되었다. 욥은 척도에 저항했고, 삶의 통약 불가능성이라는 고통으로부터 괴로워했다: 그 후 모든 척도들은 사라져 버렸다.…낡은 척도들이 붕괴되는 지점에서 새로운 것들을 창조하는 것은 필연이며, 그때부터 열정만이 그 능력 안에서 척도를 넘어서 즐거움을 갖고 진행할 수 있었다. 오직 이런 시각에서만이 공산주의를 다시 상상하는 것이 가능했다.[30]

---

* 좌파 지식인들이 욥이나 바울과 같은 성서적 인물에서 새로운 투사의 전형을 찾아내려고 한 데는 나름의 이유가 있다. 2,000년이나 갈고 닦아 온 기독교 신학에서 새로운 유물론을 구축하기 위한 메커니즘과 동력을 찾을 수 있다는 것이 그들이 낸 아이디어다. 예지에 가득 찬 인물이었던 발터 벤야민이 그 선구자다. 그가 1940년에 발표한 「역사의 개념에 대하여」에서 '체스 두는 터키 인형' 이야기를 비유로 들어, 만일 역사적 유물론(historischer Materialismus)이 오늘날 "왜소하고 흉측해진" 신학을 자기 안에 받아들여 유용하게 사용한다면 "어떤 상대와도 겨뤄 볼 수 있다"는 희망적 예언을 던졌기 때문이다(자세한 내용은 김용규, 『철학카페에서 작가를 만나다』, 1권, "혁명-김선우 편"을 참고하라).

그렇습니다. 이것이 네그리가 바울보다 욥을 "새로운 투사"의 상징으로 내세운 이유입니다. 그는 바울을 로마 제국의 법과 유대교의 율법을 부정하고 대항하는 단순한 '저항자'로 평가하는 반면,˙ 욥은 죄 없는 자를 고통으로 몰아가는 척도에 대해 울부짖고 저항함으로써 마침내 그 척도를 부수고 새로운 척도를 만들어낸 '해방자'로 자리매김하고자 한 것입니다.

척도란 일반적으로 가치판단의 기준을 뜻하지만, 네그리가 여기서 말하는 척도는 욥의 세 친구들이 주장하는 논리, 곧 '하나님은 공의롭기 때문에 무죄한 사람을 징계하지 않는다. 그런데 너는 징계받았다. 따라서 네게는 설령 네가 모른다 해도 죄가 있으니 회개하라'는 논리입니다. 우리는 이런 척도에 대한 네그리의 강한 거부감을 어렵지 않게 이해할 수 있습니다. 앞의 말에서 '하나님'을 '법'(당시 실정법)으로만 치환하면, '법은 공의롭기 때문에 무죄한 사람을 징계하지 않는다. 그런데 너는 징계받았다. 때문에 네게는 설령 네가 모른다 해도 죄가 있으니 회개하라'는 것이 되기 때문입니다. 이것은 네그리가 억울하게 수감과 가택연금 생활을 하는 동안 정부와 경찰이 그에게 가한 폭력과 탄압을 정당화하는 논리인 것이지요.

그래서 네그리는 단순히 의롭지 못한 척도에 저항하는 '부정성'만

• 네그리는 바울을 새로운 투사로 내세운 좌파 지식인들의 사유를 '부정적 사유'라고 이름 붙이고, 다음과 같이 비판했다. "부정적 사유는 통렬할 뿐 패배에 대해 무력한 연민(정당화)이 되었다. 부정적 사유는 덧없는 몰락의 존재론을 대변했다"(안토니오 네그리, 박영기 역, 『욥의 노동』, 논밭출판사, 2011, p. 16).

으로는 부족하다고 생각했습니다. 새로운 세상을 만들기 위해서는, 기존의 척도를 부정하고 저항하는 것에서 한 발 더 나아가 새로운 척도를 제시하는 '긍정성'이 필요하다는 생각에서였지요. 이것이 그가 바울이 아니라 욥을 선택한 까닭이자, 다른 좌파 지식인들의 주장을 "부정적 사유", "몰락의 존재론"으로 폄하하는 사상적 이유이기도 합니다. 하지만 거기에는 개인적 이유도 있었습니다.* 그것은 네그리가 『욥의 노동』을 쓸 "당시 우리가 여전히 감옥에 있었기 때문에, 그와 같은 인정은 현재로부터 벗어나 미래로 나가려는 하나의 방법이었다"[31]는 것입니다.

그래서 네그리는, 기존의 척도에 거세게 저항할 뿐 아니라 그것을 통해―적어도 그가 생각하기에는―마침내 "세계를 변혁하는 가운데 기쁨을 발견하는" 욥을 내세워 "보다 높은 차원에서 삶을 회복"하고자 했습니다.[32] 이 말을 네그리는 "욥은 반전反轉을 대표한다"라고 했

---

* 네그리의 이 같은 사유는 신플라톤주의의 영향을 받은 6세기 동방신학의 대표자인 위(僞)-디오니시우스(Pseudo-Dionysius)가 제시한, 하나님을 인식하는 두 가지 길인 '긍정의 길'(positive way)과 '부정의 길'(negative way)에 연관되어 있다. 긍정의 길은 하나님의 속성을 하나씩 밝혀 첨가해 가는 방법이고, 부정의 길은 하나님의 속성에 합당치 않은 것들을 하나씩 밝혀 제거해 가는 방법이다. 서방 가톨릭 신학이 긍정의 길을, 동방정교 신학이 부정의 길을 주축으로 이뤄졌다. 그래서 각각 긍정신학(positive theology), 부정신학(negative theology)이라고도 부른다. 르네상스 시기에는 각각 '첨가의 방식'(via di porre)과 '제거의 방식'(via di levare)으로도 불리었는데, 오늘날 정치철학에서 바디우, 아감벤, 지젝과 같은 좌파 지식인들이 부정의 길을 바디우의 '빼기'(soustraction)라는 용어로 대치해 부르며 지지하고 있다. 그러나 네그리는 그 같은 사유들을 '부정적 사유' 또는 '몰락의 존재론'이라고 비판하며, 바울 대신 욥을 내세워 긍정의 길을 개척하려 애쓰고 있다(이에 대한 보다 자세한 내용은 김용규, 『철학카페에서 작가를 만나다』, 1권, "혁명―김선우 편"을 참고하라).

습니다. 욥과 자신을 비롯한 동료들이 처한 상황이 "위기는 사실이지만, 그러나 그 위기가 투쟁과 존재 재구성의 새로운 영역을 구축했다"³³는 말도 덧붙였지요. 요컨대 욥이 침묵하지 않고 불굴의 용기와 열정으로 자신의 무죄를 주장하고 저항함으로써 새로운 척도를 개척할 수 있는 길을 연 투사˙라는 것이 네그리의 주장입니다.

그런데 여기서 잠깐! 조금 이상하지 않나요? 욥이 반전을 대표한다니요? 투쟁과 존재 재구성의 새로운 영역을 구축했다니요? 이런 말들이 도대체 어디에서 나왔을까요? 성서에 기록되어 있는 한, 욥이 하나님의 부조리에 끊임없이 그리고 열정적으로 저항한 것은 사실입니다. 그러나 그는 하나님을 만난 다음, 자기의 잘못을 뉘우치고 회개하지 않았나요? "내가 주께 대하여 귀로 듣기만 하였사오나 이제는 눈으로 주를 뵈옵나이다. 그러므로 내가 스스로 거두어들이고 티끌과 재 가운데에서 회개하나이다"(욥기 42:5-6)라고 대답하지 않았나요? 그런데 그것이 어떻게 하나님의 척도에 대한 반전이며, 새로운 척도, 존재 재구성의 새로운 영역을 구축했다고 할 수 있을까요?

˙ 네그리에게 있어 새로운 척도를 제시한 사람은 스피노자이고, 그 새로운 척도에 대한 그의 주장을 담은 것이 마이클 하트와 함께 저술한 『제국』이다. 욥은 그 새로운 척도를 개척할 수 있는 길을 연 사람이고, 『욥의 노동』은 그에 대한 네그리의 주장이 담긴 책이다. 그는 이 말을 "스피노자는 감옥에서 나의 또 다른 독서 대상이었다. 스피노자는 욥이 떠난 자리에서 시작했다: 욥은 하나님을 바라보면서 끝을 맺는데, 스피노자는 하나님을 바라보면서 시작한다"라고 했다(안토니오 네그리, 박영기 역, 『욥의 노동』, 논밭 출판사, 2011, p. 17).

그렇습니다. 바로 이것이 우리가 짚고 넘어가야 할 중요한 사안인데, 네그리도 우리와 마찬가지로 욥이 하나님을 만나는 견신見神을 주목합니다. 그러나 그 장면을 보는 눈이 우리와는 전혀 다릅니다. 그도 역시 "이제는 눈으로 주를 뵈옵나이다"라는 말에 초점을 맞춥니다. 하지만 그 말을 듣는 귀가 우리와는 전혀 다르지요. 네그리에게 중요한 것은 욥의 회개가 아니라, 하나님과의 만남見神 자체입니다. '죄 없이 고통받는 사람'을 대표하는 욥이 그칠 줄 모르는 울부짖음과 저항을 통해 마침내 하나님을 불러내 만났다는 사실 자체가 중요합니다. 바로 여기서 네그리는 "욥의 고독이 하나님과의 만남에 이르렀듯이, 다중의 패배와 투옥은 새로운 봉기로 결말날 것"[34]이라는 희망을 보기 때문이지요.

네그리에 의하면, 하나님은 세계를 '창조'하고 인간은 그 세계에서 '노동'을 합니다. 그런데 창조는 세계를 구원하는 메시아를 통해 완성되고, 노동은 해방이라는 세계의 새로운 존재구성을 통해 실현됩니다.[35] 이 점에서 하나님과 인간은 동등하며, 인간은 "하나님의 인간적 형식"이지요. 바로 이런 관점에서 네그리는 "이제는 눈으로 주를 뵈옵나이다見神"라는 욥의 말을 우리와는 전혀 달리 해석한 것입니다. "욥은 속죄한 것이 아니라, 그는 자유하며, [새로운 존재를] 구성한다. 해방의 관념은 창조의 관념이다"[36]라고 말이지요. 이 같은 네그리의 특별한 욥기 해석에 대해 『제국』의 공동 저자이기도 한 마이클 하트 Michael Hardt는 『욥의 노동』의 영역본 추천사로 쓴 "척도를 넘어서는 창조"에서 다음과 같이 평가했습니다.

많은 이들은 이제 욥이 하나님의 무한한 능력을 이해했고 기꺼이 하나님의 능력 앞에서 자신을 복종하겠다는 의미로 읽는다. 그런데 네그리는 그런 해석과는 반대로, '주님을 뵙습니다 見神'를 욥이 지금 어떤 의미에서 하나님의 지위와 동등한 위치에 서 있으며 창조적 능력(신적인 것)과 관련해서 인간의 지위가 전도顚倒됐음을 알리는 신호로 해석한다.[37]

그렇습니다. 이것이 네그리의 해석입니다. 그러나 그것은 욥기에 대한 새롭고 생소한 해석이지요. 네그리 자신도 그것을 잘 알고 있었기 때문에 기존의 전통적 해석과 자신의 해석을 대변하는 열쇳말 keyword들을 다음과 같이 나열해 보여 주었습니다. "한편에서는 하나님과의 만남, 다른 한편에서는 욥의 신성모독: 한편에서는 세계의 창조, 다른 한편에서는 욥의 노동: 한편에서는 가장 숭고한 신학의 성찬 드라마, 다른 한편에서는 인간해방에 관한 유물론적 역사."[38] 바로 이것입니다. 『욥의 노동』에서 네그리가 시도한 해석은 당연히 후자, 곧 '다른 한편에서는'이라는 말 다음에 따라 나오는 것들이지요.

네그리의 새로운 해석이 타당한지 아닌지에 대해서는 다양한 논란이 있지만, 그것은 우리의 관심사가 아닙니다. 때문에 그 시시비비를 차치하고 정리해 보면, 구티에레스와 네그리의 욥기 해석에는 차이점과 공통점이 함께 들어 있습니다. 우리에게는 이것이 중요한데, 차이점은 구티에레스가 욥기를 하나님과의 만남, 세계의 창조, 가장 숭고한 신학의 성찬 드라마로 읽은 반면, 네그리는 욥기를 욥의 신성

모독, 욥의 노동, 인간해방에 관한 유물론적 역사로 해석했다는 것이지요. 그럼에도 둘 사이에 뚜렷이 존재하는 공통점은 자기 자신을 포함한 죄 없는 인간 모두의 고통에 대해 침묵하지 말고 울부짖고 외치며 저항해야 한다는 것입니다.

그렇다면 이제 우리 앞에는 두 가지 선택지가 놓여 있습니다. 하나는 죄 없는 자의 고통으로 드러나는 하나님의 부조리 앞에서 아브라함처럼 침묵하고 인내해야 한다는 칼빈과 키르케고르의 권면이고, 다른 하나는 욥처럼 외치며 저항해야 한다는 구티에레스와 네그리의 주장입니다. 누구의 말이 옳을까요? 아니, 우리는 누구의 말을 따라야 할까요?

당신의 생각은 어떠세요? 우선 내 생각부터 말할까요? 나는 이것이 이것이냐 저것이냐의 문제가 아니라고 생각합니다. 이것을 취하되 저것도 버려서는 안 된다고 생각하지요. 침묵하고 인내하면서, 외치며 저항해야 합니다! 칼빈과 키르케고르의 권면도 무겁게 따르면서 구티에레스와 네그리의 주장도 부지런히 좇아야 하지요. 무슨 얼빠진 소리냐고 할지 모르지만, 이제부터는 그 이야기를 하려고 합니다.

나의 하나님, 당신은 어디에 계십니까

이 이야기는 시작하기 전에 약간의 준비운동이 필요합니다. 그래서 묻고 싶은 것이 있는데요, 혹시 생각나세요? 우리가 1권 『하나님은 존재하는가』의 2부 1장 가운데 '시간화와 탈시간화의 마술'에서 이미 다루었던 '이중적 논법'과 2권 『하나님은 창조주인가』의 3장 가운데 '천년이 지나간 어제 같은 문제'에서 살펴본 '양립주의' 말입니다. 우리는 이 같은 어법과 사유가 2,000년을 구축해 온 기독교의 교리와 사상이라는 높고 견고한 성문을 여는 열쇠라는 것을 지금까지 이미 수차례 확인했습니다. 그렇지요?

상기하자면, 이중적 논법이란 "하나님은 영원히 안식하면서 부단히 활동하신다"나 "부동motus의 운동actus", "하나uniformis인 모두 omniformis"처럼 내용상 서로 모순되는 두 개념을 하나로 묶어 사용하는 어법이지요. 그리고 이 논법은 양립주의compatibilism라는 사유방법과 연관되어 있습니다. 양립주의란 인간의 자유의지가 하나님의 예지와 상충하지 않고 존재할 수 있다는 아우구스티누스의 주장처럼, 서로 모순을 이루는 두 명제를 모두 참true으로 인정하자는 신념이자 주장입니다.

물론 이 같은 역설적 어법이나 역설적 사유가 항상 성립할 수는 없습니다. 그러나 2권 『하나님은 창조주인가』의 3장 가운데 '눈먼 시계공과 눈뜬 하나님 문제'에서 살펴본 프랑크푸르트 스타일Frankfurt Style에서 보았듯이, 어떤 '특정한 조건' 아래에서는 이 같은 어법과 사유가 아무 문제없이 성립할 수 있지요, 여기서 중요한 것은 이중적 논법과 양립주의가 우리의 이성이 가진 한계를 훌쩍 뛰어넘어 생각의 지평을 확장하고 내용을 심화하여 우리의 정신을 새로운 사유의 세계로 안내한다는 사실입니다. 이런 현상은 다른 무엇보다 기독교 교리와 그것을 기반으로 한 서양문명에서 자주 찾아볼 수 있습니다. 왜냐하면 이 둘은 헬레니즘과 헤브라이즘, 이성과 계시라는 서로 전혀 다른 두 토양이 만난 땅에서 자라났기 때문입니다. 우리가 1권 『하나님은 존재하는가』의 2부 1장에서 살펴본 '시간화와 탈시간화의 마술'이 그 한 예지요.

기억을 되살리기 위해 잠시 돌아볼까요? 이 놀라운 사유의 마술은 시간이라는 변수를 매개로 일어납니다. 탈시간화란 우리의 사고에서 시간이라는 변수를 제외한다는 것을 뜻하고, 시간화란 시간이라는 변수를 도입한다는 것을 의미하기 위해 만든 용어입니다. 우리는 시간 안에서 살아가기 때문에, '난 어제 아팠지만 지금은 나았어' 처럼 잡다한 일상에서 흔히 하는 경험적 사고empirical thinking나 지각적 사고perceptual thinking는 이미 시간화되어 있지요. 그러나 '삼각형은 세 변을 갖고 있다'나 'A는 ~A가 아니다'와 같이 기하학이나 논리학 같은 학문에서 주로 하는 개념적 사고conceptual thinking 또는 분석적 사고analytic thinking는 탈시간화되어 있습니다.

1권 『하나님은 존재하는가』의 2부 1장 가운데 '시간화와 탈시간화의 마술'에서 우리는—물론 상대적이지만—그리스인들의 사고가 탈시간화되어 있고, 히브리인들은 사유가 시간화되어 있다는 것을 살펴보았습니다. 그리스인들은 개념적으로 사고했고, 히브리인들은 경험적으로 사고했다고도 할 수 있지요. 그리스인들은 영원불변하는 진리를 모색하고 히브리인들은 매 순간 생성하고 작용하는 진리를 추구했다고도 할 수 있습니다. 그리스인들의 빛나는 업적이 탈시간화된 개념들을 사용하는 철학, 기하학, 논리학이고, 히브리인들의 놀라운 업적이 시간화된 우리의 삶과 세계에 대한 경험들이 바탕이 되는 종교인 것은 바로 그래서입니다. 1권 『하나님은 존재하는가』의 2부 "하나님은 존재다"에서 나는 다음 두 가지 대표적인 예를 소개했습니다.

우선, '존재'를 뜻하는 그리스어 '토 온'$^{to\ on}$은 탈시간화된 사고의 소산이고, 그렇기 때문에 그것은 우리의 정신 안에서 영원·불변하는 진리의 근원이 됩니다. 플라톤의 이데아^{idea}가 그 대표적 예지요. 그러나 '존재'를 뜻하는 히브리어 '하야'^{hāyā}는 시간화된 경험의 소산이고, 그렇기 때문에 그것은 그들의 삶 안에서 생성·작용하는 진리의 근원이 된다고 했지요. 그리고 구약성서에서 자신을 '존재'라고 계시한 야훼^{YHWH}를 그 전형적인 예로 소개했습니다. 기억나지요?

마찬가지로 진리를 담아 전달하는 '언어'에 대한 개념도 서로 달랐습니다. 2권 『하나님은 창조주인가』의 2장 가운데 '말에서 육신으로, 진리에서 행위로'에서 살펴보았듯이, '말'을 의미하는 그리스어 '로고스'^{logos}는 탈시간화된, 다시 말해 우리의 정신 안에서 영원불변하는 진리를 표현하는 도구입니다. 기하학과 논리학의 개념과 언어들이 그 대표적인 예지요. 그러나 똑같이 '말'을 뜻하는 히브리어 '다바르'^{dābār}는 시간화된, 다시 말해 우리의 삶과 세계 안에서 생성하고 작용하는 진리를 담은 도구지요. 구약성서의 개념과 언어들이 그 전형적인 예입니다.

여기서 주목하고자 하는 것은, 그리스적 사고는 탈시간화되어 있고 히브리적 사유는 시간화되어 있지만, 기독교적 사고는 그 둘이 융합되어 있다는 사실입니다. 그리고 바로 그 때문에 기독교 교리가 종종 역설적으로 들리기도 하지만, 그것이 우리의 사유를 확장하고 심화하여 새로운 세계로 이끌고 간다는 거지요. 예컨대 기독교에서 '하나님'이라고 부르는 신神 개념 안에는 그리스인의 존재$^{to\ on}$ 개념과 히브리인의 존재^{hāyā} 개념이 융합되어 있습니다. 탈시간화된 개념과 시간화된 개념, 영원불변하다는 개념과 생성·작용한다는 개념이 함께 들어 있다는 뜻이지요. 하나님은 영원히 안식하고, 부단히 활동한다는 말이 그래서 나온 겁니다.

요한복음 1장 1절, "태초에 말씀이 계시니라. 이 말씀이 하나님과 함께 계셨으니 이 말씀은 곧 하나님이시니라"에서 예수님을 가리키는 '말씀'이라는 개념도 마찬가지입니다. 그 안에는 그리스인들의 로고스 개념과 히브리인들의 다바르^{dābār} 개념이 융합되어 있습니다. 탈시간화된 개념과 시간화된 개념, 다시 말해 영원불변하는 진리라는 개념과 생성·작용하는 진리라는 개념이 함께 들어 있지요. 그럼으로써 태초부터 하나님과 함께하는 '영원불변하는 진리'인 동시에 우리의 삶과 세계에 생성·작용하는 진리—다시 말해 인간과 세계를 창조하고 마지막엔 구원하는 진리—인 예수님의 사역을 탁월하게 표현하는 것입니다.

정리하자면, '시간화와 탈시간화의 마술'의 핵심은 이처럼 시간을 매개로 타당한 명제^{proposition}가 역설^{paradox}이 되기도 하고, 역설이 타당한 명제가 되기도 한다는 것에 있습니다. 이에 대한 인상적인 사례를 우리는 1권 『하나님은 존재하는가』의 2부 1장 가운데 '시간화와 탈시간화의 마술'에서, 탈시간화된 그리스적 사고의 특성을 대변한다고 볼 수 있는 논리학을 통해서 이미 확인했습니다. 다시 말해 아리스토텔레스가 체계화하고 우리가 지금도 사용하고 있는 논리학에는 시간이라는 변수가 제외되어 있다는 것과 그 결과 어떤 역설이 생겨나며, 그것을 어떻게 타당한 명제로 만들 수 있는가를 살펴보았지요.•

상기하기 위해 아리스토텔레스가 『궤변 논박』에 실은 다른 예를 하나 더 소개하자면, "앉은 사람이 일어났다. 일어난 사람은 서 있는 사람이다. 그러므로 앉은 사람은 서 있는 사람이다"라는 궤변이 있습니다. 이 논증도 역시 '바바라'Modus Barbara라는 삼단논법 형식을 그대로 따르고 있어 형식적 오류를 전혀 범하지는 않았는데도 결론은 역설입니다. 그런데 여기에도 시간이라는 변수를 도입하여 "조금 전에 앉은 사람이 일어났다. 일어난 사람은 지금 서 있는 사람이다. 그러므로 조금 전에 앉은 사람은 지금 서 있는 사람이다"처럼 만들면 즉시 타당한 논증이 됩니다.

요점은 어떤 '특정한 조건' 아래에서는 역설이 타당한 명제가 될 수 있다는 것입니다! 이때 말하는 '특정한 조건'이란 보통 시간적·공

• 1권 『하나님은 존재하는가』의 2부에서는 아리스토텔레스의 『궤변 논박』에 실린 다음과 같은 궤변을 소개했다. "병든 사람이 나았다. 나은 사람은 건강한 사람이다. 그러므로 병든 사람은 건강한 사람이다." 이 논증은 형식적 오류를 전혀 범하지는 않았는데도 결론이 역설이다. 그리스적 사유 형식을 대변하는 논리학에 시간 개념이 빠져 있기 때문이다. 이 역설은 예를 들어 "어제 병든 사람이 오늘 나았다. 나은 사람은 건강한 사람이다. 그러므로 어제 병든 사람은 오늘 건강한 사람이다"라고 시간 개념을 도입하면 사라진다.

간적·질적 또는 범주적으로 서로 다른 차원을 갖는다는 것을 뜻합니다. 이 말은 이중적 논법으로 구성된 표현이나 양립주의적 명제의 특성인 역설들이 적합한 조건 아래에서는 이해 가능하고 진술 가능한 명제가 될 수 있다는 것의 의미합니다. 그렇지요? 이제 마침내 준비가 끝났습니다. 원래 이야기로 다시 돌아갈까요?

침묵하며 외쳐라

우리가 해결하려는 문제는, 죄 없는 자가 받는 고통으로 드러나는 하나님의 부조리에 대해 아브라함처럼 침묵하고 인내해야 하는지, 아니면 욥처럼 외치며 저항해야 하는지 하는 것이었습니다. 그것은 칼빈과 키르케고르의 권면을 따를 것인가, 아니면 구티에레스와 네그리의 주장을 따를 것인가 하는 문제이기도 하지요. 이에 대해 나는 양립주의적 관점에 서서, '우리는 침묵하고 인내하면서, 외치며 저항해야 한다'고 이중적 논법으로 대답했습니다. 여기서 드는 의문은 이 역설적 어법을 성립하게 하는 특별한 조건이 있느냐, 있다면 그것이 무엇이냐 하는 것인데, 그것은 대상을 구분하는 것입니다. 요컨대 우리는 죄 없는 자가 받는 고통으로 드러나는 하나님의 부조리에 대해, 하나님 앞에서는 침묵하고 인내하면서 사람들 앞에서는 외치며 저항해야 한다는 거지요.

사실은 이 해법을 이야기하려고 우리는 먼 길을 에둘러 돌아온 것입니다! 그리고 이 해법은 하나님은 '하나이며 동시에 셋'이다(삼위일체론), 예수님은 '신이자 동시에 인간'이다(그리스도론), 그리스도인은

'의인이면서 동시에 죄인'simul justus et peccator이다(마르틴 루터), 교회는 '순결한 창녀'casta meretrix다(한스 큉) 같은 표현이 말해 주듯이, 기독교의 중요한 교리와 사상들이 역설적 어법과 사유를 통해 표현되어 온 것과 맥을 같이한다고 볼 수 있습니다. 그러나 정작 중요한 것은 이 해법이 죄罪와 악惡, 칭의稱義와 성화聖化를 구분하는 기독교 교리와도 맞아떨어진다는 사실이지요. 무슨 소리냐고요? 간략하게 설명하자면 다음과 같습니다.

성서와 기독교에서 말하는 죄hamartia*는 우리가 흔히 말하는 범죄犯罪, crime, 곧 폭행, 살인, 거짓말, 도적질, 간음과 같은 '도덕적' 또는 '법률적' 죄와 다릅니다. 이 죄는 하나님에게 짓는다는 뜻에서 '종교적 죄'이자, 존재물이 존재를 떠나 존재를 상실했다는 의미에서 '존재론적 죄'이지요.** 1권 『하나님은 존재하는가』의 1부 "하나님은 누구

- 신구약성서에서 죄를 의미하는 그리스어 '하마르티아'(hamartia)는 본디 '맞지 않다', '(과녁을) 빗맞히다' 등의 뜻을 가졌다. 성서 외의 문헌에서도 비유적으로 '신의 말을 거역하다', '신에게 잘못하다'(예: 호메로스, 『일리아스』, 『오디세이아』) 내지 '원래 목표에서 빗나가다'(예: 아리스토텔레스, 『니코마코스 윤리학』)라는 의미로 사용되었다.
- 성서와 기독교에서 말하는 죄는 '하나님에게 하는 잘못'이고, 그것은 '단 한 번의 돌아섬'이다. 악은 '인간에게 하는 잘못'이고, 그것은 죄들(sins)이라고 복수로 표현되는 다양한 악행들이다. 전자는 '의(義)와 죄(罪)의 대립구도'와 연관되어 있고, 후자는 '선(善)과 악(惡)의 대립구도'와 연관되어 있다. 다시 말해 하나님에게 잘못을 했느냐 아니냐에 따라 '죄인'과 '의인'이 판별 나고, 사람들에게 잘못을 했느냐 아니냐에 따라 '악인'과 '선인'이 가려진다. 일찍이 이와 같이 의와 죄, 선과 악이 각각 짝을 지어 대립하는 이중적 대립구도를 간파한 키르케고르는 "죄의 반대는 선행이 아니라 의이고, 의의 반대는 악행이 아니라 죄다"라고 선언했다.

인가"에서 이미 설명했듯이, 성서와 기독교에서 말하는 죄는 우리가 '하나님에게서 돌아선 것', '하나님을 떠난 것'이고, 그렇기 때문에 이 죄에서 벗어나는 길은 오직 '하나님에게로 다시 돌아서는 것', '하나님에게로 다시 돌아오는 것'뿐이지요.

우리는 선지자 예레미야의 선포에서 이미 이 죄와 죄-사함의 메커니즘을 찾아볼 수 있습니다. "그들의 등을 내게로 돌리고 그들의 얼굴은 내게로 향하지 아니하다가 그들이 환난을 당할 때에는 이르기를 일어나 우리를 구원하소서 하리라"(예레미야 2:27), 이 말은 죄가 하나님에게서 돌아서는 것임을 보여 줍니다. 또 "여호와여, 우리를 주께로 돌이키소서. 그리하시면 우리가 주께로 돌아가겠사오니 우리의 날들을 다시 새롭게 하사 옛적 같게 하옵소서"(예레미야애가 5:21)라는 이 말은 구원이 무엇인지, 바꿔 말해 인간이 어떻게 죄-사함 받을 수 있는지를 역시 잘 보여 주지요.

죄는 이처럼 하나님으로부터 '단 한 번의 돌아섬'이고, 마찬가지로 죄-사함도 하나님에게로의 '단 한 번의 다시 돌아섬'입니다. 파울 틸리히가 "죄는 죄들sins이라고 복수로 말할 수 있는 것이 아니다. 만일 그렇다면 죄의 개념은 단지 도덕주의적인 것이 되고 말 것이다"[39]라는 말로 기독교적 죄의 존재론적 성격, 곧 '일회적인 돌아섬'을 강조한 것이 그래서지요. 창세기의 실낙원 이야기가 상징하듯이, 이 죄는 인간이 능동적으로 짓는 것입니다.

그런데 신학용어로 칭의justification라고 하는 죄-사함은 오직 전지전능하며 "모든 것이 합력하여 선을 이루[게]"(로마서 8:28) 하는 하나님만이 할 수 있는 '주권적 사역'입니다. 그 때문에 이에 관한 한 인간은 '수동적'일 수밖에 없다는 것이 기독교 교리입니다. 이러한 이유에서 우리는 욥의 경우처럼 설령 하나님의 처사가 부조리하다고 생각할 때라도 오직 침묵 속에서 하나님의 구원의 은총을 간구해야 한다는 것이 칼빈과 키르케고르가 취하는 입장입니다.

칼빈이 "하나님의 판단이 우리에게 이상해 보인다 할지라도 가장 선한 원칙에 따라 내려진 일이라고 확신하도록 합시다"[40]나 "하나님께서 말씀을 듣는 귀를 우리에게 주셔서 그 말씀에 우리 자신을 복종시키도록 하신다면, 그 순간 우리는 하나님으로부터 등을 돌리게 만드는 어떤 것도 그대로 용납하지 맙시다"[41]라고 설교한 것이 그래서입니다. 또한 키르케고르가 침묵이 "하나님을 향한 열림의 언어 the language of openness"라는 것을 강조한 자리에서 "참으로 웅변에 대립하는 것으로 침묵보다 더한 것은 아무것도 없습니다. 그는 듣는 사람이 되었습니다. 그는 기도를 말하는 것으로 생각했습니다. 그러나 이제 그는 기도가 단지 침묵하는 것만이 아니라 듣는 것임을 배웠습니다"[42]라고 침묵의 중요성을 강조한 것도 그래서지요. 그러나 악惡에 대해서는 다릅니다.

성서와 기독교에서 말하는 악 kakos 또는 악행 kakia 은 우리가 '타인에게 행하는 선하지 못한 행위'들로서, '도덕적' 또는 '법률적' 죄를 가리킵니다. 죄가 하나님에게 하는 잘못인 데 반해, 악은 사람들에게 하는 잘못이라는 뜻입니다. 바울이 로마서 1장 29-30절에서 열거한 불의, 추악, 탐욕, 악의, 시기, 살인, 분쟁, 사기, 악독, 수군수군함, 비방, 하나님을 미워함, 능욕, 교만, 자랑, 악을 도모함, 부모를 거역함, 우매, 배약, 무정함, 무자비함 등이 바로 그 악 또는 악행들의 예이지요.

따라서 신학용어로 성화^{sanctification}, 곧 '악에서 벗어나 거룩하게 됨'도 역시 근본적으로는 그리스도를 통해 이루어지는 하나님의 사역이긴 하지만,* 그것은 반드시 그리스도를 닮으려는 인간의 노력과 선한 반응을 필요로 합니다.** 그 때문에 성화에 관한 한 인간은 '능동적'이고 '적극적'이어야 한다는 것이 기독교 교리입니다. 한마디로 성화는 하나님을 바라보고 세상을 향한 탐욕^{concupiscentia}을 버리는 노력을 통해 그리스도를 닮아 감으로써 이루어지지요.

사도 베드로가 "오직 우리 주 곧 구주 예수 그리스도의 은혜와 그를 아는 지식에서 자라 가라"(베드로후서 3:18)라고 교훈한 것이나, 바

- • 칭의가 성화의 전제라는 것이 기독교 교리다. 누구든 하나님에게서 돌아선 '죄인'이 되면 점차 악을 행할 수밖에 없고, 반대로 하나님에게로 향한 '의인'이 되면 점차 선을 행하게 되기 때문이다. 비유로 말하자면, 태양에게서 돌아서서 점차 멀어지면 점점 더 어둠을 볼 수밖에 없고, 태양을 향하고 차츰 가까워지면 점점 더 빛을 보게 되는 것과 같은 원리다. 요컨대 하나님에게서 돌아선 죄가 사람에게 행하는 모든 악의 근원이고, 하나님을 향해 다시 돌아선 의가 사람들에게 행하는 모든 선의 원천이라는 뜻이다.
- •• 칼빈이 『기독교 강요』에서 칭의를 "하나님과의 화해"로, 그리고 성화를 "흠 없고 순결한 생활을 신장"하는 것으로 규정했듯이, 칭의는 '죄와 의의 대립구도'에서의 구원이고, 성화는 '선과 악의 대립구도'에서의 구원을 말한다. 이 같은 이중적 대립구도에서 죄와 의는 하나님의 의지에 좌우될 뿐 인간의 자유의지와 무관하고, 단지 선과 악만이 자유의지에 좌우된다. 따라서 칭의와 성화 사이에 존재하는 긴밀한 상호관계에도 불구하고─딱 잘라 구분하자면─죄인(罪人)이 의인(義人)이 되게 하는 칭의는 하나님의 몫이고, 악인(惡人)이 선인(善人)이 되는 성화는 인간의 몫이다. 은총은 하나님의 것이요, 자유의지는 인간의 것이다.

울이 "하나님을 두려워하는 가운데서 거룩함을 온전히 이루어 육과 영의 온갖 더러운 것에서 자신을 깨끗하게 하자"(고린도후서 7:1), "오직 주 예수 그리스도로 옷 입고 정욕을 위하여 육신의 일을 도모하지 말라"(로마서 13:14)라고 가르치며 성화를 위한 신자들의 노력을 강조한 것이 그래서입니다.

요컨대 성화는 죄-사함과 함께 '동시에' 시작되지만, 죄-사함처럼 '단 한 번'에 완성되는 것은 아닙니다. 칼빈이 설파했듯이 "인간의 모든 영역에서 부패의 잔재가 여전하여, 영혼과 육체의 전쟁이 계속되기" 때문이지요. 이 말은 '만일 전지전능하고 선한 신이 존재한다면 왜 세상에는 악과 고통이 존재하는가'라는 에피쿠로스의 딜레마Epicouros dilemma와 그것의 수많은 변형들에 대한 기독교의 답이 될 수 있습니다. 세상에 존재하는 악과 고통은 하나님의 무능이나 악함이나 부재 때문이 아니고, 우리가 아직 성화되지 않아 삶의 모든 영역에서 여전히 부패해 있고 여전히 영혼과 육체의 전쟁을 하고 있기 때문이라는 뜻입니다.

그리고 이 말은 동시에 세상에 존재하는 악과 고통의 책임이 우리에게 있다는 것을 뜻하기도 합니다. 때문에 하나님의 부조리로 드러나는 죄 없는 사람들의 고통에 관해 우리가 침묵하거나 모르는 척해서는 안 되며, 그 문제를 해결하기 위해 울부짖고 외치고 저항해야 한다는 준엄한 명령이기도 하지요! 다시 말해 죄 없는 사람들의 고통으로 나타나는 하나님의 부조리란, 사실인즉 우리가 성화되지 못해서, 그리스도를 닮은 삶을 살지 못해서 드러나는 사회적 현상이라는 겁니다. 따라서 그것은 우리가 "네 이웃을 네 자신같이 사랑하라"(마태복음 22:39; 누가복음 10:27)라는 예수님의 가르침을 따르는 삶, 착한 사마리아인을 닮은 삶(누가복음 10:30-37)을 살 때, 그럼으로써 우리 자신과 사회를 성화시켜 나갈 때, 비로소 사라질 것이라는 뜻이기도 합니다. 이것이 구티에레스와 네그리가 취하는 입장이기도 하지요.

구티에레스가 우리에게 욥처럼 울부짖고, 외치고, 저항해야 '정치적 해방'도, '역사 내에서 인간의 해방'도, 그리고 마지막으로 '죄악으로부터의 해방과 하느님과의 합일'도 이룰 수 있다고 한 것이 그래서입니다. 네그리가 악의 문제를 하나님의 부재 문제가 아니라 우리의 실천의 문제로 파악하는 다음과 같은 말을 한 것도 그래서지요.

> 하느님이 존재한다면 악은 어디에서 왔으며, 악이 존재한다면 하느님은 왜 악을 존재하게 했는가? *Si Deus est, unde malum? Si malum est, cur Deus?* 그런데 이것은 단순히 이해의 문제가 아니라, 어떻게 해방의 길을 구축할 것인가를 발견하는 문제였다. 이것은 변신론 theodicy 문제가 아니라 실천의 문제였으며, 감옥과 추방이라는 권력의 절대성 내부로부터의 해방의 문제였다.[43]

정리할까요. 그리스도인으로서 우리는 하나님의 부조리로 파악되는 죄 없는 자의 개인적·사회적 고통에 대해 '하나님 앞에서는' 침묵해야 합니다. 아브라함이 실행했고 칼빈과 키르케고르가 설파한 대로, 침묵 속에서 자아를 버리고, 자신의 삶과 미래를 잊어버리며, 자신이 누구인지조차 잊어버려야 하지요. 자아의 자리에 하나님을 모시고, 자신의 뜻이 있는 자리에 하나님의 뜻을 모셔야 합니다. 그럼으로써 우리의 삶에 부단히 참여하여 구원을 이루는 하나님의 섭리를 깨닫고 받아들여야 합니다. 그래야 하나님께서 '의롭다 하시기'[칭의] 때문입니다.

그러나 역시 하나님의 부조리로 파악되는 죄 없는 자의 개인적·사회적 고통에 대해 '사람들 앞에서는' 울부짖고 외치며 저항해야 합니다. 그럼으로써 우리는 우리 자신과 사회를 점진적으로 성화시켜 '정치적 해방', '인간의 해방', 그리고 마지막으로 '죄악으로부터의 해방과 하느님과의 합일'을 이뤄 나가야 합니다. 욥이 감행했고 구티에레스와 네그리가 교훈한 대로, "불의하게 고통당하는 사람에게는 불평하고 저항할 권리가" 있는 데다, "우리네 영혼이 믿는 바를 우리 혀가 발표하지 않으면 예수의 부르짖음이 들리지 않게" 되기 때문입니다. 요컨대 그렇지 않으면 우리 자신과 사회가 성화되지 않기 때문입니다.

하나님의 아킬레스건

혹시 당신은 기억력이 좋은 편인가요? 만일 그렇다면 욥의 문제에 관한 이야기를 마친 지금—다시 말해, 설사 하나님의 처사가 부조리하게 파악되더라도, 또 그 때문에 그의 존재마저 의심될지라도 하나님 앞에서는 오직 침묵해야 하고, 사람들 앞에서는 거세게 외치며 저항해야 한다는 결론에 도달한 지금—문득 떠오르는 의문이 하나 있으리라 생각합니다. "죄 없는 자가 당하는 개인적·사회적 악에 대해서는 그렇다고 하자. 그러나 질병, 홍수, 가뭄, 태풍, 지진, 해일과 같이 자연이 만들어 내는 집단적·자연적 악에 대해서는 뭐라 설명하고 대답할 것인가?" 하는 것이지요.

우리가 이야기를 리스본 대지진으로부터 시작했기 때문에 더욱 그런 의문을 피할 수 없을 텐데요. 그렇습니다, 지금까지 한 우리의 이야기에는 질병, 홍수, 가뭄, 태풍, 지진, 해일과 같은 '자연 악'*에 대한 설명과 처방이 빠져 있습니다. 그런데 사실인즉 바로 이것이 예나 지금이나 무신론자들이 죄 없는 사람들의 고통을 빌미삼아 신의 존재를 부인할 때 가장 자주 그리고 맹렬하게 공격하는 '하나님의 아킬레스건'이기도 합니다. 때문에 그냥 건너뛸 수 없지요. 예를 들어 데이비드 밀스^{David Mills}는 『우주에는 신이 없다』에서—마치 볼테르가 "리스본 재앙에 관한 시"에서 그랬듯이—다음과 같이 먼저 자연 악의 존재를 지적합니다.

> 대자연 속에는 아름다움과 질서가 있습니다. 하지만 (자연은) 동시에 지진, 허리케인, 토네이도, 홍수, 벼락, 화재, 가뭄, 기근, 전염병 등의 자연재해를 일으켜 매년 수백만의 무구한 사람들을 무자비하게 희생시키기도 합니다.⁴⁴

---

* 철학에서는 악을 보통 '도덕적 악'과 '비도덕적 악'으로 구분하여 이야기한다. 비도덕적 악이란 질병, 지진, 폭풍, 홍수, 해일, 가뭄 등과 같이 인간과는 별개로 자연에 의해 발생하는 악이다. 그래서 보통 '자연 악'이라고도 부른다. 이와 달리 도덕적 악은 탐욕, 잔인함, 불의, 악의, 범죄 등과 같이 인간에 의해 일어나는 악이다. 그래서 '인간 악'이라고도 한다.

이어서 밀스는 자연이 전능하고 선한 신이 만든 조화롭고 아름다운 피조물이라면 어떻게 그런 일들이 일어날 수 있는가를 물으며, 우주에는 신이 없다고 단언하지요. 이 같은 무신론자들의 공격에 대해 신의 존재를 옹호하는 다양한 주장들을 철학에서 신정론theodicy이라고 부르는데, 철학자들은 그것을 보통 '일원론'과 '이원론'의 두 종류로 구분합니다.

일원론은 우주가 궁극적으로 예정조화harmonie preetabilie 된 통일체라는 전제를 갖고 있습니다. 그렇기 때문에 '악이란 단지 일시적으로 또는 부분적으로 나타나는 것일 뿐이고, 그것도 궁극적 또는 우주적 관점에서 보면 악은 아예 존재하지 않거나 결국에는 선으로 나타난다'는 주장입니다. 라이프니츠와 스피노자가 바로 이 같은 입장을 견지한 대표적 철학자들이지요. 우리는 이 장(3장)의 서두에서 라이프니츠와 그의 추종자들이 세계는 신에 의해 예정조화 되었기 때문에—궁극적으로 보면—존재하는 것은 모두 옳고right, 일어나는 일은 모두가 좋다well고 주장하는 것을 이미 살펴보았습니다.

스피노자B. d. Spinoza, 1632-1677의 주장도 크게 다르지 않습니다. 그는 우주를 무한하고 영원한 신적 본성으로부터 논리적 필연성에 의해 이끌려 나온 실체들의 총화로 이해했습니다. 바꿔 말하면, 모든 유한한 개별적 사물과 사건들은 무한한 완전성인 우주의 논리적 필연성에 의해 각기 자신들의 자리를 갖는다는 것이지요. 이 말은 질병, 홍수, 가뭄, 태풍, 지진, 해일과 같이 우리가 존재하지 말았으면 하는 모든 자연 악들은 단지 인간의 유한성이 낳은 자연에 대한 '부적절한 지식'이거나 '환상'幻像의 소산일 뿐이라는 의미입니다.[45]

그렇기 때문에 만일 당신이 스피노자에게 "신이 인간을 사랑한다면, 자연은 왜 인간에게 고통, 불행 그리고 죽음을 주는가?"라고 묻는다면, 그는 그런 생각은 단지 당신의 유한성이 가져온 환상에서 나왔으며, 인간이 겪는 고통과 불행과 죽음은 모두 무한한 완전성인 우주의 논리적 필연성에 의해 각기 자신들의 정당한 자리를 갖고 있다고 대답했을 것입니다. 스피노자가 그의 대표작 『윤리학』에서 "사물들이 신에 의해 최고의 상태로 존재하게 되고, 그들이 필연적으로 가장 완전한 자연으로부터 나온다"[45]고 선언한 것이 그래서입니다. 신의 완전성을 인정하고 자연 악의 존재를 부정한 거지요. 이런 이유에서 일원론은 대부분 유신론자들에게 환영받습니다.

이와 달리 이원론은 자연의 선과 악은 밤과 낮, 더위와 추위처럼 실제로 대립하며 존재한다는 주장입니다. 이원론을 지지하는 대표적인 철학자가 영국의 존 스튜어트 밀이지요. 뛰어난 사회학자이자 논리학자이기도 했던 밀은 자연 악이 실재하며, 그것은 신의 무능 내지 불완전성에서 기인한다고 간주합니다.

밀은 자연에서 발생하는 재난, 재앙, 죽음 그리고 그것에서 오는 고통과 슬픔은 그것을 유발하려는 신의 어떤 의도나 목적에서 나오는 것이 아니라, 자연을 창조하고 유지하기 위해 고안된 시스템이 오작동을 일으켜 나타나는 것으로 판단하지요. 그가 『종교에 관한 3편의 에세이』에서 "신의 제한적 능력은…창조주가 그 목적을 어떻게 이루는지 알지 못했거나 창조주의 기술이 자신의 목적을 더 완벽하게 이룰 만큼 완전하지 못한 데서 비롯되었을 것이다"[47]라고 주장한 것이 그래서입니다.

한마디로, 자연 악의 존재를 인정하고 신의 전능성을 부인한 거지요. 그래서 만일 당신이 밀에게 "신이 인간을 사랑한다면, 자연은 왜 인간에게 고통, 불행 그리고 죽음을 주는가?"라고 묻는다면 밀은 그것은 신의 능력에 한계가 있거나 그가 아예 무능하기 때문이라고 대답할 것입니다. 하지만 그런 신은 적어도 기독교에서 말하는 신이 아니지요. 이런 이유에서 이원론은 대부분 무신론자들에게 지지를 받습니다.

어느 주장이 더 그럴듯하게 들리나요? 각자의 성향에 따라 라이프니츠와 스피노자가 지지하는 일원론과 밀이 견지하는 이원론, 둘 중 어느 하나에 더 마음이 쏠릴 것입니다. 그런데 둘 다 기독교 신학의 전통적 주장에서 벗어납니다. 정통 기독교 신학은 신이 선하고 전능하기 때문에 존재하는 것은 모두 옳고, 일어나는 일은 모두가 좋으며, 모든 악은 부적절한 지식 또는 환상의 소산에 불과하다는 일원론과 악이 실제로 존재하고, 신은 전능하지 않거나 아예 무능하다는 이원론을 모두 부인합니다. 그리고 그 둘 사이로 난 '중간 길'을 찾지요.

그런데 그것이 어떻게 가능할까요? 결코 쉽지 않은 일임이 분명한데, 도전이 있는 곳에는 언제나 응전이 있는 법이라서 예로부터 수많은 신학자들이 신정론을 구축하는 일에 매진해 왔습니다. 그만큼 기독교 신정론은 양적으로 방대하거니와 질적으로도 난해하기 짝이 없지요. 하지만 그 모두를 다루는 것은 우리의 목적이 아닙니다. 우리는 단지 자신의 피조물에 부단히 참여하여 인도하는 인격적 하나님의 섭리와 질병, 홍수, 가뭄, 태풍, 지진, 해일과 같은 자연 악 사이의 갈등 문제로 이야기를 한정해서 다루고자 합니다. 그것도 흥미롭고 중요한 몇 가지 이론만을 골라 간단히 살펴보지요.[*]

'자연 악'에 관한 세 가지 견해

아우구스티누스는 신정론에 있어서도 뚜렷한 발자취를 남겼습니다. 정통 기독교 신학이 견지하거나 영향을 받은 그의 자연 악에 대한 주장을 먼저 살펴볼까요? 2권 『하나님은 창조주인가』의 2장 가운데 '보시기에 좋았더라'에서 이미 설명했듯이, 아우구스티누스는 자연 악을 자연의 타락^{corruptio}의 결과로 간주했습니다. 그는 "하나님께서 지으신 모든 것이 선하[다]"(디모데전서 4:4)는 바울의 가르침을 따라 자연이 선하고 아름답다고 보았지요. 하지만 하나님처럼 '완전하게'가 아니라 '불완전하게' 선하고 아름다우며, 바로 그 때문에 언제나 타락의 가능성을 갖고 있다고 주장했습니다.^{**}

---

* 선하고 전능한 하나님과 세상에 존재하는 악 사이의 갈등 문제는 기독교의 가장 중요한 교리인 창조, 죄, 타락, 구원 등의 문제와 면밀하게 연결되어 있다. 따라서 우리는 죄와 구원의 문제를 다룰 때에 이 문제를 다시 세밀히 다루고자 한다.
** 아우구스티누스의 신정론에는 그것을 떠받치는 두 개의 기둥이 있다. 그중 하나는, 악은 실제로 존재하는 어떤 것이 아니며 선의 결핍(privatio boni)으로 나타나는 '현상'(現象)일 뿐이라는 주장이다[참고. 『회고록』(*Enchiridion*), 3, 2; 『고백록』, 7, 12]. 그것은 마치 어둠이라는 현상이 빛의 결핍으로 나타나는 것과 같은 논리다. 아우구스티누스는 선의 상실(deprivatio), 선의 타락(corruptio)이라는 용어도 사용했는데, 이 말은 악은 선과 같은 실

'왜 그런가?'라는 질문에 대해서는, 자연이 '하나님에 의해서' 창조되었지만 '하나님으로부터'가 아니라 '무로부터' 창조되었기 때문이라고 대답했지요. 요컨대 아우구스티누스는 하나님이 창조했을 당시에는 인간과 자연이 모두 선하고 아름다웠는데, 무로부터 창조되어 타락 가능성을 갖고 있었기 때문에 아담의 범죄 이후 타락하여 악하고 추해졌다고 합니다. 그는 자신의 주장에 관한 성서적 근거를 창세기에서 선악과를 따 먹은 아담에게 하나님이 "땅은 너로 말미암아 저주를 받고 너는 네 평생에 수고하여야 그 소산을 먹으리라. 땅이 네게 가시덤불과 엉겅퀴를 낼 것이라"(창세기 3:17-18)라고 한 말에서 찾았습니다.

아우구스티누스에 의하면, 인간은 "창조계 질서의 정상"을 차지하고 있었는데 죄를 지음으로써 "우주 전체가 약화되고 실추되는" 결과를 빚었습니다.[48] 그리고 여기에서 질병, 홍수, 태풍, 가뭄, 지진, 해일과 같은 자연 악이 발생했습니다. 그 때문에 인간 악과 마찬가지로 자연 악도 그리스도에 의한 구원에 의해서만 제거될 수 있습니다. 얼핏 들으면 고개가 갸웃해질 수 있지만 우리는 이에 대한 성서적 근거 역시 어렵지 않게 찾을 수 있습니다. 왜냐하면 신약성서에는 예수님이 불

재는 아니지만, 엄연한 현상이기 때문에 스피노자가 말하는 '환상'도 아니라는 뜻을 갖고 있다. 그리고 다른 하나는, 선의 결핍은 '선 자체'인 하나님에게서 멀어진 죄의 결과로 나타난다는 내용이다. 태양을 등지고 돌아선 자가 어둠을 보는 것과 같은 이치다. 이 말은 악의 원인과 책임이 하나님에게 있는 것이 아니고 인간에게 있다는 것을 의미한다. 요컨대 하나님은 만물의 창시자이지만 악의 창시자는 아니다[참고, 『자유의지에 관하여』(*De lib. arb.*), 1, 2].

치병을 치유하고, 눈먼 자를 보게 하며, 지체장애인을 걷게 하고, 못 듣는 자를 듣게 하며, 폭풍을 잔잔케 하고, 죽은 자를 살리는 등의 기록들이 실려 있기 때문이지요. 그리고 모든 악이 제거되어 다시 완전해진 세계를 예수님은 "천국" 또는 "하나님의 나라"라고 칭하며 교훈했고, 사도 베드로는 그것을 "새 하늘과 새 땅"이라고 불렀지요.

물론 이에 대한 논란이 없는 것은 아닙니다. 예컨대 질병, 홍수, 태풍, 가뭄, 지진, 해일은 그 자체가 선의 상실이나 타락, 곧 악이 아니라, 사람이나 동물들에게 해를 끼치는 경우에만 악이라고 할 수 있는 것이 아니냐 하는 반론이 있습니다.* 더욱 심각한 것은 아우구스티누스의 주장이 아무리 "땅은 너로 말미암아 저주를 받고"(창세기 3:17)라는 성서의 말씀에 근거한 것이라고 해도, 아담의 죄 때문에 질병, 홍수, 태풍, 가뭄, 지진, 해일 같은 자연 악이 생겼다는 말은—환경오염이 재앙으로 부상하고 있는 오늘날 시사하는 바가 크다고는 할 수 있지만—설득력이 부족하다는 문제도 안고 있습니다.

그래서 우리는 이제 2세기 동방정교 신학의 기초를 닦은 교부 이레나이우스의 신정론을 살펴보려고 합니다. 이 이론은 현대신학의 선구자로 불리는 독일의 프로테스탄트 신학자 프리드리히 슐라이어마허 Friedrich E. D. Schleiermacher, 1768-1834가 적극 수용했고, 20세기 이후

---

* 힉은 이에 관해 "무인도 섬이나 화성에서 일어난 화산 폭발은 악인가? 혹은 사람의 손이 닿지 않는 정글 속 식물들이 자연 부패하는 것을 악으로 보아야 하는가?…만일 그렇지 않다면 악은 이러한 물질적 해체와는 관계없고, 다만 인간이나 동물계를 침해할 때만을 가리키는 것이 된다"(『신과 인간 그리고 악의 종교철학적 이해』, 열린책들, 2007, pp. 68-69)라고 설명했다.

영국의 종교철학자 존 힉John Hick, 1922-2012과 미국의 역사신학자 후스토 곤잘레스를 비롯한 다수의 현대 신학자들이 아우구스티누스 신정론의 대안으로 강력히 지지하는 주장이기도 합니다.

초기 기독교의 교부이자 신학자인 이레나이우스는 신의 구원을 역사 안에서 차례로 전개되고 구현되는 구속사History of Salvation 개념을 통해 파악했습니다. 앞에서도 이에 대한 언급이 자주 나왔지요. 그는 『사도적 가르침의 논증』에서―서방신학 전통과는 달리―하나님이 아담과 하와를 완전한 인간homo perfectus이 아니라 어린아이와 같이 약함과 연약함을 가진 상태로, 그리고 낙원이 아닌 '비낙원적인 환경' 속에 창조했다고 주장했지요.[49] 그렇지만 그것은 모두 하나님의 구속사 안에 예정된 섭리에 의한 것이라고 했습니다. 서방신학에 익숙한 우리에게는 생소한 이야기지요.

이레나이우스에 의하면, 하나님은 인간이 하나님의 선물로써 완전해지는 것이 아니라, 자신의 자유의지에 의해 "도덕법칙에 대한 지식을 습득하고 죽음으로부터 부활을 성취하며 구원을 경험하고 언제나 하나님에게 감사하는 상태로" 살아가 점차 완전해지길 원합니다. 그래서 결국에는 "하나님으로부터 불멸성을 선물로 받고 더욱 하나님을 사랑하게" 되도록 성장시키기 위해 인간을 불완전하게 창조했지요. 자연도 역시 마찬가지로 자신의 법칙에 의해 비낙원적 환경에서 낙원적 환경으로 진화하도록 창조했습니다. 이것이 이레나이우스가 말하는 신적경륜oiconomia, 곧 '인간과 세계의 구원에 관한 신의 의

도적이고 조직적인 계획'입니다.[50]

이레나이우스 유형의 신정론이 가진 특징은 인간의 자유의지와 자연법칙의 자발성을 인정한다는 것, 성장과 진화를 위한 인간의 책임을 묻는다는 것, 하나님과 인간의 협력을 강조한다는 것 등입니다. 이 같은 체계에서 악이란 인간과 자연이 미성숙한 결과이자, 성장과 진화를 위한 필요조건일 뿐이지요. 따라서 악은 하나님의 계획을 파괴하는 재앙이 아니라, 오히려 하나님의 성스러운 구속사의 시작인 것입니다. 이레나이우스의 이론을 적극 수용한 동방정교 신학자인 파울 에프도키모프 Paul Evdokimov는 『동방정교』에서 같은 내용을 다음과 같이 설명했습니다.

> 성서적 의미에서 창조는 백배의 수확을 가져오는 그리고 자라기를 멈추지 않는 한 알의 밀알과 같다. 〈내 아버지가 일하시니 나도 일한다.〉 창조는 오메가를 향한 알파이고 오메가는 이미 알파 안에 포함되어 있다.…시간은 창조된 세계의 구조를 구성하는데, 이것은 이 세계가 아직 미완성이고 미발달한 것이어서 그 씨앗의 열매를 얻는 구세주의 날이 올 때까지 인간과 신의 힘이 협력하는 것을 말한다.[51]

이레나이우스의 신정론은 '하나님이 선하다면 어떻게 악이 존재할 수 있는가'라는 에피쿠로스의 물음뿐 아니라, '하나님은 왜 인간이 신으로부터 돌아서는 죄를 짓지 못하게 하지 못했는가'라는 의문마저도 뿌리부터 잘라 아예 나올 수 없게 하는 힘을 갖고 있습니다.

만일 이레나이우스에게 "하나님이 인간을 사랑한다면, 자연은 왜 인간에게 고통과 불행 그리고 죽음을 주는가?"라고 묻는다면, 그는 그것들이 모두 구원을 위한 하나님의 예정된 계획 안에 있다고 대답할 것이기 때문입니다.

물론 이에 대해서도 논란과 반박이 없는 것은 아닙니다. 그 가운데 심각한 것이 예컨대 '하나님의 예정된 선한 목적이 고통, 불행, 죽음과 같은 악한 수단을 정당화할 수 있느냐', '설사 정당화할 수 있다고 해도, 우리가 겪는 고통과 불행 그리고 죽음이 하나님의 예정된 계획 안에 있는지를 어떻게 아느냐' 등이지요. 그래서 관심이 가는 다른 하나의 신정론이 자연 악에 관한 칼 바르트의 주장입니다.

20세기 신정통주의의 문을 연 독일의 개신교 신학자 바르트는 30여 년에 걸쳐 쓴 대작 『교회 교의학』의 곳곳에서 악의 문제를 다양하고 폭넓게 논의했습니다.• 그렇지만 우리는 이 모두를 다룰 수 없거니와 필요하지도 않기 때문에—그의 신정론이 지닌 두드러진 특징 가운데 하나이자 자연 악에 관한 문제와 긴밀히 연관된—'창조의 그늘진 쪽'Schattenseite이라는 개념에 한정해 살펴보고자 합니다.

바르트가 만들어 사용한 용어 '그늘진 쪽'은 한마디로 기독교 신학에서 전통적으로 악惡으로 불리는 것에 해당합니다. 그런데 바르

• 『교회 교의학』, III/3권 50절에서 악의 문제를 다루는 곳 외에도, 예컨대 III/1권 41, 42절 '창세기 주석', III/1권 43절에서 창조된 세계의 선함을 다루는 곳, IV/1권 59절에서 죄와 타락을 다루는 곳 등이 있다.

트에 의하면 '그늘진 쪽'은 창조의 밝은 쪽인 선善처럼 실제로 존재합니다. 그것도 하나님이 보시기에 '대단히 선한' 피조 세계 안에 선과 대립·대조하며 존재하지요. 여기서 바르트의 신정론은 악은 선의 결핍일 뿐 실제로 존재하는 것이 아니라는 정통신학과 갈라서는데, 그가 말하는 그늘진 쪽은 존재와 비존재Nichts의 경계에 실제로 존재합니다. 바르트의 말을 빌리자면 그래서 "안전하지만 위험"합니다. 그럼에도 그것은 자연의 본질에 속하고, 또 하나님에게 속하지요. 마치 밤이 낮과 마찬가지로 자연과 하나님에게 속하듯이 말입니다. 바르트는 이에 대해 다음과 같이 약간 모호하지만 매우 아름답게 설명했습니다.

> 창조에는 〈예〉뿐만 아니라 〈아니요〉도 있다. 높음뿐 아니라 심연도 있다. 명료함뿐 아니라 모호함도 있다. 과정과 연속뿐 아니라 장애와 한계도 있다. 성장뿐 아니라 쇠락도 있다. 풍부함뿐 아니라 빈곤함도 있다. 아름다움뿐 아니라 잿더미도 있다. 시작뿐 아니라 끝도 있다. 가치뿐 아니라 무가치함도 있다. 피조된 존재, 특히 인간존재에는 시간과 날日 그리고 해年 속에 어두움과 밝음, 성공과 좌절, 웃음과 눈물, 젊음과 나이 듦, 얻음과 잃음, 태어남과 곧 또는 나중에 올 죽음이 있다는 것은 사실이다. 개개의 피조물들과 인간들이 서로 대단히 다른 척도로 이것들을 경험하는 것은 사실이다.[52]

요컨대 하나님의 창조에는 밝은 쪽만 아니라 그늘진 쪽, 선만 아니라 악도 있다는 뜻입니다. 그래서 만일 당신이 바르트에게도 "하나님이 인간을 사랑한다면, 자연은 왜 인간에게 고통, 불행 그리고 죽음을 주는가?"라고 묻는다면 그는 하나님의 창조에는 어두움과 밝음, 성공과 좌절, 웃음과 눈물, 젊음과 나이 듦, 얻음과 잃음, 태어남과 곧 또는 나중에 올 죽음이 다 포함되어 있다고 대답할 것입니다.

그런데 어떤가요? 바르트의 말은 사실인즉 멋지게 포장했을 뿐이지 상식적인 수준에서는 무척 평범해서 당연하게 들리지 않나요? 그렇습니다. 그럼에도 불구하고 바르트의 주장은 이레나이우스의 신정론에 대해 제기된 반박 가운데 '이 세상의 고통과 불행 그리고 죽음이 하나님의 예정된 계획 안에 있는지를 어떻게 아느냐'를 잠재울 수 있습니다. 왜냐하면 밤과 낮, 추위와 더위가 모두 자연에 속하고, 그 둘이 함께 곡식과 과일을 성숙시킨다는 데에는 누구도 더 이상 반박할 수 없기 때문이지요.

게다가 그에 대한 성서적 근거도 어렵지 않게 찾을 수 있습니다. 예컨대 "나는 빛도 짓고 어둠도 창조하며 나는 평안도 짓고 환난도 창조하나니 나는 여호와라 이 모든 일을 행하는 자니라 하였노라"(이사야 45:7)나 "여호와의 행하심이 없는데 재앙이 어찌 성읍에 임하겠느냐"(아모스 3:6)와 같은 구절이 그것이지요. 그뿐 아니라 "하나님은 자기 백성들이 나중에 배부르게 하기 위해서 일시적으로 굶게 하시며 생명의 빛을 다시 주기 위해서 죽음의 골짜기에 있게"[53] 한다는 칼빈의 정통 신학적 주장에서도 크게 벗어나지 않습니다.

바르트가 '그늘진 쪽'이라는 용어를 통해 악의 존재를 인정한다는 점에서, 혹시 당신은 그의 주장이 무신론자들이 지지하는 이원론이 아닌가 하고 생각할 수 있습니다. 얼핏 보기에 그렇지요? 그래서 학자들 사이에는 그에 대한 비판도 있습니다.* 하지만 딱 그렇다고는 할 수 없지요! 바르트가 말하는 '그늘진 쪽'은 창조의 어두운 면이긴 하지만 여전히 창조에 속하고, 하나님에게 속하기 때문입니다. 때문에 그가 '무'Das Nichtige라고 부르는 것과는 사뭇 다릅니다. 바르트에 있어서, 무는 창조와 반대되고, 긍정에 대한 부정입니다. 하나님의 '의'인 창조와 구원의 사역을 담당하는 그리스도와 필사적으로 전쟁을 치르는 것으로써 정통 신학에서 사용하는 '죄'라는 말에 상응한다고 할 수 있습니다.[54]

내 생각에, 바르트의 신정론이 지닌 중요한 가치는 그가 이처럼 창조의 반대인 '무'와 창조의 '그늘진 쪽'—다시 말해 죄와 악—을 구분하고 그 관계를 밝혔다는 데에 있습니다. 왜냐하면 2,000년 전통의 기독교 신학은 부지불식간에 또는 고의적으로 죄와 악을 분명히 구분하지 않고 그 관계도 역시 명백히 밝히지 않은 채 혼용해 왔기 때문이지요. 그 결과 죄와 악의 구분은 물론이거니와 구원의 제도로

---

* '그늘진 쪽'과 무(無)를 인정하는 바르트의 입장은 일찍이 라이프니츠가 "신은 악을 원치 않았지만, 선과 악이 지닌 공가능성 때문에 신은 악이 없는 우주를 창조할 수 없었다"고 주장한 것과 유사하다. 왜냐하면 바르트는 "하나님은 '그늘진 쪽'의 창조를 원치 않았다. 그러나 그럴 수가 없었다. 왜냐하면 신의 의지와는 독립적으로 그늘진 쪽은 밝은 쪽과 대립·대조되기 때문이다"라고 주장했기 때문이다. 라이프니츠와 바르트는 '선의 짝으로서의 악'을 인정함으로써 이원론이 그렇듯이 궁극적으로는 신의 전능성에 제한을 둔다는 비판을 받는다.

서 칭의와 성화의 구분도 역시 불분명해졌습니다. 그래서 우리는 앞에서 죄와 악의 개념이 어떻게 다르며, 그 둘의 관계가 어떤지를 간단하게나마 살펴본 것입니다.

정리할까요? 살펴본 바와 같이 기독교의 신정론은, 어떻게 하면 하나님의 전능성을 훼손하지 않으면서도 우리가 경험하는 자연 악을 하나님의 탓으로 돌리지 않게 하느냐에 초점이 맞춰져 있습니다. 아우구스티누스는 질병, 홍수, 태풍, 가뭄, 지진, 해일과 같은 자연 악을 하나님에게서 돌아선 인간의 죄의 탓으로 돌려 문제를 해결하려고 했습니다. 하지만 그의 주장은 앞에서 이미 언급한 문제들을 안고 있습니다.

이레나이우스는 악을 하나님의 구속사 안에서 성장과 진화를 위한 필요조건으로 봄으로써, 그리고 바르트는 악을 죄와 분리해서 선과 마찬가지로 창조의 한 축으로 인정함으로써 문제 자체를 해소하려고 했지요. 하지만 이런 방법들은―악을 하나님의 선한 목적을 이루기 위해 필수불가결한 어떤 것으로 인정함으로써―크게든 적게든 하나님의 선성과 전능성을 제한하고 훼손한다는 비판을 피할 수 없습니다. 게다가 앞에서 지적한 대로 '하나님의 예정된 선한 목적이 고통, 불행, 죽음과 같은 악한 수단을 정당화할 수 있느냐' 하는 문제도 여전히 남아 있지요.

오랫동안 신정론을 탐구해 온 존 힉은 도스토옙스키F. M. Dostoevskii, 1821-1881의 『카라마조프가의 형제들』에서 이반이 알료샤에게 하는 다음과 같은 말을 예로 들어 이 문제를 제기합니다.

예를 들어 내가 만약 궁극에 가서 인간을 행복하게 하고 또 평화와 안정을 줄 목적으로 인류의 운명의 탑을 쌓아 올린다고 하자. 그런데 이 일을 위해 단지 하나의 보잘것없는 생물, 예컨대 아까 그 조그만 주먹으로 자기 가슴을 두드린 그 가엾은 아이라도 좋아. 반드시 그 애를 괴롭혀야 하고 또 그 애에게 보상받을 길이 없는 눈물을 흘리게 한 다음에야 그 탑을 쌓을 수 있다고 가정한다면 너는 과연 그러한 전제 아래서 그 탑에 건축기사가 되는 것에 동의할 수 있겠니? 자 솔직히 이야기해 봐! 아뇨, 동의하지 않을 겁니다. 알료샤가 나직하게 대답했다.

『카라마조프가의 형제들』의 핵심 주제인 이 문제에 대해,˙ 힉은 『신과 인간 그리고 악의 종교철학적 이해』에서 "아뇨, 동의하지 않을 겁니다"라는 알료샤의 대답이 대변하는 도스토옙스키와는 반대 입장을 취합니다. 그는 "사악함과 고통뿐 아니라 거룩함과 행복이 있는 모든 인간 경험을 수긍할 만한 것으로 만들 만큼 위대한 미래의 선은 존재하는가?"라는 질문을 던진 다음, "나는 아마도 그런 선은 있을 수 있고 또한 있다고 생각한다"라는 말로 책을 마칩니다.[55] 하지만

- 『카라마조프가의 형제들』은 선한 목적이 악한 수단을 정당화했을 때 생기는 이데올로기의 문제를 다룬 선구적 작품이자 빼어난 수작이다. 이 문제에 대한 좀더 심층적인 설명은 『철학카페에서 작가를 만나다』, 1권의 "이데올로기 - 김연수 편"을 참고하라.

이에 대해서는 여전히 많은 논란과 반박이 잦아들지 않습니다.

그래서 우리는 이제부터 다른 길을 모색해 보고자 하는데, 아주 특별한 것이라기보다 2권 『하나님은 창조주인가』의 3장 가운데 '창조론은 진화론을 수용할 수 있나'에서 이미 언급한 '특별섭리'와 '일반섭리'라는 섭리의 이중적 구조를 통한 해결방안입니다. 내 생각에는 이것이 정통 신학에 충실하거니와 지금까지 소개한 세 가지 신정론을 종합 정리해 각각의 장점들을 취하면서도 단점들을 최소화할 수 있는 방법입니다.

하나님의 섭리는 이중적이다

1장 "아테네와 예루살렘이 무슨 관계가 있나"에서 섭리에 관해 알아보며 이미 설명했듯이, 하나님의 모든 섭리는 예정적이고 하나님의 모든 예정은 섭리적입니다. 즉 "모든 일을 그의 뜻의 결정대로 일하시는 이의 계획을 따라 우리가 예정을 입어"(에베소서 1:11)라는 바울의 가르침에 나타나 있듯이, 하나님은 오직 예정한 섭리를 통해 우주만물을 창조하고 돌보고 구원합니다. 그럼에도 불구하고 하나님의 눈앞에서는 "만물이 벌거벗은 것같이"(히브리서 4:13) 드러나므로, 섭리에 의한 그의 사역은 맹목적인 것이 아니라, "모든 것이 합력하여 선을 이[룬다]"(로마서 8:28)는 것이 기독교 교리지요.

그렇다면 자연 악의 근원을 밝히려는 우리의 이야기와 연관해 여기에서 묻고 싶은 것은 당연히 '하나님의 섭리가 만물을 창조하고 돌보는 세계에서 어떻게 죄 없는 사람들을 고통과 불행 그리고 죽음으로 몰아넣는 악이 생겨날 수 있느냐' 하는 것입니다. 결론부터 먼저 밝히자면, 그것이 자연 악이든 인간 악이든 간에, 악은 하나님으로부터 '직접' 나오는 것이 아니라는 것입니다. 자연 악은 자연법칙에서, 인간 악은 인간의 자유의지에서 나온다는 것이 기독교 교리입니다.

2권 『하나님은 창조주인가』의 3장 가운데 '창조론은 진화론을 수용할 수 있나'에서 진화론과 창조론의 대립 문제를 해결하면서 살펴보았듯이, 기독교 신학에 의하면 하나님의 섭리는 이중적입니다. 토마스 아퀴나스가 각각 '본래적 원인'과 '우연적 원인' 또는 '제1원인'과 '제2원인'이라고 이름 붙였고, 칼빈이 각각 '특별섭리'와 '일반섭리'로 부른 바로 그것이지요. 기억을 되살리는 의미에서 간단히 정리하지면, 특별섭리는 하나님이 피조물들을 직접 개별적으로 돌보는 의지입니다. 그 때문에 예컨대 바다를 가르고, 해를 멈추며, 처녀를 잉태하게 하고, 죽은 자를 다시 살리는 것과 같은 기적이 가능하지요. 그런데 일반섭리는 하나님이 창조할 때 자연과 인간에게 부여한 '우연적이고 자발적인' 법칙에 위임하여 돌보는 의지입니다. 바로 여기에서 악이 발생합니다.

다시 말해 하나님은 자연에게는 '우연적이고 자발적으로' 운행하는 자연법칙을 주었고, 인간에게도 '우연적이고 자발적으로' 결정하여 행동할 수 있는 자유의지를 주었습니다. 바로 여기에서 인간의 모든 고통, 불행, 죽음을 불러오는 자연 악과 인간 악이 나온다는 말입니다. 조금 더 자세히 구분하자면, 질병, 지진, 폭풍, 홍수, 해일, 가뭄 등과 같은 '자연 악'은 자연에게 주어진 '자연법칙'에서, 그리고 탐욕,

잔인함, 불의, 악의, 범죄 등과 같은 인간 악은 인간에게 주어진 '자유의지'에서 나오지요.

이 말은 하나님은 질병, 지진, 폭풍, 홍수, 해일, 가뭄 등과 같은 일체의 '자연 악'에 직접 개입하지 않았으며, 그것들은 오직 자연에 부과된 자연법칙들의 부조화, 곧 아우구스티누스가 말하는 '타락' 때문에 일어난다는 것을 의미합니다. 요컨대 자연 악이든 인간 악이든 상관없이, 모든 악은 하나님과 무관하며 그 원인과 책임은 자연과 인간에게 있다는 거지요. 이것이 섭리의 이중구조를 통해 구축되는 신정론입니다. 내 생각에는 이것이 중세에 유행했던 라틴어 경구 "신이 있다면 악은 어디에서 오는가? 신이 없다면 선은 어디에서 오는가?"Si Deus est, unde malum? Si non est, unde bonum?에 대한 기독교 신학의 대답입니다. 선은 하나님으로부터 오고, 악은 자연과 인간으로부터 온다는 겁니다.

물론 이것이 "하나님이 인간을 사랑한다면, 자연은 왜 인간에게 고통, 불행 그리고 죽음을 주는가?"라는 당신의 질문에 대한 만족스러운 답은 아닐 겁니다. 왜냐하면 당신은 이제 이렇게 묻고 싶을 것이기 때문입니다. "좋다! 악은 하나님이 직접 만든 것이 아니고 '우연적이고 자발적으로' 운행되는 자연법칙과 인간의 자유의지의 소산이라 하자. 그렇다고 해도 하나님은 왜 악이 생겨날 가능성이 있는 자연법칙과 자유의지를 자연과 인간에게 주었는가? 바꿔 말해 하나님은 악의 가능성을 처음부터 아예 배제한 자연법칙과 인간의지를 창조할 수는 없었는가? 아니면 아예 특별섭리로 직접 통치할 수는 없는가?" 아마 이런 것들일 것입니다. 그리고 이런 질문들은 사실상 "신은 재난을 방지할 수 있는데도 방지하려고 하지 않는가, 아니면 방지하고 싶지만 방지할 능력이 없는가?"라 했던 볼테르의 비난과도 같은 맥락에 있습니다. 이제 그에 대한 답변들 가운데 흥미로운 한두 가지를 들어 볼까요?

독일의 가톨릭 신학자이자 제2차 바티칸 공의회 1962.10-1965.12의 고문peritus으로 활약했던 칼 라너가 아우구스티누스의 전통을 이어 주장했듯이, 신이 자연과 인간을 자신의 자동기계로 창조하지 않고 우연적이고 자발적으로 운행되는 원리들에 맡겨 미결정적으로 창조한 것은 오직 '사랑' 때문이라는 것이 기독교 교리입니다. 즉, 자연과 인간에게 일정한 자유와 우연성을 허락하는 것이 강제하는 것보다는 하나님의 사랑에 합당하다는 뜻이지요.

그런데 이 답변을 듣고 당신은 더 강하게 항변하고 싶을 것입니다. "뭐라고? 지진, 해일, 홍수, 가뭄, 기근 등 자연 재해로 죽어 가는 사람들이 한 해에 얼마인가? 또 대부분의 사람들은 질병으로 고통받다가 죽어 가지 않는가? 전쟁과 테러 그리고 강간, 폭행, 살인과 같은 인간 악 때문에 죽어 가는 사람들은 또 얼마인가? 그런데도 악의 가능성을 허용하는 것이 하나님의 사랑이라고 할 수 있는가?"라고 말입니다.

그렇습니다. 당신의 말이 옳습니다. 그래서 당신에게 소개하고자 하는 흥미로운 답변이 있습니다. 힉이 그의 『종교철학개론』에서 전개한 '반사실적 가정법'counterfactual subjunctive에 의한 주장이지요. 힉은 지금의 사실적 세계와는 반대로 모든 자연 악과 인간 악의 가능성이 제거된 다음과 같은 낙원을 가정하고 과연 그것이 바람직한지를 생각해 보라고 합니다.

> 우선 이 세상이 아무런 고통과 고난이 없는 낙원이라고 가정하자. 그 결과는 우리가 상상할 수 없을 정도로 엄청난 것이다. 어느 누구도 다른 사람을 해칠 수 없기 때문에 살인자의 칼날은 종잇조각이 될 것이며 살인자의 총알은 가벼운 공기로 변할 것이다. 백만 원을 도난당한 은행의 금고는 기적적으로 다른 백만 원으로 채워질 것이며(가령 인플레가 없다면), 위조, 사기, 모략, 배반도 사회에 아무런 해를 끼치지 않을 것이다. 아무도 사고로 다치지 않을 것이며 높은 곳에서 떨어진 등산가, 소방수, 어린아이도 고양이같이 땅에 떨어질 것이다. 아무렇게나 운전을 해도 사고를 낼 수 없을 것이며, 일을 하지 않아도 아무런 해를 입을 수 없으므로 일할 필요가 없을 것이다. 진정한 괴로움과 위험이 없기 때문에 다른 사람이 비록 괴롭거나 위험하다고 말해도 아무런 관심을 쏟을 필요가 없을 것이다.[56]

어떤가요? 바람직하게 생각되나요? 힉에 의하면, 자연법칙이라는 일반섭리에 의해서가 아니라 모든 것이 특별섭리에 의해서 좌우되는 이런 세계에서 우리의 삶은 "유쾌하지만 목표 없이 쉽게 흘러가 버릴 수 있는 하나의 꿈처럼" 됩니다. 그뿐 아니라 "우리가 가지고 있는 현재의 윤리개념이 분명히 무의미하게" 되지요. 예를 들어 누군가를 해치는 것이 옳지 못하다는 개념이 없기 때문에, 옳지 못한 행동이란 아예 없을 것이며 당연히 옳은 행동 역시 없습니다. 마찬가지로 어떤 위험이나 어려움이 존재하지 않는 그곳에서는 그것을 이겨 내는 용기와 꿋꿋함도 의미가 없지요. 또 관대함, 친절함, 사랑, 신중함, 비이기적임 등과 같은 윤리 개념들은 생겨나지도 않습니다.

결과적으로 이러한 세계는 인간의 삶을 무의미하고 무가치하게 하며, 그들을 창조하고 사랑하여 선으로 인도하고 구원하려는 하나님의 의도에서 벗어납니다. 그래서 힉은 실제적인 위험, 어려움, 고통, 실패, 슬픔, 불행, 좌절, 죽음의 가능성 등을 가진 세계가 오히려 인간의 삶에 의미와 가치를 부여하며, 하나님이 도덕적·종교적으로 고양된 '인간 만들기'에 오히려 적합하다고 주장했습니다. 그렇습니다! 바로 이것이 하나님이 자연에 자연법칙을, 그리고 인간에게 자유의지를 부여한 이유입니다. 그리고 그 과정에서 나타나는 자연 악이 허용되는 까닭이지요.

물론 힉의 이런 답변 역시 꼬리를 물고 일어나는 당신의 반론과 의문들을 모두 해소시켜 주지는 못할지도 모릅니다. 하지만 우리가 지금까지 추적해 온 답변들이 죄 없는 사람들이 겪는 자연 악에 대해서도 왜 하나님 앞에서는 침묵해야 하며, 사람들 앞에서는 외치며 저항해야 하는지에 대한 설명은 될 수 있다고 생각합니다. 왜냐하면 내용에 있어 조금씩 차이는 있지만 기독교 신학이 내놓은 답변들에는 다음과 같은 몇 가지 공통점이 있기 때문입니다. 우선 질병, 지진,

폭풍, 홍수, 해일, 가뭄 등과 같은 자연 악은 하나님의 탓이 아니라는 것, 온갖 자연 악에도 불구하고 하나님은 궁극적으로 인간과 세계를 구원하신다는 것, 인간 악의 극복에서와 마찬가지로 자연 악의 극복에도 인간의 선한 의지와 성화가 필요하다는 것 등이지요. 그래서 우리는 다시 욥의 이야기로 돌아갑니다.

아브라함, 욥, 그리고 우리

성서에 보면, 욥은 하나님에게 자신의 의로움에 대해 울부짖으며 저항했고, 사람들에게 자신의 선함을 외치며 저항했습니다. 그러나 하나님을 만난見神 다음 곧바로 회개했지요. 그러자 하나님은 욥이 하나님에게 의로움을 내세우며 저항한 것에 대해서는 꾸짖었고, 사람들에게 자신의 선함을 내세워 저항한 것에 대해서는 묵인하거나—욥의 선하지 못함을 주장했던 세 친구들을 징계함으로써—오히려 칭찬했습니다. 이것은 죄 없는 자가 받는 고통으로 드러나는 하나님의 부조리에 대해, 하나님 앞에서는 침묵하고 사람들 앞에서는 외치고 저항해야 한다는 우리의 해법과 일치한다고 해석할 수 있습니다. 우리의 해법이 교리뿐 아니라 성서적으로도 정당하다는 뜻입니다.

그래서 우리는 욥에 관한 이야기를 여기서 끝내도 좋을 듯한데, 그럼에도 한 가지 아직 해결하지 못한 문제가 남아 있습니다. 그게 뭐냐고요? 하나님과의 만남, 곧 견신의 문제입니다. 인간 악에 의해서든, 자연 악에 의해서든, 죄 없는 자의 고통과 불행으로 드러나는 하나님의 부조리를 우리가 하나님의 부재로 파악하기 때문이지요.

다시 말해 우리는—온갖 신정론에도 불구하고—하나님을 직접 만나기 전까지는 악이 없거나 하나님이 없거나, 둘 중 하나라는 생각에서 여전히 벗어나기 어렵다는 거지요. 앞에서 이미 언급한 대로 아브라함에게는 아예 이것이 문제 되지 않았습니다. 그가 이미 하나님을 만났기 때문입니다. 그런데 욥은 그렇지 않았지요. 그래서 모진 고난 속에서 그가 원한 것은 오직 하나, 하나님을 만나는 일이었습니다. 그에게는 하나님의 부조리를 이해하는 일은 오히려 부차적인 것이었지요. 이 점에서 욥과 우리는 다르지 않습니다.

욥이 알고 싶었던 것은 하나님이 세상 만물을 지으시고 오직 당신의 뜻대로 이끌어 가시며, 의인과 선인에게 복을 주시고 죄인과 악인에게 벌을 내리신다는 사실이 아니었습니다. 또한 자기가 자신도 모르는 사이에 하나님 앞에서 뭔가 죄를 짓거나 사람들 앞에서 뭔가 악한 일을 하지 않았나 하는 것도 아니었지요. 자기에게 예전 같은 부귀영화가 다시 주어질 것인가 하는 것은 더욱 아니었습니다. 그는 다만 알고 싶었지요, 그의 모든 고난이 악마가 아니고 하나님의 뜻이라는 것을. 그는 오직 알고 싶었습니다. 그리고 마침내 하나님을 만나 그것을 확인했지요.

그런데 말입니다, 바로 이 점에서 욥과 우리가 갈라섭니다. 욥은 결국 하나님을 만났으며 "이제는 눈으로 주를 뵈옵나이다"(욥기 42:5)라고 외치고 회개했다는 바로 그 사실 때문에, 그런데 우리는 그렇지 않다는 사실 때문에 그렇습니다. 따라서 이제 우리의 문제는 견신見神의 문제, 곧 우리가 아직 하나님을 만나지 못했고, 그의 형상을 눈

윌리엄 블레이크, <회오리 속에서 욥에게 응답하시는 하나님>, 1825.

으로 직접 보지도, 그의 음성을 귀로 직접 듣지도 못했다는 문제, 그래서 아브라함은커녕 욥도 되지 못한다는 문제로 귀결됩니다. 또한 그래서 고난에 처할 때마다 '나의 하나님, 당신은 어디에 계십니까?'라고 외치며 그의 존재를 의심하게 된다는 것이지요.

욥기에 대한 숱한 해석과 문제 제기들이 있지만, 내 생각에는 바로 이것이 욥이 우리에게 던진 가장 크고 중요한 문제입니다. 하나님을 만난다는 것은 '우리가 어떤 존재인가', 다시 말해 '구원받을 수 있는 존재인가 아닌가' 하는 존재의 문제이고, 하나님이 존재인 교리에서 존재의 문제보다 우선하는 것이 없기 때문입니다.

앞에서 소개한 헤르만 헤세의 시에서 "그러나 나의 모든 자아가 파괴되었을 때는/ 당신이 그것을 파괴하셨고/ 당신이 불꽃과 고뇌를 낳으신 사실을/ 나에게 가르치소서/ 왜냐하면 나는 기꺼이 멸망하고/ 또 기꺼이 죽을 수 있습니다만/ 오직 당신 품에서만 죽을 수 있기 때문입니다"라고 읊은 것이 그래서지요. 우리가 지금까지 이야기해 온 가치에 관한 문제, 곧 욥이 선한지 악한지, 욥이 왜 다시 축복받았는지, 또 우리가 욥에게서 무엇을 배울 것인지 하는 것들은 사실상 부차적인 것일 뿐입니다.

그런데 이 크고 중요한 문제에 대한 성서적인 그리고 기독교적인 답은—놀랍게도—당신이 이미 갖고 있습니다. 그렇지요? 네, 틀림없이 그렇습니다! 만일 당신이 그리스도인이라면, 당신은 이미 오래전부터 하나님을 만나고, 그의 형상을 보고, 그의 음성을 들어 왔기 때문입니다. 왜냐고요? 예수님이 곧 하나님이라는 것을 성서와 기독교 교리가 증언하기 때문이지요! 성서에서 예수님은 직접 "나와 아버지는 하나이니라"(요한복음 10:30)나 "나를 보는 자는 나를 보내신 이를 보는 것이니라"(요한복음 12:45)와 같이 자신이 하나님인 것을 스스로 밝혔습니다. 그리고 기독교 신학은 처음부터 성부·성자·성령이 하나라는 것을 주장했고, 325년 열린 니케아 공의회 이후 그것을 교리로 정립했지요.

당신은 "그렇게 말하자면, 구약시대의 유대인들도 구약성서를 통해 하나님을 만나 온 것이 아니냐?"라고 반박할 수 있습니다. 그렇지요! 몇 가지만 예를 들어도, 노아, 아브라함, 모세, 욥에게도 하나님이 나타나시고, 어떤 형상으로든 자신의 모습을 보게 하시고, 어떤 소리로든 자신의 음성을 듣게 하셨습니다. 따라서 그들도 성서를 통해 하나님을 만났다고 할 수 있습니다. 하지만 그것은 예수님처럼 하나님이 직접 인간의 몸으로 태어나, 우리와 함께 살고, 먹고, 마시고, 웃고, 울고, 이야기하고, 복음을 전하고, 무엇보다도 우리와 마찬가지로 죽음을 맞은 것은 아니었지요. 둘 사이의 차이는 마치 그림자와 실체, 아니면 사진과 실물의 차이와 같다 해야 할 것입니다. 아닌가요?

물론 어떤 사람이 지난 2,000년 동안 그리스도인들이 믿어 왔고, 1,600년 이상 서양문명이 받아들인 이 주장을 수긍하느냐 아니냐 하는 것은 별개 문제입니다. 그러나 만일 당신이 성서에 기록되어 있고 기독교 신학에서 '성육신' 또는 '삼위일체론'이라고 부르는 교리를 받아들인다면, 섭리로 나타나는 하나님의 인격성에 대한 문제들은 여기서 모두 종결됩니다. 사도 요한이 "하나님이 세상을 이처럼 사랑하사 독생자를 주셨으니 이는 그를 믿는 자마다 멸망하지 않고 영생을 얻게 하려 하심이라"(요한복음 3:16)라고 선포했듯이, 예수님이 하나님의 인격성의 실체이자 정수이기 때문입니다. 그렇다면 이제 우리의 처지는 하나님을 만나 그의 형상을 눈으로 직접 보고 그의 음성을 귀로 직접 들은 아브라함이나 욥의 그것과 다를 바가 전혀 없습니다. 아니, 오히려 그들보다 더 나은 처지에 있는 것이 아닐까요?

예수님은 마지막 날 밤에 제자들의 발을 씻기고 그들의 물음에 답변할 때, 하나님을 보여 달라는 한 제자의 요구에 자기가 바로 하나님임을 다음과 같이 다시 한번 가르쳤습니다. "빌립아 내가 이렇게 오래 너희와 함께 있으되 네가 나를 알지 못하느냐. 나를 본 자는 아버지를 보았거늘 어찌하여 아버지를 보이라 하느냐. 내가 아버지 안에 거하고 아버지는 내 안에 계신 것을 네가 믿지 아니하느냐"(요한복음 14:9-10). 그리스도인에게는 참으로 감격스럽고 은혜로운 이야기입니다. 하지만 이게 정확히 무슨 뜻일까요? 이 역시 이성으로는 이해하기가 결코 쉽지 않습니다. 이어지는 4권 『하나님은 유일한가』에서 우리는 삼위일체론을 다루면서 바로 이 이야기를 할 것입니다.

참고문헌

들어가는 글

1 에두아르트 투르나이젠, 손성현 역, 『도스토옙스키, 지옥으로 추락하는 이들을 위한 신학』, 포이에마, 2018, p. 74.
2 요한 칼빈, 『기독교 강요』, 1, 16, 1-4.
3 에두아르트 투르나이젠, 『도스토옙스키, 지옥으로 추락하는 이들을 위한 신학』, p. 87.

하나님은 인격적이다

1 타키투스, 『연대기』, 15, 44.
2 참고. 같은 책, 15, 53-59.

01 아테네와 예루살렘이 무슨 관계가 있나

1 참고. 타키투스, 『연대기』, 14, 8.
2 같은 책, 15, 62.
3 헤라클레이토스, 『단편』, 114.
4 아리스토텔레스, 『수사학』, 1, 15, 1375a.
5 소포클레스, 『안티고네』, 450-453.
6 한스 폰 아르님, 『스토아 철학자의 단편』, 1, 42, 35.
7 키케로, 『투스쿨라나룸에서의 담론』, 1, 30.
8 아우구스티누스, 『자유의지론』, 1, 6, 15.
9 토마스 아퀴나스, 『신학대전』, 1, 91, 2.
10 몽테스키외, 『법의 정신』, 1, 1.
11 한스 폰 아르님, 『스토아 철학자의 단편』, 3, 78, 27.
12 세네카, 『섭리에 대하여』, 5.

13 같은 책, 5.
14 세네카, 『서간』, 107, 11.
15 세네카, 『섭리에 대하여』, 6.
16 같은 책, 6.
17 파울 틸리히, 현영학 역, 『존재에의 용기』(Der Mut zum Sein), 전망사, 1986, p. 17.
18 세네카, 『섭리에 대하여』, 6.
19 참고. 타키투스, 『연대기』, 15, 63-64.
20 참고. 앨버트 벨, 오광만 역, 『신약시대의 사회와 문화』(Exploring the New Testament World), 생명의말씀사, 2008, p. 149.
21 참고. 제임스 던, 박문재 역, 『바울 신학』(The Theology of Paul the Apostle), CH북스, 2003, p. 99.
22 참고. 요하네스 힐쉬베르거, 강성위 역, 『서양철학사』, 1권, 이문출판사, 2008, p. 326.
23 참고. 귄터 보른캄, 허혁 역, 『바울』(Paulus), 이화여자대학교출판부, 2006, p. 5.
24 참고. 같은 책, p. 46.
25 참고. 요하네스 힐쉬베르거, 『서양철학사』, 1권, 2008, p. 326.
26 참고. 게리 윌스, 김창락 역, 『바울은 그렇게 가르치지 않았다』(What Paul meant), 돈을새김, 2007, p. 7.
27 R. Bultmann, *Theology of New Testament*, Scribner, 1955, pp. 35, 188(게리 윌스, 『바울은 그렇게 가르치지 않았다』, p. 12에서 재인용).
28 참고. 플라톤, 『국가』, 508c, 509b, 517c.
29 참고. 요하네스 힐쉬베르거, 『서양철학사』, 1권, p. 191.
30 요한 칼빈, 『기독교 강요』, 1, 16, 1-4.
31 J. Calvin, *Corpus Reformatorum. Calvini Opera*, 31, 32.
32 참고. 같은 책, 5, 18.
33 같은 책, 31, 32.
34 참고. B. Corret, *Calvin: A Biography*, tr., M. W. McDonald, Michigan, 1995, pp. 67-68.
35 J. Calvin, *Corpus Reformatorum. Calvini Opera*, 31, 32.
36 같은 책, 21, 43.
37 참고. 같은 책, 10b 247.
38 같은 책, 31, 26.
39 같은 책, 32, 359(시편 135:6).
40 플라톤, 『국가』, 379a.
41 참고. W. Weischedel, *Der Gott der Philosophen*, Wissenschaftliche Buchgesellschaft, Darmstadt, 1983, p. 49.
42 예컨대 플라톤, 『국가』, 381c.

43 예컨대 플라톤, 『법률』, 899a.
44 예컨대 플라톤, 『국가』, 500c-d; 『7째 편지』 340c.
45 예컨대 플라톤, 『법률』, 905e.
46 예컨대 플라톤, 『소피스트』, 265c-e; 『티마이오스』, 28-69.
47 에티엔 질송, 김규영 역, 『철학과 신』, 성바오로서원, 1981, p. 45.
48 루트비히 마르쿠제, 황문수 역, 『행복론』, 범우사, 1989, p. 79에서 재인용.
49 피에르 드 롱사르, "영원한 찬가" 중 일부.
50 참고. 에티엔 질송, 『철학과 신』, pp. 47-48.
51 같은 책, p. 49.
52 Leibniz, *Theodicy*, ed. Austin Farrer, London, Routledge, 1952, p. 27.
53 로버트 프로스트, 『프로스트 시집』, "아무도 없었다."
54 참고. 프레데릭 코플스턴, 김보현 역, 『그리스 로마 철학사』(*A History of Philosophy*), 철학과현실사, 1998, p. 578.
55 테르툴리아누스, 『이단을 논박하는 취득시효』, 7, *The Ante-Nicene Fathers*, 3:246.
56 존 밀턴, 『실낙원』, 5, 467-477.
57 아서 러브조이, 차하순 역, 『존재의 대연쇄』, 탐구당, 1992, p. 350에서 재인용.
58 알렉산더 포프, 『인간론』, 2, 23-28.
59 E. Brunner, *Natur und Gnade*, Tübingen, J. C. B. Mohr, 1934, p. 25.
60 요한 칼빈, 『기독교 강요』, 1, 14, 20.
61 참고. E. Brunner, *Natur und Gnade*, Tübingen, J. C. B. Mohr, 1934, p. 26.
62 참고. K. Barth, "Nein: Antwort an Emil Brunner"(1934), in *Dialektische Theologie in Scheidung und Bewährung*, Theol. Bücherei 34, pp. 253-254.
63 K. Barth, *Die Kirchliche Dogmatik*(교회 교의학), München, Chr. Kaiser, 1932, 1/1: Vorwort 8.
64 K. Barth, *Die Kirchliche Dogmatik*, München, Chr. Kaiser, 1932, 1/1:252에서 재인용.
65 아우구스티누스, 『요한복음 주석』, 11, 9.
66 참고. J. Calvin, *Corpus Reformatorum. Calvini Opera*, 53, 368.
67 참고. 에리히 프롬, 최혁순 역, 『너희도 신처럼 되리라』(*You shall be as Gods*), 범우사, 1999, p. 40.
68 참고. L. Köhler & W. Baumgartner, *Lexicon in veteris Testamenti libros*, Leiden, 1953, p. 369.
69 마르틴 부버, 표재명 역, 『나와 너』(*Ich und Du*), 문예출판사, 1990, p. 103.
70 토마스 아퀴나스, 『신학요강』, 2, 4.
71 참고. J. Calvin, *Corpus Reformatorum. Calvini Opera*, 37, 402(이사야 63:16); 27, 700.
72 토마스 아퀴나스, 『신학요강』, 2, 4.

73 암브로시우스, 『성사론』, 5, 4.
74 토마스 아퀴나스, 『신학요강』, 2, 5.

02 하나님의 인격성이란 무엇인가

1 토마스 아퀴나스, 『신학대전』, 3, 1.
2 벤자민 팔리, 박희석 역, 『칼빈의 십계명 설교』(*John Calvin's sermons on the ten commandments*), 성광문화사, 1991, p. 115.
3 참고. 발터 아이히로트, 박문재 역, 『구약성서 신학』, I, CH북스, 1998, p. 224.
4 안셀무스, 『모놀로기온』, 14.
5 참고. 토마스 아퀴나스, 『신학요강』, 1, 130; 『신학대전』, 1, 22, 2; 『대이교도대전』, 3, 1.
6 J. Calvin, *Corpus Reformatorum. Calvini Opera*, 8, 348.
7 같은 책, 8, 349.
8 같은 책, 32, 359(시편 135:6).
9 참고. 폴 헬름, 이승구 역, 『하나님의 섭리』(*The Providence of God*), IVP, 2004, pp. 161-178.
10 J. Calvin, *Corpus Reformatorum. Calvini Opera*, 31, 333(시편 33:18).
11 쇠렌 키르케고르, 임춘갑 역, 『공포와 전율/반복』(*Furcht und Ziterrn/ Wiederholung*), 다산글방, 2007, p. 23.
12 프랜시스 톰슨, "하늘의 사냥개" 중 일부.
13 라이너 마리아 릴케, 『기도시집』, 1부 "수도사 생활의 서" 중 일부.
14 토마스 아퀴나스, 『신학요강』, 2, 7.
15 같은 책, 2, 4.
16 J. R. Lucas, *The Future*, Oxford, Blackwell, 1989, p. 233.
17 아우구스티누스, 『신국론』, 5, 10.
18 참고. 토마스 아퀴나스, 『신학요강』, 1, 123; 『신학대전』, 1, 22, 2; 『대이교대전』, 3, 1, 64.
19 요한 칼빈, 『기독교 강요』, 1, 16, 2.
20 토마스 아퀴나스, 『신학요강』, 2, 2.
21 아우구스티누스, 『고백록』, 10, 26.
22 J. Calvin, *Corpus Reformatorum. Calvini Opera*, 32, 231.
23 쇠렌 키에르케고르, 페리 르페브르 편, 이창승 역, 『키에르케고르의 기도』, 기독교연합신문사출판국(UCN), 2004, p. 287에서 재인용.
24 아우구스티누스, 『설교집』, 169, 9; 29, 4.
25 존 던, 『거룩한 소네트』, 14 중 일부.
26 파울 틸리히, 현영학 역, 『존재에의 용기』, 전망사, 1986, p. 17.

27　쇠렌 키르케고르, 임춘갑 역, 『이것이냐 저것이냐』(*Entweder—Oder*), 1부, 다산글방, 2008, pp. 517-518.
28　참고. 같은 책, 1부, p. 530.
29　같은 책, 2부, p. 445.
30　같은 책, 2부, p. 361.
31　같은 책, 2부, pp. 361-362.
32　참고. 같은 책, 2부, pp. 357이하.
33　같은 책, 2부, p. 465.
34　알프레드 드 뮈세, "신을 향한 희망" 중 일부.
35　쇠렌 키르케고르, 『이것이냐 저것이냐』, 2부, p. 425.
36　참고. 같은 책, 2부, p. 489.
37　참고. 같은 책, 2부, p. 490.
38　같은 책, 2부, pp. 491-492.
39　같은 책, 2부, pp. 496-497.
40　참고. 쇠렌 키르케고르, 『공포와 전율/반복』, pp. 105이하.
41　같은 책, p. 106.
42　같은 책, pp. 106-107.
43　같은 책, p. 107.
44　같은 책, p. 158.
45　알프레드 드 뮈세, "신을 향한 희망" 중 일부.
46　쇠렌 키르케고르, 『공포와 전율/반복』, p. 85.
47　같은 책, p. 84.
48　알프레드 드 뮈세, "신을 향한 희망" 중 일부.
49　쇠렌 키르케고르, 『공포와 전율/반복』, p. 53.
50　같은 책, p. 39.
51　같은 책, p. 41.
52　같은 책, p. 57.
53　같은 책, p. 40.
54　같은 책, p. 68.
55　같은 책, p. 146.
56　같은 책, p. 65.
57　같은 책, pp. 43-44.
58　같은 책, p. 45.
59　참고. 같은 책, p. 32.
60　S. Kierkegaard, *Papirer*(기도), 7, A. 132, "Thou Hearest our Cry"의 일부.

61 S. Kierkegaard, *Abschlißende unwissenschaftliche Nachschrift zu den Philosophi-schen Brocken II*. (철학적 단편 후서), Junghans, Eugen Diederrichs, 1957-1958, p. 235.

03 하나님의 인격성과 하나님의 부재

1 참고. 요한 칼빈, 서문강 역, 『욥과 하나님: 칼빈의 욥기 강해』, 지평서원, 2003, p. 10.
2 같은 책, p. 65.
3 같은 책, pp. 62-63.
4 같은 책, p. 57.
5 J. Calvin, *Corpus Reformatorum. Calvini Opera*, 31, 333(시편 33:18).
6 요한 칼빈, 『욥과 하나님: 칼빈의 욥기 강해』, p. 59.
7 같은 책, p. 59.
8 같은 책, pp. 119-120.
9 같은 책, p. 95.
10 같은 책, p. 470.
11 같은 책, p. 449.
12 쇠렌 키르케고르, 임춘갑 역, 『공포와 전율/반복』, 다산글방, 2007, p. 57.
13 같은 책, p. 58.
14 참고. 같은 책, pp. 58-59.
15 같은 책, p. 190.
16 같은 책, p. 192.
17 같은 책, p. 202.
18 같은 책, p. 46.
19 같은 책, p. 75.
20 같은 책, p. 79.
21 S. Kierkegaard, *Stadien auf des Lebens Weg*(인생길의 여러 단계), trans. E. Hirsch, Eugen Diederichs, 1956, p. 507.
22 쇠렌 키르케고르, 페리 르페브르 편, 이창승 역, 『키에르케고르의 기도』, 기독교연합신문사출판국(UCN), 2004, p. 286.
23 구스타보 구티에레스, 성찬성 역, 『욥에 관하여』, 분도출판사, 1996, p. 15.
24 같은 책, p. 18.
25 같은 책, p. 17.
26 같은 책, p. 240.
27 같은 책, p. 243.
28 안토니오 네그리, 박영기 역, 『욥의 노동』, 논밭출판사, 2011, p. 17.
29 알랭 바디우, 현성환 역, 『사도 바울』, 새물결, 2008, p. 13.

30 안토니오 네그리, 『욥의 노동』, pp. 10-11.
31 같은 책, p. 16.
32 참고. 같은 책, p. 17.
33 같은 책, p. 16.
34 같은 책, 같은 곳.
35 참고. 같은 책, p. 19.
36 같은 책, p. 20.
37 같은 책, p. 238.
38 같은 책, p. 18.
39 파울 틸리히, 송기득 역, 『폴 틸리히의 그리스도교 사상사』, 한국신학연구소, pp. 173-174.
40 요한 칼빈, 『욥과 하나님: 칼빈의 욥기 강해』, p. 457.
41 같은 책, p. 479.
42 쇠렌 키르케고르, 페리 르페브르 편, 『키에르케고르의 기도』, p. 114.
43 안토니오 네그리, 박영기 역, 『욥의 노동』, 논밭출판사, 2011, p. 7.
44 데이비드 밀스, 권혁 역, 『우주에는 신이 없다』, 돋을새김, 2010, p. 37.
45 참고. 스피노자, 『윤리학』, 4, 64.
46 같은 책, 1, 33.
47 존 힉, 김장생 역, 『신과 인간 그리고 악의 종교철학적 이해』, 열린책들, 2007, pp. 41-42에서 재인용.
48 참고. 아우구스티누스, 『자유의지론』, 3, 11, 32.
49 참고. 존 힉, 『신과 인간 그리고 악의 종교철학적 이해』, p. 227.
50 참고. 같은 책, pp. 227-229.
51 같은 책, p. 232에서 재인용.
52 같은 책, p. 142에서 재인용.
53   J. Calvin, Corpus Reformatorum. Calvini Opera, 31, 333.
54 참고. 존 힉, 『신과 인간 그리고 악의 종교철학적 이해』, pp. 144-146.
55 참고. 같은 책, pp. 393-395.
56 존 힉, 황필호 역편, 『종교철학개론』, 종로서적, 1992, p. 81.

찾아보기

| 인물 |

고레스(키루스) 75, 82
곤잘레스, 후스토 223
괴테, 요한 볼프강 폰 125
구티에레스, 구스타보 162, 189-194,
    201-202, 208, 214-215
그레고리우스, 니사의 79

네그리, 안토니오 162, 194-202, 214-215
네로 15-17, 21-22, 24, 34, 112-115, 124
뉴턴, 아이작 62

다비드, 자크 루이 32-33
단테, 알리기에리 48
던, 존 109
도스토옙스키, F. M. 229-230

라너, 칼 73, 234
라블레, F. 46
라이프니츠, 고트프리트 빌헬름 폰 62,
    153-156, 217, 219, 228
랜더, 월터 새비지 24
레닌, N. 195
로크, J. 62

롱사르, 피에르 드 60
루벤스, 파울 152
루크레티아(루크리스) 121
루크레티우스 117
루터, 마르틴 45, 46, 51, 73, 209
    — 의 종교개혁 46
뤼박, 앙리 드 72-73
릴케, 라이너 마리아 95

마사초 9
마르크스, 칼 195
    — 주의 194
마르키온 41
모세 164, 240
몰트만, 위르겐 193
몽테스키외 28
뮈세, 알프레드 드 116, 125, 127, 167
밀, 존 스튜어트 218
밀스, 데이비드 216-217
밀턴, 존 66-67

바르트, 칼 65, 71-72, 225-229
바울(사도) 11, 12, 17-22, 35-44, 51, 52, 57,

73, 92-93, 101, 105, 107, 110, 144, 146, 167, 169, 178, 186, 195-198, 211, 220, 231
보만, 토를라이프 86
보쉬에, J. B. 47
보프, 레오나르도 189
볼테르 62, 68, 153-157, 216, 234
볼프, 크리스티앙 155-156
부데, 기욤 49
부버, 마르틴 76
부처, 마르틴 45, 55
불트만, 루돌프 40
브루너, 에밀 69-72
브루투스, 유니우스 120-125, 128, 130, 134, 136, 184, 185, 188
블루멘바흐, J. F. 68

사르트르, J. F. 129
상드, 조르주 116
세네카 12, 23-44, 48-50, 57, 63-64, 73, 110-111, 114, 120, 124, 144
소크라테스 34, 120, 128, 184, 185, 187
소포클레스 26, 159
쇼, 조지 버나드 39
슈펭글러, 오스발트 30
슐라이어마허, 프리드리히 222
스트라본 36
스피노자, B. 153, 199, 217-219, 221

아가멤논 120-122, 124, 125, 128, 130, 134-136, 184-185, 188
아나니아 18
아담 67, 221-223
아리스토텔레스 25-26, 43, 58, 59-61, 64, 66, 75, 207, 209
아브라함 12-13, 37, 94-95, 128-143, 145-149, 164, 167, 171, 179-189, 202, 208, 214, 237-241
아우구스티누스 27, 41, 46, 51, 52, 66, 79, 91, 104-105, 107, 108, 153, 203, 220-223, 229, 233, 234
아우렐리우스, 마르쿠스 25, 32, 34
아이히로트, 발터 84
아타나시우스 41
안셀무스 85
암브로시우스 79
야곱 38
— 의 사다리 66
에라스무스, D. 46-49
에보디우스 104
— 딜레마 91
에우리피데스 120
에프도키모프, 파울 224
에피쿠로스 37, 60, 117, 157, 224
— 학파 36
에픽테토스 36
엘리엇, 토머스 97
엘리후 161, 175-176
예레미야 164, 174, 210
예수(그리스도) 10, 17, 18, 20, 37, 39-43, 63, 65, 72-79, 89, 96, 98-101, 105, 128, 169, 186, 193, 206, 208, 212-215, 221-222, 240-241
옙다 120-128, 130, 134, 136, 184, 185, 188
오리게네스 42, 153
오이디푸스 26, 159
요나 55
욥 12, 95, 107, 144-150, 158-179, 181, 187-202, 208, 211, 214, 215, 237-241
위-디오니시우스 198
유스티니아누스 49

이레나이우스 223-225, 227, 229
이사야 105
　제2— 82
이삭 12, 37, 94, 129-139, 147, 167, 171, 179-185
　— 번제 사건 12, 94-95, 128-143, 147, 167, 179-185

제논 27, 36
제퍼슨, 토머스 39, 62
질송, 에티엔 59-63

츠빙글리, 울리히 45, 48

카뮈, A. 129
칼빈, 요한 7, 11, 12, 44-57, 70, 78, 83, 86-88, 92-94, 105, 107, 162-170, 176-179, 183, 202, 208, 211-214, 227, 232
　— 의 욥기 설교 163-170, 176-179
콥, 니콜라스 53
큉, 한스 209
키르케고르, 쇠렌 12, 34, 93-94, 107, 111-128, 129-136, 139-144, 167, 179-187, 202, 208-209, 211, 214
　— 의 실존의 3단계 12, 34, 111-128, 183-184
키케로 23, 27

타키투스 16, 23-24, 33
탈레스 59
테르툴리아누스 35, 65

토마스 아퀴나스 27, 65-66, 77-79, 83, 85, 96, 102, 105, 106, 146
톰슨, 프랜시스 94
투르나이젠, 에두아르트 10
티베리우스 황제 16
틸리히, 파울 33, 110, 210

파렐, 기욤 53-55
파스칼, 블레즈 47
페트루스 갈라티누스 76
펠라기우스 104
포프, 알렉산더 69, 155-156
프랑수아 1세 53, 60
프로스트, 로버트 63
플라톤 25-26, 43, 47-48, 58-61, 64, 66, 68, 69, 187, 205
플로티노스 66
피우스 12세 72-73
핀다로스 59
필론 37

하박국 95, 107, 144
하와 223
하트, 마이클 194, 199
헤겔, G. W. F. 108
헤라클레이토스 25, 64
헤세, 헤르만 149-150, 240
호라티우스 117
호메로스 59, 209
힉, 존 222-223, 229-230, 234-236

| 주제 |

강한 섭리론 98, 102, 104, 167, 169
걱정 없는 신 60-61
과학주의 62
과학혁명 68
근원물질 74
긍정의 길 198

니케아 공의회 240

다바르 206
도미니쿠스 수도회 171
독일 고백교회 71
동방정교 198, 222, 224
디아스포라 36

로고스 25-29, 32, 39, 64, 120, 205, 206

마르크스주의 194
만민법 27
무신론 216, 217, 219, 228

바바라 삼단논법 207
바빌론의 유배 75, 82
범신론 64
변증법 187
부동의 원동자 43, 60
부정신학 198
부조리 129, 131, 134, 136, 138, 146-149, 163, 179, 180, 182, 183, 185, 187, 199, 202, 208, 211, 213, 214, 215, 237, 238
분여 이론 25, 66

삼위일체 91, 109

─론 208, 241, 242
상기 187
선 자체 221
섭리 10-13, 25, 28-32, 42-45, 48-50, 57, 63-64, 91, 156, 178
　하나님의─ 9, 11-12, 21, 37, 38, 44, 46, 50-55, 73, 87, 89-98, 100-108, 140, 144, 145, 162, 165, 167-169, 174, 177, 215, 220, 223, 231-235, 241
성령 50, 166, 240
성부 240
성육신 65, 241
성자 240
성화 209, 212-215, 229, 237
세계내재성 11, 57, 64
세계초월성 11, 64
스토아주의 25, 34, 110, 121, 124
스토아 철학 23, 25, 37, 39, 48-50, 64, 110-111, 120, 125-126, 142-144
　─자 25-27, 30-33, 36-37, 49, 110, 120, 125, 142-144
스토아학파 27, 36, 64
신법 27
신율 97
신인동감설 81-82, 84
신인동형설 81-82, 84
신정론 153, 155, 217, 219-220, 222-226, 228-229, 231, 238
신플라톤주의 47-48, 68, 198
실존주의 129
실체 62, 146, 217, 241
십계명 164

아도나이 75
아도솀 76
야훼 47, 75-76, 82, 84, 88, 164, 205
약한 섭리론 102-104
양립주의 104, 203, 208
영원법 27-28
영혼 33, 34, 59, 92, 98, 102, 109, 113, 115, 128, 152, 155, 193, 213, 215
예지 104-105, 196
예호바 76
예호와흐 76
유스티니아누스 법전 49
유피테르 47
이데아 43, 205
이신론 62, 156
 ─ 자 39, 62, 88, 144, 156
이원론 217-219, 228
이중운동 182-183, 187
이중적 논법 203, 208
인격-존재 86
일반섭리 50, 232, 235
일원론 217-219
일자 43

자연법 25-28
 ─ 사상 25-27
자연신론 61-62, 64, 68, 88
자연신학(물리신학) 13, 43, 71-73
 ─ 자 62, 70, 75
자연의 사다리 65-66, 69
자유의지 91, 102, 104, 153, 169, 203, 212, 223-224, 232-233, 236
적그리스도 71
제1원인 232
제1차 바티칸 공의회 72-73

제2원인 232
제2의 인류 140
제2차 바티칸 공의회 73, 165-166, 190, 234
제우스 47
존재 84-87, 146-148, 205-206, 226
 ─ 의 계층구조 66
 ─ 의 사다리 65-68, 72
 ─ 의 장 146
존재론 32, 84-85, 111, 197-198, 210
존재물 60, 85, 146, 209
존재 유비 66-68, 71
존재 자체 146
종교개혁 46-48, 53-54, 92, 104, 163, 165
진화론 50, 231, 232

체념의 기사 184-185
칭의 209-212, 229

코로나바이러스감염증-2019 8, 12
퀴리오스 77

탈시간화 203-207
테올로기아 58
특별섭리 50, 231-235

파테르 77
팬데믹 8, 9, 12
포용주의 165-166
프랑크푸르트 스타일 203
피소의 음모 사건 21-23

하야 205
해방신학 13, 162, 189-191, 194
 ─ 자 189-191
헤브라이즘 204

헬레니즘 36, 204

| 작품 |

"가지 않은 길" 63
『고백록』 52, 220
『공포와 전율』 12, 93, 112, 120, 128, 131, 179-180, 187
『교회 교의학』 225
『국가』 43, 58
『궤변 논박』 207
"기도" 149
『기독교 강요』 44-45, 53, 163, 170, 212

『나와 너』 76
"네 개의 사중주" 97

「대요리문답」 45
『도스토옙스키』 10
『동방정교』 224
「디다케」 42

"리스본 재앙에 관한 시" 153-155, 157, 216
"리틀 기딩" 97

「목자」 42

「바나바서」 42
「바르멘 선언」 71
『법률』 25, 59
『법의 정신』 28
『서구의 몰락』 30
「섭리에 관한 설교」 48

『섭리에 대하여』 29, 32, 48, 124
〈성 삼위일체〉 9
『세네카와 바울의 편지』 35
『세네카의 관용론 해석』 49
〈세네카의 죽음〉 33
"소네트" 109
"수도사 생활의 서" 95
『수사학』 26
『시편 주석』 46, 51-52
"신을 향한 희망" 116, 125
『신학대전』 27, 83
『실낙원』 66-67

「아니요! 에밀 브루너에 대한 대답」 71
"아무도 없었다" 63
『아울리스의 이피게니아』 120
『안티고네』 26
『에우데모스 윤리학』 61
"역사의 개념에 대하여" 195-196
『연대기』 16, 23
"영원한 찬가" 60
『오디세이아』 209
"올림픽 경기 찬가" 59
『욥에 관하여』 190, 193
『욥의 노동』 189, 194, 197-201
『우신예찬』 48
『윤리학』 218
『이것이냐 저것이냐』 112-113, 115, 120
『일리아스』 209

『자연과 은총』 69
「자유사상가들에 대한 논박」 50
『제퍼슨 성경』 62
『존재에의 용기』 33
『종교에 관한 3편의 에세이』 218
『종교철학개론』 234
주기도문 77-78
"죽음을 앞둔 어느 늙은 철학자의 말" 24

『철학사전』(볼테르) 68

『카라마조프가의 형제들』 229-230

『티마이오스』 59

『팡세』 8

"하늘의 사냥개" 94
「하이델베르크 요리문답」 92
『형이상학』 58
『호르텐시우스』 27
『황무지』 97
『히브리적 사유와 그리스적 사유의 비교』 85-86

| 성서 |

창세기 128, 210
3:8 82
3:17 222
3:17-18 221
6:6 82
8:21 82
9:5 82
18:1-15 147
22장 128
22:1-2 129
22:3 130
22:7 135, 181
22:7-8 95
22:8 135, 182
22:13 136
22:14 141
26:3 85
26:24-28 85
28:15 85

31:3 85
32:31 82
39:2 85
39:3 85
39:21 85
39:31 85

출애굽기
3:12 9, 85, 147, 149
3:14-15 146
3:15 164
20:24 88
22:24 82
32:14 82
33:19 88
34:5 88

레위기
1-7장 94

민수기
11:1 82
28-29장 94

신명기 83, 164
5:8 83
16:22 82
30:9 82
32:35 82
32:6 77

사사기
11장 120
11:30-31 121

사무엘상
5:11 82
15:11 82
15:35 82

사무엘하
7장 85

열왕기하
19:16 82

욥기 150, 162-166, 168-176, 190-194,
    200-201, 239
1:1 164, 165
1:1-22 159
1:20-21 171, 189
1:20-22 169
1:21 95
2:1-10 159
2:11-3:26 161

3:3-13 172
4-31장 171-172
4:1-31:40 161
7:11 193
9:1-6 168
9:16-23 173
14:15 86
22:4-9 175, 191
22:6-9 175
32:1-37:24 161, 176
33:8-13 176
33:31 176
34:12 147
38:1 164
38:1-41:34 162
42:1-6 162
42:5-6 148, 199
42:6 148, 199
42:7-17 162

시편 43, 74, 78, 174
2:4 82
8:4 82
17:8 8
23:2 9, 147, 149
33:11 86
37:13 82
73:3-14 173
130:2 74
139:16 43

잠언
19:21 86

전도서 190

3:7   190-191

이사야
7:18   82
14:26   86
14:27   86
38:1-6   105
40-46장   82
41:5-7   82
42:14   83
45:1-2   82
45:7   227
52:10   82
59:1   102
61:18   82
62:5   82
63:16   77
64:8   77

예레미야
2:27   210
3:4   77
3:19   77
8:5   82
12:7-13   82
15:5-9   82
18:13-17   82
25:20   164
31:9   77

예레미야애가
3:2-14   173
3:25   102
4:21   164
5:21   210

다니엘
4:35   86

호세아
5:12   83
5:14   83

아모스
3:6   227
7:3   82

하박국
3:17-18   95

말라기
1:6   77
2:10   77

마태복음   40, 99
5:16   77
5:17   186
6장   99
6:7   99-100
6:9   78
6:26   99
6:28-29   99
6:31   100
6:31-33   99
6:32   99-100
6:33   100
7:6   99-100
7:7   89
7:9-10   77, 101
7:11   101
10:29   43

10:29-31　11
21:22　89
22:39　214
26:39　11, 96
27:46　158, 193

마가복음　40
14:36　96

누가복음　17, 40-41
10:27　214
10:30-37　214

요한복음　40
1:1　206
3:16　241
10:30　240
12:45　240
14:9-10　242
15:16　89
17장　77
21:19　86

사도행전　17, 20, 40-42
2:23　86
4:28　86
9:4　17
9:15　18
9:16　18
17:18　37
17:24-28　37
17:26　86
17:28　37
21:39　36
22:7　17

26:14　17
27:1-44　18
28:31　20

로마서　37-38, 195-196
1:20　35
1:26　35
1:28　35
1:29-30　211
2:18　38
3:20　186
3:28　169
5:5　102
8:15　78
8:18　178
8:28　11, 21, 36, 91, 93, 157, 167, 169, 177, 210, 231
8:28-30　91
9장　37
9:10-13　38
9:11　93, 167
9:16　38
9:19　93, 167
9:19-21　38, 41
11:25　93
11:29　38, 93
11:33　102
11:36　36, 146
12:2　38
13:14　213
15:24-25　20
15:28　20

고린도전서
2:7　86

고린도후서
4:17　178
5:16　43
7:1　213
12:7-9　93

갈라디아서
1:13-14　17
2:12　40
2:13-14　40

에베소서
1:4　38
1:5　38
1:9　38
1:11　38, 86, 91, 231
1:11-14　91
3:10　86
3:11　86
3:15　77

빌립보서
1:6　38
2:13　38
3:5　17
3:12　18
4:11-12　107
4:13　36

데살로니가전서
5:16-18　91-92
5:17　105

디모데전서　42
2:4　165
4:4　220

디모데후서　42
1:9　38
2:14-18　20
2:19　38
4:16　22

히브리서　42
4:13　91, 102, 231
12:9　77

야고보서　41-42
1:2-4　91
1:18　77

베드로전서
1:5-7　91

베드로후서　41-42
3:18　212

요한1서　42

요한3서　42

유다서　41-42

요한계시록　163
5:1　86

하나님은 인격적인가
인문학으로 읽는 하나님의 섭리 이야기

초판 발행_ 2021년 6월 7일

지은이_ 김용규
펴낸이_ 정모세

펴낸곳_ 한국기독학생회출판부
등록번호_ 제313-2001-198호(1978.6.1)
주소_ 04031 서울시 마포구 동교로 156-10
대표 전화_ (02)337-2257 팩스_ (02)337-2258
영업 전화_ (02)338-2282 팩스_ 080-915-1515
홈페이지_ http://www.ivp.co.kr 이메일_ ivp@ivp.co.kr
ISBN 978-89-328-1832-0
ISBN 978-89-328-1829-0(세트)

ⓒ 김용규 2021

책값은 뒤표지에 있습니다.
무단 전재와 복제를 금합니다.